자연자본

자연자본 — 지속 가능한 성장을 위한 해법

2018년 1월 15일 초판 1쇄 발행
2021년 6월 30일 초판 2쇄 발행

지은이 | 제프리 힐
옮긴이 | 이동구
펴낸곳 | 여문책
펴낸이 | 소은주
등록 | 제406-251002014000042호
주소 | (10911) 경기도 파주시 운정역길 116-3, 101동 401호
전화 | (070) 8808-0750
팩스 | (031) 946-0750
전자우편 | yeomoonchaek@gmail.com
페이스북 | www.facebook.com/yeomoonchaek

ISBN 979-11-87700-19-7 (03300)

이 도서의 국립중앙도서관 출판시도서목록(cip)은 e-CIP 홈페이지(http://www.nl.go.kr/ecip)
에서 이용하실 수 있습니다(CIP 제어번호: 2017035458).

이 책의 무단 전재와 복제를 금합니다.

여문책은 잘 익은 가을벼처럼 속이 알찬 책을 만듭니다.

자연자본

지속 가능한 성장을 위한 해법

제프리 힐 지음

이동구 옮김

여문책

차
례

일러두기

• 저자 주는 모두 미주로, 옮긴이 주는 [ ] 안 설명으로 구분했다.

• 'Cap and trade system'이 일반적인 용어로 쓰일 경우는 '총량제한 배출권거래제'로, 특정 물질에 대한 제도를 나타낼 경우는 '탄소 배출권거래제', '이산화황 배출권거래제' 등으로 옮겼다.

• 지하대수층aquifer은 대량의 수분을 함유하고 있는 진흙이나 모래가 하나의 지층을 이루고 있는 경우, 지하수 분지water basin는 여러 층의 지하대수층으로 구성되어 지하에 대량의 수자원을 보유하고 있는 지형을 지칭한다.

• 보존과 보전은 비슷한 의미지만 이 책에서는 정적인 상태를 훼손 없이 유지하는 것을 '보존'으로, 지속적으로 보수하고 관리해 총량을 유지하는 것을 '보전'으로 구분했다.

나는 자연을 사랑한다. 그리고 내가 누리는 경제적·과학적 성과도 사랑
한다. 내 주변에는 이 모두를 동시에 누리기란 불가능하다고 생각하는
이들도 있다. 그들은 자연을 희생해야 경제적 성과를 얻을 수 있으며 과
학적 진보를 희생하지 않으면 자연을 보호할 수 없다고 이야기한다. 다
행히 그들의 생각은 틀렸다. 장기적인 관점에서 본다면 오히려 반드시
공존해야 한다. 자연이 없다면 지속 가능한 발전은 불가능하다. 우리의
생존 기반은 결국 자연이기 때문이다.

　이런 오해가 널리 퍼진 이유는 무엇일까? 지금까지 인류는 경제적 번
영을 위해 자연을 희생해왔기 때문이다. 하지만 이런 모순은 필연이라기
보다는 우연일 뿐이다. 좀더 신중하게 경제활동을 한다면 자연을 파괴하
지 않고도 발전과 성장이라는 목표를 이룰 수 있다. 앞으로 이 책을 통해
경제성장과 자연보호를 함께해야 하는 이유와 그 목적을 달성하기 위한
경제적 전략을 설명하려 한다.

　대략 2010년부터 이 책을 쓰기 시작했으니 마무리까지 참 오래 걸린
셈이다. 막내딸 너태샤를 떠나보내고 책 쓰기를 거의 포기했지만 문득
그 아이가 살아 있었다면 완성된 책을 보고 싶어했으리라는 생각이 들었
다. 어쩌면 내 평생에 걸쳐 이 책을 쓰고 있었는지도 모르겠다. 내 기억에

내가 탐조활동을 즐기는 자연주의자가 된 것은 중학교 때였고, 풍경 사진을 즐겨 찍어왔다. 이후 물리학과 경제학을 공부하면서 경제적·과학적 진보와 자연보호를 조화롭게 결합시키는 작업을 이어왔다.

자연을 좋아하면서 동시에 기술과 경제에 관심을 갖게 된 데는 부모님에게 받은 영향이 컸다. 과학자였던 두 분 모두 평생을 자연과 함께 살아왔다. 영국 핵연료공사British Nuclear Fuels Ltd. 임원으로 은퇴하신 아버지는 디버드 야생보호협회Dyfed Wildlife Trust와 야생고래보호캠페인Campaign for the Protection of Rural Wales을 이끌었다. 아버지 역시 자신의 인생을 통해 과학기술과 자연보호를 결합해온 셈이다.

아내인 앤 마리Ann Marie는 내가 책을 쓰는 동안 물심양면으로 지원하고 격려했을 뿐만 아니라 집필을 핑계로 가족에게 소홀했던 나를 이해해주었다. 게다가 이 책의 초안을 편집하고, 문장을 좀더 설득력 있고 명확하게 다듬어주었다.

이 책을 준비하는 동안 아끼지 않고 도움을 준 컬럼비아 대학 출판부 편집장인 브리짓 플래너리매코이Bridget Flannery-McCoy 씨에게 감사드린다. 컬럼비아 경영대학 출판부의 마일스 톰슨Myles Thompson 씨와 로빈스 사무실의 캐시 로빈스Kathy Robbins 씨에게 받았던 격려와 도움도 잊을 수 없다. 그리고 자료 수집과 정리를 도와준 낸시 브랜드와인Nancy Brandwein 씨의 도움도 있었다. 이들 모두에게 감사드린다.

1장

환경과
경제의 공존

지금 이 순간에도 자연은 조금씩 파괴되고 있다. 숲은 사라지고, 어린 시절 흔했던 새와 나비는 찾아보기 힘들어졌다. 야생화 역시 점점 더 만나기 어렵다. 사라져가는 자연과 멸종위기 동식물 종種의 증가 추세는 통계적으로도 명확하게 드러나고 있다. 내 친구이자 동료며 오랑우탄 연구에 일생을 바쳐온 환경학 교수 돈 멜닉Don Melnick이 동료들과 함께 오랑우탄 보호운동을 벌이지 않았다면 오랑우탄이라는 개성 넘치는 유인원은 멸종했을 것이라 한다.

무너져가는 자연을 볼 때마다 비극적인 손실 때문에 충격을 받곤 했다. 하지만 여러 해가 지나도록 이런 문제를 내 전공인 경제학의 시각으로 분석해볼 생각은 하지 못했다. 집을 짓고 농장을 만들고 살아가는 데 필요한 수요를 충당하는 경제적 활동 자체가 자연을 파괴하는 원인이라고 여겼기 때문이다. 하지만 한편으로는 경제학을 통해 풍요로웠던 과거로 자연을 조금이나마 회복시킬 수 있겠다는 생각도 들었다. 환경에 대한 고민이 일종의 사치라고 말하는 사람들은 조금 놀랄 수도 있겠지만, 이유는 간단하다. 우리에게는 자연이 있어야 하기 때문이다. 우리는 자연에 의존하고 있고, 자연이 없다면 우리의 번영은 환상에 불과하다.

경제학은 희소한 자원을 효율적으로 활용하기 위한 학문이다. 숨 쉬는 데 필요한 공기, 마실 물, 농업에 적합한 기후, 식량 등 자연이 우리에게 제공하는 자원 대부분은 중요하면서도 희소하다. 그러니 그에 대한 경제학적 고려가 필요하다. 이 책에서 앞으로 다룰 내용이기도 하다.

자연환경이 건강해야 국가가 번영할 수 있다. 국가경제는 숲, 지하수, 해안선, 바다 등은 물론이고 벌레와 새, 지표면과 지각 아래에서 펼쳐지는 풍요로운 생태계와 밀접하게 연결되어 움직인다. 산업지구와 주거지역, 공업 생산과 공해, 농업과 수산업 등 서로 다른 세계가 복잡한 관계망으로 얽혀 있다. 좀처럼 눈에 띄지도 않고 누구도 원하지 않았지만, 우리 경제와 자연은 조용히 부딪혀가면서 우리의 경제적 운명을 결정하고 있다. 제대로 알지도 못하고 그다지 고마워하지도 않지만, 자연이 경제적 성공에 기여하는 바는 엄청나다.

자연이 우리에게 기여하는 사례는 많은 곳에서 찾을 수 있다. 곤충, 새, 심지어 박쥐를 통한 농작물의 가루받이는 자연이 경제에 가치를 부여하는 경우다. 가루받이는 농업에 있어 필수적인 과정이다. 가루받이 과정이 없다면 우리가 소비하는 식량 중 3분의 1은 생산할 수 없었을 것이다. 농업 생산성에 기여한 식물의 다양성 또한 자연이 부여한 경제적 가치 중 하나다. 자연은 지표수와 지하수를 통해 깨끗한 물을 공급함으로써 농업과 산업에 가치를 부여하기도 한다. 또한 수력발전은 가장 깨끗하고 안정적인 전력 공급원이다.

자연이 파괴되면 이러한 경제적 가치들 역시 파괴되어 결과적으로 시민의 건강이 악화되고 생산성도 떨어지게 된다. 세계에서 가장 부유한 지역인 캘리포니아의 사례는 놀랍다. 기술(실리콘밸리), 엔터테인먼트(할리우드), 고부가가치 농업(와인, 과일, 채소)을 기반으로 번영을 누리고 있지만 지표면의 오존 농도가 높아짐에 따라 과일과 채소 수확량이 감소했다. 오존 농도가 높아질수록 농업 노동자가 호흡하기 어려워지면서 눈에

떨 정도로 생산성이 떨어진 것이다.[1]

또한 오존 농도가 높아질수록 천식과 심장마비의 위험도 높아진다. 공해가 일으키는 건강문제로 전 세계의 많은 사람이 고통과 빈곤에 시달리고 있으며, 기대수명보다 훨씬 이른 시기에 사망하는 등 표준 이하의 삶으로 내몰리고 있다. 경제학자 마이클 그린스톤Michael Greenstone 연구팀은 이 문제를 정면으로 다룬다. 극심한 대기오염에 시달리는 중국 도시지역의 경우 연료로 쓰는 석탄 때문에 기대수명이 5년 6개월이나 짧아졌다.[2] 일인당 수명이 7~8퍼센트나 줄어든다는 것은 인적 손실은 물론 엄청난 경제적 손실로 귀결된다.

반대로 국제통화기금IMF: International Monetary Fund에서 수석 경제학자로 일했던 올리비에 블랑샤르Olivier Blanchard와 스페인의 경제학자인 호르디 갈리Jordi Gali의 거시경제학적 연구[3]를 통해, 좀더 친환경적인 경제라면 무엇을 얻을 수 있는지 살펴보자. 2000년대와 1970년대 두 번에 걸쳐 원유가격이 몇십 배로 뛰어오르는 불안정한 시기가 있었다. 1970년대의 경우 원유가격은 배럴당 3달러에서 36달러 사이에서, 1997년에서 2011년에 이르는 기간에는 10달러에서 145달러 사이에서 움직였다. 1970년대에는 원유가격이 열 배 이상 오른 탓에 석유를 소비하는 모든 국가가 경기침체와 인플레이션에 시달려야 했지만, 2000년대에는 더 크게 폭등했는데도 아무 일도 일어나지 않았다. 블랑샤르와 갈리는 1970년대와 20세기 말의 가장 큰 차이는 산업경제의 에너지 효율이 대폭 개선된 까닭이라고 주장한다. 에너지 효율이 높아지면서 일정 단위의 생산물에 소비되는 원유가 감소했고, 원유가격의 급격한 변동에도 그다지 큰 영향을 받지는 않은 것이다. 천연자원을 좀더 효율적으로 활용하도록 정책적으로 유도함으로써 국제 자원시장의 급격한 변동에도 끄떡없는 안정적인 경제가 만들어지게 됐다는 것이다.

우리는 경제와 환경 사이의 불가분한 관계를 무시하고 자연을 훼손하면서 경제적 존속의 기반을 잠식해왔다. 풍요로운 자연환경 없이 국가 경제는 존속할 수 없다. 경제와 환경이 충돌하게 된 핵심적인 원인은 무엇일까? 간단히 말한다면 '시장의 실패' 때문이다. 무엇을 어떻게 생산해 누가 소비할 것인지를 결정하는, 경제활동의 기본을 구성하는 시장 시스템에 결함이 있다. 그리고 물론 이 결함은 충분히 극복할 수 있다.

시장이란 정말로 놀라운 제도다. 사회적으로 가장 뛰어난 발명 중 하나인 데다 우리가 경제적으로 풍요롭게 살아가는 데도 엄청나게 기여하고 있다. 그러나 사람이 만들고 운영하는 탓에 어떤 세대는 인터넷 거품이나 주택 거품 등을 겪기도 하고, 어쩔 수 없이 금융위기가 발생하기도 한다. 긍정적으로 본다면 이러한 시장 실패는 쉽게 극복할 수 있고, 그 과정에서 좀더 영속적이고 튼튼하게 시장을 고치기도 한다. 나는 앞으로 이러한 생각들을 입증하기 위해 환경의 관점에서 시장 실패란 무엇인지, 이를 수정하기 위해 경제정책과 제도를 어떻게 변경해왔는지, 이를 통해 우리가 더 나아질 수밖에 없는 이유 등을 살펴보려 한다. 단지 무언가 잘못됐음을 지적하는 데서 그치는 것이 아니라 어떻게 해결할 수 있는지를 설명할 것이다. 카를 마르크스Karl Marx가 오래전 설명했듯이 중요한 것은 세계를 이해하는 것뿐만 아니라 더 나은 세계를 만드는 것이다.

자연을 망가뜨리는 시장경제의 결함은 무엇인가, 그리고 좀더 자연 친화적인 새로운 경제모델을 만들기 위해 그 결함들을 어떻게 고쳐나갈 것인가? 핵심적인 아이디어는 간단하다. **개인과 기업은 자신의 선택으로**

발생한 모든 비용을 인식하고 지불해야 한다는 것, 그리고 사회적인 기여에 따라 정확하게 보상을 받아야 한다는 것이다. 누구에게 어떤 식으로 영향을 미치든 선택에 따른 모든 결과를 인식할 수 있어야 하고, 그에 대해 책임질 수 있는 새로운 경제체제가 필요하다. 자기가 벌인 일들을 스스로 깨끗이 청소하도록 하고, 이상적으로는 아예 처음부터 혼란을 만들지 않도록 우리 아이들을 가르칠 수 있다면, 그와 동일한 원칙을 우리 세계를 다루는 데도 적용해야 한다.

달리 말하면 어떠한 행동이 유발하는 모든 비용을 계산에 넣자는 것이 문제의 핵심이다. 그리고 그 행동을 일으킨 사람이나 기업이 그 모든 비용을 부담하도록 하는 것이다. 이는 다분히 물정 모르는 기계적인 주장 같기도 하고, 합리적인 생각이기는 하지만 그다지 혁명적인 아이디어는 아닌 듯하다. 그러나 바로 이것이 시장경제가 작동하는 원칙이라는 점에서 지극히 합리적인 방법이다. 그러나 우리는 지금 애덤 스미스Adam Smith의 이상적인 경쟁시장경제로부터 너무나 멀리 벗어나버렸다. 그렇기에 오염자에게 모든 비용을 부담시킨다는 이 간단한 아이디어 또한 도달하기 힘든 이상향이 되었다. 하지만 실현하기만 하면 인류와 자연의 관계를 그야말로 혁명적으로 변화시킬 수 있다.

애덤 스미스는 '보이지 않는 손'이라는 아름다운 비유를 만들어냈다. 보이지 않는 손을 통해 우리의 경제적 선택은 개인만이 아니라 사회 전체적으로 이익을 만들어낸다. 애덤 스미스는 시장제도 자체가 경제적 자원을 향한 이기심을 중재하는 보이지 않는 손이라고 주장한다. 1776년에 『국부론An Inquiry Into the Nature and Causes of the Wealth of Nations』을 출간한 이래 그의 주장은 폭넓은 지지를 받아오고 있기는 하지만 그가 놓친 몇 가지 중요한 지점이 있다. 공해를 예로 들어보자. 산업화 이전에는 대수롭지 않은 문제였을 것이다. 보이지 않는 손의 효율적인 손재주에 비한다면야 공해 정도는 눈감아줄 수 있었다.

당신이 공장을 운영한다고 상상해보라. 가장 명백한 비용요소들은 당장 지불해야 하는 청구서의 형태로 제시된다. 경제학자들은 임금, 원재료, 에너지, 건물, 자본 등과 관련된 비용을 '**사적 비용**private costs'이라고 부른다. 손익계산서의 매출원가 항목에서 다양한 형태로 등장하는 익숙한 비용들이다. 그런데 공장을 운영하면서 발생하는 또 다른 형태의 비용이 있다. 이 비용들은 공장의 소유자가 아닌, 공장과는 전혀 무관한 사람들이 부담할 가능성이 높다. 다시 말해 당신의 행동이 제3자에게 영향을 미치게 되는데, 이를 '**외부비용**external cost'이라고 한다.

공장이 공기를 오염시키면 오염된 공기를 마시는 모든 사람이 비용을 치르게 된다. 비용이라는 단어의 의미를 좀더 확장해보자. 금전적인 형태는 아니더라도 건강상의 질환, 불편, 고통 등이 야기한 생산성 저하도 비용으로 환산해야 한다. 다시 말해 캘리포니아의 농업 노동자나 중국 대도시 주민이 겪는 고통까지 비용으로 계산해야 한다. 공장이 강을 오염시킨다면 하류에서 깨끗한 물을 써왔던 사람들 모두 이 같은 비용을 치르게 된다. 온실가스를 배출하는 공장이 있다면 모든 인류가 지구 차원의 기후변화를 겪어야 한다. 외부비용이나 편익을 초래하는 일련의 과정을 '외부효과external effects'라고 부른다. 따라서 경제학자들의 언어로 말하자면 공해는 외부비용을 초래하는 외부효과인 셈이다.

2010년 4월 20일, 멕시코 만에서 거대 석유기업 BP가 운영하던 시추선 딥워터 허라이즌Deepwater Horizon이 폭발해 노동자 열한 명이 사망하고, 마콘도Macondo 유정에서 원유가 바다로 유출된 사건이 일어났다. 원유는 유정이 폐쇄된 7월 15일까지 루이지애나·미시시피·앨라배마·플로리다 해안으로 무려 86일간이나 계속 퍼져나갔다. 원유 2억 1,000만 갤런[약 7억 9,000만 리터]이 바다로 쏟아지면서 주변 해안의 백사장이나 습지에서 살아가던 물고기와 새는 물론이고 활기찼던 새우잡이 어민과 관광업에 종사하는 그 지역의 모든 사람이 위험에 빠졌다.

이러한 사고는 외부로 비용이 전가된 명백한 사례다. 석유를 시추하는 과정에서 발생한 비용 중 일부를 멕시코 만 주변의 구성원, 즉 어민, 레스토랑 주인, 호텔 종사자와 그들의 손님이 부담해야 하기 때문이다. BP와 관련업계의 잘못된 선택의 결과가 그들 자신뿐 아니라 BP와 상관없는 수백만의 개인과 기업에 심각한 악영향을 끼쳤다. 그러나 이 사건의 경우 아주 예외적으로 전개되었다. 경제학적인 수사를 빌리자면 '비용을 내부화했다'고 할 수 있겠다. 원유 유출에 따른 피해는 BP와 무관한 개인과 기업이 부담해야 하는 외부비용이었지만, BP와 투자자들의 내부비용으로 바뀐 것이다. 주식시장에서 BP의 시장가치가 300억 달러나 하락했는데, 이는 원유 유출에 따른 피해 복구에 필요한 비용과 비슷하게 맞아떨어졌다. 주식시장에서는 원유 유출로 발생한 피해를 거의 모두 BP가 보상할 수밖에 없으리라 예상했기 때문이다.[4] 그렇게 된다면 이 비용은 종업원과 대규모 연기금, 투자자들이 부담할 수밖에 없었다. 주식시장의 예측은 정확했다. BP는 보상금과 과징금으로 200억 달러 이상을 지불했다.

오염에 따른 모든 피해를 오염자가 배상한다는 견해는 극히 예외적이다. 공장 운영, 숲 벌목, 차량 운행, 석유 시추 등으로 발생한 비용을 행위자가 모두 부담하지는 않는 경우가 대부분이다. 오히려 상당 부분이 제 3자에게 전가되면서 심각한 문제가 발생한다. 외부비용을 포함해서 자기가 발생시킨 모든 결과의 비용을 **전액** 부담해야 한다면 공해를 유발하는 행위는 현저하게 줄어들 것이다. 전기를 생산하는 데 석탄을 덜 쓰고, 개인들 역시 자동차가 소비하는 휘발유를 줄이고, 석유회사들은 원유 유출을 훨씬 더 조심할 것이다.

이러한 불균형을 해소하기 위해 유럽연합EU: European Union 회원국들은 환경과 관련된 모든 법률의 기본 개념으로 '오염자 부담polluter pays' 원칙을 도입했다. 오염이 야기한 제3자의 모든 손실을 오염자가 보상하게끔 해서 기업활동으로 발생하는 외부비용에 대한 책임이 기업에 있음을 명백히 하는 것이다. 기업 스스로가 오염행위를 줄일 수 있도록 말이다.

주식시장의 거래자들은 오염에 대한 책임을 BP가 지리라 예상함으로써 BP에 외부비용을 청구한 결과를 가져왔다. 좀더 친환경적인 시장경제를 형성하기 위해서는 시민들 역시 주식시장과 마찬가지로 행동해야 한다. 오염자 부담 원칙을 도입하고, 경제학 용어로 표현하자면 모든 외부비용을 내부로 끌어들여야 한다. 기업과 개인은 행위에 따르는 개별적인 비용뿐만 아니라 전체 비용을 지불해야만 한다. 이는 산업사회가 자연에 입히는 손실을 효율적으로 관리하는 경제체제 구축의 가장 중요한 시작점이다. 현재 우리는 오염자의 외부비용을 사회 전체에 떠넘김으로써 그들에게 보조금을 주고 있는 셈이다. 이러한 관습이 우리를 죽이기 전에 퇴출해야만 한다. 이 관습은 공평하지도, 효율적이지도 않다.

외부비용과 밀접하게 관련된 또 다른 문제가 있다. 애덤 스미스가 놓친 또 한 가지, 재산권이다. 그는 모든 재화는 반드시 누군가의 소유물이며 소유자들은 재화의 시장가격에 따라 판매 여부를 선택할 수 있다고 가정했다. 터무니없는 가정은 아니었다. 기계장비 같은 자본재나 철강이나 전기 같은 투입요소만 생각한다면 대부분 맞는 이야기다. 하지만 예외가 있다. 어업을 위해서는 물고기가 반드시 필요하다. 물고기가 바닷속에서 헤엄치는 동안에는 누구의 소유도 아니다. 누군가에게 잡혀서 시장에 나온 다음에야 판매를 위한 상품이 된다. 경제학자들은 이러한 자원을 '공유자원common property resources'이라고 한다.

소유권 문제가 경제학적으로 중요한 이유는 무엇일까? 바로 19세기 영국의 경제학자 윌리엄 포스터 로이드William Forster Lloyd가 제시한 '공유지의 비극tragedy of the commons'을 일으키는 가장 중요한 요소기 때문이다. 그는 누구나 접근할 수 있는 공유지에서 키운 소가 사유지에서 키운 소보다 발육이 떨어짐을 알아냈다. 비용을 개인이 지불하지 않는 공유지에서는 각자 이익을 극대화하기 위해 최대한 많은 소를 풀어놓았던 탓이다. 이는 보이지 않는 손이라는 애덤 스미스의 패러다임에 문제가 있음을 증명한다고 포스터는 주장했다.

어업 역시 공유지의 비극에 취약하다. 어느 어부가 평소 같으면 쉬는 날, 물고기를 잡으러 나가기로 했다고 해보자. 어부는 고깃배를 움직이는 비용을 추가로 부담하는 대신 고기를 더 잡아 소득 또한 추가할 수 있다. 이 추가소득이 비용보다 크다면 어부는 하루 더 일하려고 할 것이다. 더 버는 만큼 이윤이 늘어나니 어부에게는 좋은 일이다. 하지만 문제는 여기에 있다.

어부가 잡는 물고기는 어디서 생길까? 물고기는 다른 어부들도 조업을 하는 같은 바다에서 잡힌다. 물고기가 많기는 하지만 무한정은 아님을 감안하면 다른 어부들의 어획량은 필연적으로 줄어들 수밖에 없다. 이때 모든 어부가 같은 생각을 한다면, 즉 어업으로 단기적인 이윤을 추구하려 한다면, 결국 그들 모두 장기적으로는 비용을 지불해야 하며 자원 또한 낭비된다.

우리는 여기서 외부비용과의 관련성을 살펴보고자 한다. 어부가 하루 더 조업을 나간다거나 공유지에 소를 몇 마리 더 풀어놓는 행위는 결국 다른 이들에게 비용을 부담시킨다. 다른 어부가 잡을 수 있는 물고기가 줄어들고, 다른 소가 먹을 수 있는 풀이 줄어들기 때문이다. 이는 결국 또 다른 형태의 외부비용이다. 즉 의도하지는 않았더라도 한 사람의 행동이 다른 사람에게 영향을 끼친다.

외부비용이 시장의 다른 참여자에게 전가되기 때문에 무료로 이용하는 공유지를 남용한다고 생각할 수도 있다. 그러나 또 한 가지 고려해야 할 중요한 점이 있다. 물고기는 재생산되는 자원이라는 것이다. 적당한 시간이 주어지면 물고기는 다시 증식한다. 숲의 나무도 마찬가지다. 어린 나무를 건드리지 않고 내버려두면 언젠가는 목재로 활용할 수 있을 정도로 자라게 마련이다.

재생산이 가능한 자원을 공유자원이라고 생각하는 한 물고기나 어린 나무를 내버려둘 이유는 없다. 당신이 어부고, 물고기를 잡을지 말지를 선택할 수 있다고 해보자. 나 혼자라면 내버려두는 것도 의미가 있다. 언젠가는 다시 잡을 수 있을 테니. 하지만 다른 어부들이 있는 한 내가 남겨둔 물고기를 다른 사람이 잡아버릴 가능성을 고려해야 한다. 지금 사려 깊게 희생한다고 해서 나중에 받을 수 있는 보상은 장담할 수 없다. 오히려 근시안적인 경쟁자가 더 많은 돈을 벌어가게 될 뿐이다.

문제를 좀더 분명하게 파악하기 위해 석유산업을 살펴보자. 1920년대 텍사스의 유전지대에서는 수천 개의 기업이 원유 채굴권을 확보하고 1만 개 이상의 유정을 뚫었다. 너무나도 급작스럽게 석유를 퍼 올리는 바람에 석유가 고여 있는 지층의 지질학적 구조가 무너져 자연적으로 회복되기 어려워졌다. 결국 석유 생산량이 측량보다 감소하는 결과를 초래했다(모든 산유업자에게 부과된 외부비용). 그리고 원유시장의 공급 과잉으로 이어졌다(당연하게도 원유가격은 폭락했다). 급하게 석유를 퍼 올린 이유? 모두 지금 내가 퍼내지 않으면 경쟁자에게 빼앗길 것이라 생각했기 때문이다. 폭주하는 경쟁상태에서는 누구도 미래를 걱정하지 않는다.

모든 천연자원의 소유자를 분명히 함으로써 공유자원 문제를 해결할 수 있다. 어부가 잡아 올리기 전이라도 바다의 물고기를 누군가의 소유물이라고 정해놓자는 것이다. 추상적으로 들리겠지만 합리적이고 직관적인 해결책임을 알게 될 것이다.

물고기, 숲, 석유만 공유자원일 리는 없다. 우리 일상의 많은 부분이 알게 모르게 공유자원에 좌우된다. 사과를 한 입 베어 물거나 와인을 음미할 때, 이 음식이 우리 식탁까지 오는 동안 자연에서 어떤 과정을 거치는지 그다지 신경 쓰지 않는다. 앞에서도 이야기했지만, 농산물은 가루받이 과정을 거친다. 또한 토양, 물, 적절한 기후도 필요하다. 이 모든 환경적 투입요소들은 보기보다 훨씬 복잡하다. 농토는 단순한 흙이 아닌 살아 있는 미생물 공동체다. 농작물이 흡수하는 양분은 흙속의 미생물에 의존한다. 지형적 요인으로 물 공급이 바뀔 수도 있다. 기후에 따라 수확량이 달라진다. 네 가지 환경요소가 없다면 농업 생산은 불가능하고 우리는 굶어야 한다.

많은 사람이 아직까지 이런 투입요소들을 인식하지 못하고 있고, 가치를 부여하기는커녕 당연한 것으로 여긴다. 누구의 소유도 아니라고 생각하기 때문에 오히려 환경을 파괴하는 방향으로 움직이는지도 모른다. 살충제는 가루받이를 해주는 곤충을 죽인다.[5] 많은 서방국가에서 벌의 개체 수는 급격히 감소하고 있다. 침식과 화학비료, 살충제의 남용에 따른 화학적 오염 때문에 토양은 황폐해지고 있다. 숲을 벌목해 물길이 바뀌고, 화석연료 때문에 기후환경 역시 변하고 있다.

자연이 주는 혜택(생물학자들은 생태계 서비스ecosystem services라고 부른다)을 인식하지 못하는 한 이러한 문제들은 다루기 어렵다. 또한 공유자원을 남용하는 과정에서 자연환경을 급격히 파괴해 그 혜택들을 위협한다는 사실을 인식해야 한다. 경제적 중요성을 강조하기 위해 나는 자연환경을 '**자연자본**natural capital'이라 부르고자 한다. 실제로 아주 중요한 자본이기 때문이다.

경제모델을 재구성하기 위해서는 자연자본의 가치를 재인식하는 것, 그리고 환경변화를 야기하는 경제활동을 비용에 편입하는 것이 중요하다. 이것이 총비용 계산이다.

자연자본의 중요성을 인식하게 되면 한 국가의 경제적 성공을 평가하는 새로운 방법을 찾게 된다. 정치와 언론은 언제나 경제적 성과에 대한 성적표를 원했다. 흔히 경제성장률로 점수를 매긴다. 성장 속도가 증가하는가? 감소하고 있는가? 경쟁국이나 과거의 기록과 비교해보면 어떠한가? 여기서 성장이란 국내총생산GDP: Gross Domestic Product을 의미한다. GDP는 1년 동안 해당 국가경제에서 생산한 모든 최종 소비재와 서비스의 시장가치를 합한 수치다(최종 소비재와 서비스라 함은 소비자에게 팔린 것만을 의미한다. 상품이나 서비스를 생산하기 위해 투입된 요소들은 제외된다). GDP는 전체 경제활동을 측정한 값이며, 일반적으로 한 국가의 경제적 삶의 질을 평가하는 지표로 쓰인다. 그러나 많은 연구가 GDP는 근본적으로 불완전하며 종종 오해를 불러일으킨다고 지적한다.

허리케인 샌디 같은 대형 태풍으로 많은 가정과 사회기반시설이 파괴됐다고 상상해보자. 피해를 복구하기 위해 수천 명이 고용된다. 태풍 때문에 소득이나 고용은 증가하겠지만 우리가 좀더 잘살게 됐다고 생각하지는 않는다. 또한 범죄율이 증가해 사람들이 보안설비를 강화하고 경비원을 추가로 고용하는 경우를 생각해보자. 해당 산업은 활성화되고 GDP는 늘어나겠지만 실제로는 사람들의 불안이 커지고 걱정만 늘어갈 뿐이다. 어느 쪽이든 삶이 조금이라도 나아졌다고 볼 수는 없다.

우리는 여태껏 엉뚱한 신을 숭배해왔다. 이제 경제적 종교를 바꿀 때가 되었다. 범죄율 증가나 태풍의 피해를 플러스(+)가 아닌 마이너스(-)로 계산하는 통계 시스템이 있을까? 이 부분은 9장에서 영속성에 관한 논의의 일부로 다루겠지만 아무튼 답은 '원칙적으로 가능하다.' 물론 지금도 정확한 잣대를 개발하고자 노력하고 있지만 무엇보다 성장을 국민의 복지와 밀접하게 연관 지어 측정해야 한다는 인식이 필요하다. 경제 모델을 재검토하기 위해서는 GDP 대신 자연자본의 변화를 계산할 수 있는 더 나은 잣대를 찾아야 한다.

지금까지 친환경적이고 지속 가능한 경제의 기반을 이루는 네 가지 아이디어를 알아보았다. 외부비용과 오염자 지불 원칙, 공유자원과 남용의 문제, 번영의 기본 요소로서의 자연자본, 그리고 자연자본의 변화를 정확히 측정할 수 있는 방법. 이 네 가지 아이디어는 서로 밀접하게 연결되어 있다. 다음 장에서 환경변화의 위협을 끝내고, 환경을 해치는 경제활동을 중단시키고, 경제와 환경, 사람과 자연 사이에 영속적인 관계를 이어나갈 수 있는 기초를 만드는 등 네 가지 아이디어를 구체화하고자 한다. 일부 지역에서 특정 문제를 해결하고자 이 아이디어들을 개별적으로 활용한 바는 있다. 그러나 이제는 이 모두를 더 큰 규모로 체계화하고, 그 잠재력을 실현해야 한다.

오늘날 중국 경제는 시장경제에 기반을 둔 새로운 경제모델이 필요함을 잘 드러낸다. 중국공산당이 집권한 1949년 이후 30년간 경제적 성과는 보잘것없었다. 1958년에서 1961년 사이에 극심한 가뭄으로 4,000만 명이 사망했다. 이는 제2차 세계대전의 사망자보다 많고, 어지간히 큰 유럽 국가의 전 국민이 몰살당한 수준이다. 초반 수십 년 동안의 극심한 경제적 실패에는 중국의 혁명 지도자로 추앙받는 마오쩌둥의 책임이 크다. 마오쩌둥 사망 후 조금은 덜 공산주의적인 이들이 집권했고, 1978년 덩샤오핑의 실용주의 노선에 따라 중앙정부의 계획경제를 중단하고 사기업을 육성하는 등 급격하게 시장경제체제로 전환했다. 공산주의 국가에서 자본주의 경제체제를 채택하는 것을 합리화하기 위해 덩샤오핑은 "쥐 잡는 데 흰 고양이건 검은 고양이건 무슨 상관이냐"라는 흑묘백묘론 黑猫白猫論을 내세우기도 했다.

중국 경제는 이후 전반적으로 탈이데올로기화했고 역사상 가장 급격히 성공한 경제체제로 평가받는다. 매년 9.5퍼센트의 성장률을 기록해온 중국은 보잘것없는 약소국에서 세계 2위의 초강대국으로 성장했다. 심지어 총소득 기준으로 조만간 미국을 추월할 수도 있다. 겨우 반세기 동안 벌어진 일이다. 미국 인구의 두 배에 가까운 5억의 중국인은 시장 기반의 성장 덕분에 가난에서 벗어나 중산층으로 자리 잡았다. 이는 지난 50년간 개발도상국들이 해외원조를 통해 이뤄낸 성과의 총합을 웃돈다.[6]

그러나 여기에는 비용이 따른다. 중국의 놀라운 성장의 이면에는 새로운 경제모델을 요구하는 어두운 측면이 뚜렷하게 존재한다. 중국 경제는 앞에서 설정했던 네 가지 원칙을 모두 어기고 있다. 오염자에게 부담을 지우고자 하는 시도도 없고, 공유자원은 급격히 소진해가고 있으며, 자연자본의 가치는 지극히 제한적으로만 인식하고 있을 뿐이다. 경제적 성과를 평가하는 데 활용하는 지표로는 중국의 장기적 번영을 가져올 수 있는 요소들을 측정할 수 없다. 중국만이 아니다. 정도가 약하긴 하지만 미국과 다른 산업국들도 마찬가지다.

다만 중국의 상황은 매우 극단적이다. 몇 년 전 베이징에 머물렀던 8일 동안 극심한 공해 탓에 나는 인생 최악의 호흡기 질환에 시달려야 했다. 베이징을 떠난 후에도 3주 동안 기침이 계속됐고 어떤 날은 기침으로 밤을 꼬박 새기도 했다. 여행객인 내가 느꼈던 고통은 통계로도 확인된다. 중국은 거의 모든 공해물질과 온실가스의 최대 배출국이다. 대기오염 때문에 매년 65만 6,000명이 사망하는 데다 기대수명 또한 심각하게 줄어들었다.[7] 중국의 수자원 역시 대기만큼이나 심각하게 오염되어 있다. 주민이 겪어야 하는 고통과 잠재적인 인력 손실에 따른 비용을 따져보면 어마어마하다.

중국의 상황을 해결하기 위해서는 시장경제의 틀을 넘어서는 변화가 필요하다. 덩샤오핑의 흑묘백묘론에서 알 수 있듯이, 중국은 경제정책적 이데올로기를 고집하지 않는다. 역설적으로 미국 정치인 중 상당수가 대단히 이데올로기적으로 경제정책에 접근한다. 그들이 제시하는 방향이라고 해봐야 자유시장경제에 대한 지극히 구시대적이고 제한적인 해석일 뿐이다. 결과적으로 중국의 친환경경제는 미국보다 빠르게 성장하고 있다. 이미 중국은 신재생에너지 분야에서 세계를 이끌고 있으며, 태양광발전에 필요한 실리콘 패널의 세계 최대 생산국이다. 또한 광범위한 지역경제에 영향을 미치는 숲과 하천 유역의 중요성을 인식하고 이 분야에 투자를 시작했다. 이러한 경향은 미국에서도 부분적으로 나타나고 있다. 하지만 중국이 자연과 최소한의 조화를 이루기 위해서는 갈 길이 멀다. 미국에서는 이미 당연하게 실행되고 있는 규제정책들이 중국에는 마련되어 있지 않다(미국의 정책조차도 모든 문제를 효율적으로 해결하기에는 아직 충분하지 않다).

이 책은 나 자신의 성장기록이다. 이 책에 기록된 하나하나는 내가 직접 탐구해온 여행의 흔적들이다. 각각의 조각을 이해하고 짝을 맞추는 데 나는 수십 년이 걸렸지만 여러분은 단 며칠이면 가능하리라 믿는다.

나는 웨일스 북쪽의 작고 아름다운 마을 뱅고어에서 태어났다. 서쪽으로는 아이리시 해 너머로 앵글시 제도와 퍼핀 섬이 보이고(이따금 멋진 바닷새들이 나타나곤 했다), 동쪽으로는 스노도니아 산맥이 파노라마처럼 펼쳐진 곳이다. 공해 없는 깨끗한 공기와 물, 풍부한 새와 식물들로 축복받은 땅이었다.

이후 산업혁명의 흔적인 공해가 지금의 중국만큼이나 심하게 남아 있던 영국 북서부의 워링턴에서 10대 시절을 보냈다. 우리 집은 깨끗한 교외의 전원지역이었고 매일 자전거로 학교를 다녔다. 하지만 비가 오거나 안개가 낀 날에는 얼굴을 스치는 습한 공기에서 산성물질을 느낄 수 있었다. 폐가 어떤 영향을 받았을지는 상상하기도 싫다. 거기 사는 동안에는 해마다 겨울이면 기관지염에 시달렸다. 공부를 위해 케임브리지로 이사를 하고 그곳에서 강의를 하며 지내면서 워링턴과 웨일스를 비교해보았다. 케임브리지는 아름다운 마을이다. 수백 년 된 멋진 건물이 있고, 러시아에서 겨울을 피해 날아온 야생 오리와 거위 떼를 볼 수 있는 고즈넉한 전원 풍경으로 둘러싸여 있다.

1970년대와 1980년대에 걸쳐 워링턴에서 겪었던 공해와 천연자원의 고갈문제를 외부효과와 연결 지어 분석했다. 다른 연구자들도 마찬가지로 경제학에서 환경문제를 중요한 연구주제로 삼기 시작한 시기였다. 1960년대에는 레이첼 카슨Rachel Carson이 저서 『침묵의 봄Silent Spring』에서 살충제와 산업용 화학약품 공해 때문에 명금류[참새목에 속하는 새의 총칭]의 개체 수가 감소하고 있음을 입증해 엄청난 반향을 불러일으켰다. 사람들은 비로소 산업과 생태계의 충돌이 빚어내는 위험을 깨닫게 됐다. 1970년대는 원유가격의 급등으로 원유시장이 급격한 혼란을 겪은 시기기도 했다. 1973년에는 3달러에서 12달러로, 다시 1979년에서 1980년 사이에는 12달러에서 36달러로 급상승했다. 나를 포함한 연구자들은 천연자원의 희소성으로 경제성장이 한계에 다다를 가능성에 관심을 갖기 시작했다. 지금까지의 연구로는 광물자원과 화석연료가 부족하더라도 경제에는 실질적인 영향이 없다고 결론이 나 있다. 또한 이즈음부터 지속 가능성에 대한 개념이 자리 잡기 시작했다. 이는 1980년대에 다시 주목을 받는다. 9장에서 지속 가능성에 대해 본격적으로 다룰 생각이다. 1960년대와 1970년대를 거치는 동안 산업사회는 우리가 생태계를 위험에 빠뜨리고 있으며, 이 때문에 결국 우리 스스로가 위험해질 수 있음을 깨달았다. 환경계몽운동environmental enlightenment이 태동한 것이다. 나 역시 여기에 일조했다. 그 당시에는 케임브리지 대학의 젊은 연구자였고 지금은 영국의 저명한 지성인으로 성장한 파르타 다스굽타Partha Dasgupta 와 함께 자연자본과 지속 가능성의 문제에 관한 500쪽에 달하는 책을 저술했다. 자연자본과 지속 가능성이라는 개념은 당시에는 알려져 있지 않았다.

우리는 6년 동안 『경제 이론과 자원 고갈Economic Theory and Exhaustible Resources』이라는 책을 함께 썼다. 1979년에 출간된 이 책은 환경과 천연자원 문제를 경제학적 틀 안에서 인식하고 대응하는 방법을 제시했다. 특히 자원의 고갈과 지속 가능성, 환경보전에 관한 문제를 제기했다. 그 전까지 환경문제는 경제학의 주요 분야로 인식되지 않고 있었다. 흔히 '수치'스럽거나 '비극'적인 문제, 즉 윤리적이거나 도덕적인 문제로 보았을 뿐 환경문제를 경제적 인과관계에 따른 현상이자 분석대상으로는 생각하지 않았다. 우리는 이 책을 통해 이런 문제들에 관한 일반의 인식을 바꾸고자 했다.

자연과 사회가 나의 가장 큰 관심사긴 하지만 스타트업 기업에도 참여한 적이 있다. 1970년대와 1980년대였으니 요즘처럼 각광받는 시기도 아니었다. 초창기부터 시장 메커니즘이 얼마나 강력한지, 그리고 그 메커니즘이 실제로 어떻게 작동하는지를 보아왔다. 시장의 힘과 환경문제는 우리가 맞닥뜨린 가장 시급한 문제 중 하나라고 생각한다. 시장 시스템이 생태계를 파괴하도록 내버려두고 있는데, 생태계를 잃게 되면 다시는 회복할 수 없기 때문이다. 자연은 되돌릴 수도 없으며 대안도 없다. 생태계 보전이 이익이라는 것은 다양한 사례를 통해 수치로 환산·분석해 입증해가고 있다. 진실로 지금 살고 있는 이 세계를 보호해야 번영을 가져올 수 있다. 사람들은 종종 지구를 공유하고 있는 다른 생물 종에 대한 의무 혹은 우리 후손에게 물려주어야 한다는 윤리의식에 기반을 두고 생태계 보호를 바라본다. 윤리적 잣대는 분명히 중요한 요소다. 하지만 환경보전은 윤리적 문제만이 아니라 엄정한 경제적 판단의 문제기도 하다. 윤리적 실천과 경제적 판단 사이에 모순은 일어나지 않는다. 번영과 환경보전은 상호 보완적이다.

2장

시장의 실수와 외부효과가
우리를 죽이는 방법

나는 하버드 대학의 경제학자 프랜시스 베이터Francis Bator가 1958년에 발표한 논문 「시장 실패의 해부Anatomy of Market Failure」에서 외부효과라는 개념을 처음으로 접했다. 베이터는 애덤 스미스의 이상과는 달리 현실경제에서는 자원을 효율적으로 이용하지 못하고 경제적인 실패로 귀결될 가능성을 보여준다. 당시에도 외부효과라는 개념이 매우 단순하면서도 설득력 있다고 생각하기는 했으나 모든 분야에서 강력하게 활용할 수 있는 범용적인 도구가 될 줄은 몰랐다. 아직도 많은 경제학자는 외부효과를 보편적이고 실질적인 법칙이라기보다는 일종의 예외현상으로 여긴다. 나 역시도 그랬다. 현실에서 실제로 작용하는 영향력이 아닌, 교과서에 등장하는 사례일 뿐이라 생각했다.

그러나 외부비용이 야기하는 문제는 어디든 존재함을 차츰 인식하게 됐다. 지금 이 순간에도 외부효과는 발생하고 있지만 쉽게 알아차리지는 못한다. 심지어 꽉 막힌 도로에서 자동차를 공회전시키면서, 또는 공장형 축산Factory Farming으로 사육된 고기를 소비하면서 우리 스스로 외부비용을 만들어내기도 한다. 이는 전혀 새로운 현상이 아니다. 영국 케임브리지 인근 폭스턴 법원의 기록을 보면, 1492년 퇴비더미에서 마을 공용 개울로 오수가 흘러들어가도록 방치한 푸줏간 주인 존 에버라드John Everard는 마을 주민에게 심각한 피해를 끼친 혐의로 4펜스의 벌금형을 받는다. 재발할 경우 10실링의 벌금형에 처한다는 조건까지 덧붙였다.

시장 메커니즘이 외부비용 때문에 순조롭게 작동하지 못한다는 생각은 새로운 것도, 모순되는 것도 아니었다. 외부비용이라는 개념은 케임브리지 대학의 경제학자 아서 세실 피구Arthur Cecil Pigou(1877-1959)가 창안했다고 알려져 있다. 원칙주의자였던 피구는 살인에 반대해 제1차 세계대전 동안 군 입대를 거부했다. 그는 천재적인 지도력으로 수십 년 동안 케임브리지 대학의 경제학을 이끌면서 외부효과에 대한 기본 개념을 수립했다. 피구는 외부효과를 (오늘날에는 그의 이름을 따서 피구세Pigouvian tax나 피구 보조금Pigouvian Subsidy으로 부르는) 세금이나 보조금으로 상쇄할 수 있다고 주장했다. 경제행위의 주체가 실제로 지불하는 비용이 외부비용을 포함한 전체 비용보다 낮을 경우 외부비용만큼의 세금을 부과해 실질 비용을 증가시켜야 하며, 이를 통해 개인이나 기업은 행위에 대한 합당한 비용을 깨닫게 된다. 그리고 외부효과가 비용이 아닌 편익으로 작용하는 경우 그에 해당하는 보조금을 지급해야 한다. 이로써 개인이나 기업이 부담하는 전체 비용이 사회 전체적인 가치와 일치하게 된다.

구체적인 예시를 들어보자. 내가 만일 태양광발전과 디젤발전 중 하나를 선택해야 한다면 태양광 패널, 디젤발전기 등의 설비투자와 디젤연료 등을 포함한 전체 비용을 계산해볼 것이다. 시간당 1킬로와트의 전기를 생산하는 데 태양광발전에는 12센트가, 디젤발전에는 10센트가 든다면 개인적으로는 당연히 디젤발전이 저렴하다. 게다가 애덤 스미스의 관점으로는 내가 부담하는 비용이 결국 사회 전체의 비용이다. 내부적으로 계산에 포함된 비용만 생각하기 때문이다. 하지만 현실세계에서 디젤발전은 기후변화를 초래하는 여러 가지 공해물질과 온실가스 등의 외부효과를 발생시킨다. 디젤발전기의 킬로와트당 외부비용이 8센트라고 가정하면 디젤발전의 전체 비용은 킬로와트당 18센트로 늘어난다. 태양광 패널은 이런 외부효과를 만들지 않는다. 둘 중에 디젤발전이 더 비싼 셈이지만 내가 신경 쓸 일은 아니다. 나는 결국 10센트만 부담하면 되니까. 내게 유리한 선택이 사회에도 유리할 이유는 없다. 내 비용을 최소화하는 것과 사회 전체의 비용을 최소화하는 것은 별개의 문제다. 피구의 방식을 적용한다면 전기를 만드는 데 필요한 사적 비용에 외부비용만큼의 세금을 부과해야 한다. 그래서 실제로 지불하는 비용이 18센트가 돼야만 나는 비로소 올바른 선택을 할 것이다.

또 다른 영국인 로널드 코스Ronald Coase는 외부효과의 개념을 확장했다. 그는 런던정경대학LSE에서 공부를 시작했고, 이후 미국으로 이주해 시카고 대학에서 100세를 맞이했다(안타깝게도 이 책을 쓰는 동안 102세를 일기로 사망했다). 그는 목축업자가 키우는 소가 이웃 농부의 밭으로 길을 잘못 들어 재배 중인 곡물을 먹어치우는 상황을 종종 예로 들었다. 농부 입장에서는 목축업자 때문에 외부효과가 발생한 것이다(외부효과를 설명하는 초기 사례들은 상당히 목가적이다. 나에게 심오한 영향을 주었던 노벨상 수상자며 당대의 거장이었던 제임스 미드James Meade는 꿀벌을 키우는 양봉업자와 난데없이 벌들이 가루받이를 해준 덕에 수고를 덜게 된 이웃 농장주의 사례를 들곤 했다. 이런 목가적인 사례들이 현대의 많은 외부비용을 충분히 설명하지는 못한다. 워링턴에서 겪었던 공해를 외부효과로 설명하기 힘들었던 이유기도 하다). 코스는 목축업자에게 피구세를 부과할 필요 없이 목축업자와 농부 간의 협상을 통해 문제를 해결할 수 있다고 주장했다. 보수주의자들은 정부 개입이 필요 없다는 그의 생각에 열광했다.

농부와 목축업자의 협상이 시작됐다. 목축업자는 농부에게 합당한 비

용을 지불하고 농부의 밭에 소를 풀어놓을 권리를 살 수 있다. 한편 농부
는 소를 가두는 울타리 비용을 목축업자에게 지불하거나 소를 키우도록
허용하고 그 피해를 목축업자로부터 보상받을 수 있다.

협상 전에 누가 어떤 권리를 선점하고 있는지에 따라 결과는 달라진
다. 농부가 목축업자의 동물을 막을 수 있는 권리를 이미 가지고 있다면
목축업자가 비용을 지불해야 해당 지역에 접근할 수 있을 것이고, 그렇
지 않다면 농부가 목축업자에게 동물을 가두는 데 필요한 비용을 지불해
야 할 것이다. 어느 쪽으로 귀결되든 경제적 관점에서는 좋은 일이다. 외
부효과에 대한 비용이 목축업자의 계산서에 포함되기 때문이다.

코스의 아이디어가 실제 상황에서 활용된 적은 없다. 대부분의 외부
비용은 한 사람이 아닌 여러 사람에게 영향을 미치기 때문이다. 기후변
화 문제만 보더라도 70억 인류 전체에게 영향을 미친다. 이해 당사자 모
두가 모여서 협상하기란 불가능하다. 중재에 소요되는 비용이 엄청나기
때문이다(조금은 아이러니한 이야기지만 당사자들을 연결하고 협상하는 데 필요
한 중재비용의 중요성은 코스의 또 다른 연구주제기도 했다). 어찌 됐든 코스의
생각은 외부비용에 대해 가장 대중적인 처방인 총량제한 배출권거래제
cap and trade system를 만드는 데 간접적이기는 하지만 중요한 영향을 미쳤
다. 총량제한 배출권거래제에 대해서는 4장에서 자세히 다룰 예정이다.
이 제도의 배경은 재산권이 잘못 규정됐기 때문에 외부비용이 발생한다
는 것이고, 재산권을 다시 정리함으로써 외부비용을 없앨 수 있다는 것
이다. 기후변화부터 수산자원 남획까지 다양한 분야에서 이러한 통찰은
가치를 발휘했다.

수백 년 전 띄엄띄엄 흩어져 살던 시대와는 달리 인구가 많아지고 서

로 간의 관계가 복잡해지면서 외부효과는 더욱더 보편적인 문제가 되었다. 경제적 국경이 무너지고 국가와 사회와 개인이 서로 밀접하게 연결될수록, 인구가 수십억 단위로 늘어날수록(21세기에만 20억 명이 더 늘어날 것으로 예상한다. 1900년에는 전체 인구가 20억 명이 채 안 됐다), 외부효과는 더욱 중요해진다. 따라서 외부효과는 철저히 통제되어야 한다.

피구와 코스가 개념적 토대를 만든 이후 미국 워싱턴의 연구단체인 미래자원연구소RFF: Resources for the Future가 처음으로 외부효과를 가지고 환경문제에 대응하기 시작했다. 연구소에서 1960년대에 발표한 논문은 환경문제를 이해하려면 먼저 외부효과를 이해해야 함을 주장하고, 문제 해결을 위한 정책 방향을 제시했다. 이에 대해서는 4장과 5장에서 좀더 자세히 다룰 예정이다.

이제 환경문제와 관련해서 죽음의 바다, 수산물 남획과 산호초 파괴, 습지 개간, 항생제 내성, 오존층 파괴, 산성비 등 여섯 가지 사례를 이야기하고자 한다. 두 가지는 바다(둘 중 하나는 농업으로 야기된 문제기는 하지만), 또 다른 두 가지는 농업과 자연, 그리고 마지막 두 가지는 대기오염에 관한 문제다. 이 사례들을 통해 인간의 삶에 직접적으로 영향을 미치는 여러 외부효과를 살펴보고자 하는데, 중요하면서도 복잡한 이들 문제 중 몇 가지는 해결 중이지만, 나머지는 아직까지 실마리를 잡지 못하고 있다.

죽음의 바다

대규모 원유 유출사고가 아니더라도 해마다 엄청난 양의 기름이 미국

해안에서 바다로 흘러들어가고 있다. 1989년 엑손 밸디즈 호 사고에서 누출된 약 1,080만 갤런[4,100만 리터]의 원유보다 많은 양이다. 자동차에서 길바닥으로 흘러나온 기름이 빗물에 쓸려 바다로 흘러가기도 하고 제대로 처리하지 않은 폐윤활유가 흘러들어가기도 한다. 하지만 바다를 오염시키는 가장 심각한 문제는 기름이 아니다. 놀랍게도 별로 알려져 있지 않은 농업용 비료가 가장 큰 문제다. 비료가 바다를 오염시키는 과정을 살펴보면 현재 우리 경제가 어느 정도로 서로 연관돼 있는지를 알 수 있다.

해마다 세계적으로 대략 45억 톤의 비료를 쓴다(대부분은 질소화합물이다). 하지만 20퍼센트 정도만 식물이 영양소로 흡수하고 35억 톤에 달하는 나머지 80퍼센트는 비에 씻겨 내려가 지하수나 강물을 따라 흘러, 결국 20억 톤의 비료가 해마다 바다로 모여든다. 나머지는 습지나 수맥에 남아 식수를 오염시킨다. 여기에 공장형 축산업에서 발생하는 질소계 침전물이 더해진다. 밀집식 가축 사육CAFO: Concentrated Animal Feeding Operations 으로 알려져 있는 공장형 축산을 통해 수천 톤에 달하는 배설물이 배출된다. 그냥 버려지든 비료로 재사용되든, 배설물의 일부는 물길을 따라 결국 바다로 향한다.

미시시피 강은 미국에서 쓰이는 비료의 상당량을 실어 나른다. 몬태나 주에서 펜실베이니아 주까지 미국 농업지대의 절반가량을 차지하는 100만 제곱마일[약 260만 제곱킬로미터]의 농지에서 흘러나온 농업용수가 미시시피 강으로 모여든다. 중서부의 광대한 농장지역의 오수가 미시시피 강 지류를 따라 하구의 멕시코 만으로 흘러 로드아일랜드 주 면적만큼의 바다를 죽음의 바다로 만들어버렸다. 이러한 죽음의 바다는 갈수록 늘어나고 있다. 최근 유엔의 조사에 따르면 146곳에 이른다.

죽음의 바다는 외부비용의 고전적인 사례다. 농부들이 바다를 이용하는 모든 사람에게 비용을 떠넘기는 것이다. 어부나 취미로 낚시를 즐기는 사람들은 더 먼 바다로 나가야 하고 잡을 수 있는 물고기는 줄어든다. 또한 오염된 바다와 생명이 사라진 곳에는 관광객이 찾아오지 않기 때문에 관광업도 피해를 입게 된다. 일리노이의 농장에서 비료를 뿌리고 있는 농부가 수천 마일 떨어진 루이지애나의 새우잡이 어부에게 피해를 주고 있음을 알아차리기란 쉽지 않다. 하지만 이는 분명한 사실이다. 그리고 지금 현재도 이를 해결할 정책적 수단은 없다.

피구세가 자연스러운 해결책일 수는 있겠지만 외부비용을 산정하기가 어렵다. 그리고 중서부의 농민과 멕시코 만의 어민 사이에 코스의 방식으로 거래를 성사시키는 것도 쉬운 일이 아니다. 그러나 해결책은 있다. 한 가지 방법은 하천 유역을 복원하고 확장함으로써 강의 본류로 흘러들어가는 비료의 양을 줄이는 것이다. 하천 유역의 습지는 흘러내려가는 물을 정화시키며 비료의 영양 성분을 상당량 제거할 수 있다.[1] 하천 유역을 복원하면 물새를 비롯해 생존을 위협받는 다양한 생물 종에게 안식처를 제공해줄 수도 있다. 자연 생태계가 가지고 있는 다양한 가치를 보여주는 사례가 될 것이다. 연구 중인 또 다른 해결책은 수질 거래방식이다. 이는 적절한 소유권이 부여되지 않은 탓에 외부성이 발생한다는 코스의 이론을 기초로 한 것으로, 개념적으로는 좀더 대중적으로 알려져 있는 (대기오염을 줄이기 위한) 총량제한 배출권거래제와 흡사하다. 가능성 높은 해법들이 제시되고는 있지만 아직 해결하지 못하고 있다.

수산자원 남획과 산호초 파괴

멕시코 만 오염의 희생양 중에는 산호초가 있다. 멕시코 만뿐 아니라 카리브 해와 (대산호초Great Barrier Reef로 유명한) 호주의 동부 해안에서도 산호초는 해안 생태계의 밑바탕이다. 산호초 지역에는 무수히 다양한 생물 종이 살고 있으며 해마다 수많은 사람이 스노클링과 스쿠버다이빙을 즐기러 온다. 카리브 해 연안에서 다이빙 관광으로 발생하는 순수익은 2015년에만 60억 달러에 달한다. 특히나 다이빙은 다른 관광산업보다 60~80퍼센트의 비용을 더 지출하게 만드는 돈줄이다. 산호초는 관광객을 끌어모을 뿐만 아니라 태풍이 빈번한 지역의 거주민을 보호하는 역할도 한다. 파도와 폭풍이 가지고 있는 파괴력을 해안가 멀리에서 분산시켜 해안선을 보호한다.

2010년 딥워터 허라이즌의 폭발과 원유 유출 등 치명적인 대형 사고가 일어날 때마다 위험에 처한 카리브 해 연안의 생태계는 세간의 주목을 받았다. 하지만 일상적인 수산자원의 남획, 이산화탄소의 증가, 연안 개발로 말미암은 해양오염 등으로 산호초가 대량으로 빠르게 사라져가고 있다. 지난 30~40년 동안 카리브 해의 산호초는 놀랍게도 80퍼센트가량 줄어들었고, 같은 기간 호주의 대산호초는 반으로 감소했다.

수산자원의 남획으로 산호초 지역 생태계의 균형이 깨지면서 산호들은 '죽음의 소용돌이'로 빠져든다. 해초를 먹는 초식성 물고기를 마구잡이로 잡아들이면서 해초가 산호초 지역을 장악하게 되면 산호는 죽어버린다. 해초가 뒤덮어버린 바다에서는 산호 유생들이 군체를 형성하지 못한다. 다양한 어류의 치어들이 산호초 틈에 숨어 자라는데, 산호가 줄어들면 전체 어류의 개체 수가 영향을 받는다. 남획이 산호초에 끼치는 영향은 이뿐만이 아니다. 남획이 빈번한 산호초 지대일수록 질병이 발생할 확률이 높아진다는 연구결과가 있다. 남획 때문에 상위 포식자들이 사라지면서 산호를 먹는 물고기들이 산호초에 질병을 퍼뜨리는 일이 늘어났기 때문이다.

관광업과 수산업으로 벌어들이던 소득이 줄어들고, 단백질 공급원이 감소하면서 지역 거주민의 영양상태가 나빠졌으며, 해안이 침식되면서 작은 섬에서는 인간의 생존 자체가 위협받고 있다. 이 모든 현상이 산호가 줄어들면서 발생한 외부비용이라고 볼 수 있다. 연안 생태계의 붕괴도 빼놓을 수 없다. 이해 당사자와 환경단체들이 산호초를 보호하고 산호초에서 시작하는 생태계를 복원할 수 있는 방법을 찾고 있다. 보호수역을 확장하기 위해 노력을 기울이고 초식 어류의 포획을 제한해 해초가 산호를 죽이지 못하도록 하는 어업 규제안을 준비하고 있다.[2] 6장에서 다루겠지만 결국은 해결할 것이다.

남벌과 식수

하천 유역은 섬세하고 신중하게 다뤄야 할 대체 불가능한 자연자본이다. 하천 유역은 단순히 물을 저장하고 흘려보내는 곳이 아니라 물의 흐름을 조절하고 정화하는 역할을 한다.

비는 대부분 짧은 기간에 대량으로 쏟아지지만, 우리는 매일 일정한 양의 물을 필요로 한다. 하천 유역은 비가 내리는 시점과 물이 필요한 시점 간의 불일치를 어느 정도는 자동으로 조절해준다. 비가 내리면 하천 유역의 흙이 거대한 스펀지가 되어 물을 흡수하고 오랜 시간에 걸쳐 천천히 물을 흘려보내 수량을 조절한다. 이런 조절기능이 없다면 비가 오는 대로 물이 쏟아져 내릴 것이다. 일정하지 않고 예측할 수도 없이 물이 흘러내린다면 농업은 불가능할 수도 있다.

흙은 하천을 정화하는데, 토양이 건강할수록 효율은 높아진다. 물이 스며들면 흙은 필터가 되어 작은 먼지 입자들과 미생물을 걸러낸다. 물이 흐르는 속도가 늦어지면서 먼지 입자는 물에서 흙으로 가라앉게 된다. 이런 자연필터기능과 함께 흙 속의 미생물이 물에 녹아 있는 공해물질을 분해해 정화한다.

나무 역시 중요한 생태 정화 시스템이다. 나무뿌리는 흙이 무너지지 않고 제자리에 있도록 붙잡을 뿐만 아니라 각종 균류와 미생물과의 상호작용을 통해 흙의 가치를 높인다. 하천 유역의 흙이 무너져 내리면 이러한 기능은 사라지고 만다. 1998년 여름 중국 양쯔 강 유역 곳곳에서 역사상 유례없는 홍수가 발생했다. 비가 많이 오기는 했지만 유일한 원인은 아니었다. 대규모 벌목으로 양쯔 강 유역의 삼림이 훼손되면서 문제가 더욱 심각해졌다. 이전에는 숲이었던 산자락에서 산사태가 발생했다. 나무가 사라진 급경사 지역에 집중호우가 쏟아지면서 흙이 무너져 내렸고 하천 유역의 유량조절기능이 파괴된 것이다. 하류의 거주지에 감당할 수 없는 피해가 발생하면서 1998년 가을, 중국 정부는 강 유역의 벌목을 전면 금지하는 한편 숲 재건 프로그램을 강도 높게 가동했다.[3] 불행하게도 초기에는 성공하지 못했다. 단일 외래종으로 조성된 숲이 현지 환경에서 살아남지 못했기 때문이다. 최근 들어 재래종으로 숲을 재건하려는 노력이 이루어지고 있다.

하천 유역의 파괴를 통해 토지의 용도를 바꿀 경우 발생하는 외부비용을 설명할 수 있다. 하천 유역의 토지를 개간하면(예를 들면 숲을 농장으로 바꾼다거나) 하천 유역의 유량조절기능, 정화기능이 무너지고 하류지역에 비용을 떠넘기게 된다. 유엔이 추산한 산림 훼손과 남벌의 외부비용은 해마다 2조~4조 5,000억 달러에 이른다. 이러한 엄청난 비용 때문에 많은 국가에서 복잡한 규정을 도입해 토지 이용을 규제하고 있지만 20년 전만 해도 전혀 인식하지 못하고 있었다. 이제는 적어도 문제를 이해하고 해결하고자 하는 움직임이 있다. 내가 살고 있는 뉴욕 시는 인근 삼림지역의 하천 유역에서 물을 공급받고 있다. 7장과 8장에서는 이 하천 유역을 관리하는 데 얼마나 신중하게 예산이 편성되고 있는지 살펴볼 예정이다. 세계의 많은 도시와 국가가 효율적인 정책을 도입하기 시작했지만 우리가 할 수 있는 일은 아직 많이 남아 있다.

치명적인 세균

닭고기, 돼지고기, 소고기를 막론하고 미국의 공장형 축산은 매우 낮은 가격으로 대량의 육류를 공급한다. 그러나 저렴한 육류를 생산하는 과정에서 보이지 않는 외부비용이 만들어지고 있다. 이러한 외부비용은 공장형 축산으로 공급되는 버거와 치킨 너깃을 요리하는 사람들에게서 드러난다. 지극히 좁은 공간에 수천 마리의 동물을 가둬 키우는 과정에서 배출되는 연간 5억 톤의 폐기물이 지하수와 공기를 오염시키고 있다. 이보다 더 직접적이고 치명적인 영향이 있다. 참여과학자모임Union of Concerned Scientists의 환경 분야 그룹에서 작성한 보고서는 "공장형 축산의 위험을 대중에게 전가하고, 업체가 야기한 폐해를 회피하고 있다. 그 비용은 미국 국민이 부담하고 있으며 치명적인 요소도 잠재돼 있다"고 밝혔다. 치명적인 요소란 항생제에 내성을 갖는 세균이 발생해서 퍼지고 있다는 것이다.

놀랍게도 미국에서 쓰이는 항생제와 관련된 약품의 70퍼센트를 축산업에서 소모한다. 미국의 공장형 농장에서 키우는 동물들이 전염병에 시달리기 때문만은 아니다. 공장형 농장의 비좁고 지저분한 환경이 일으킨 질병을 막기 위해 쓰이는 항생제는 일부에 불과하며, 대부분 '사료의 효율성'을 높이기 위해 투여한다. 즉 단위 사료당 가축의 무게를 늘리기 위해 항생제를 이용한다. 투입되는 사료의 양을 줄이면 이윤을 높이고 소비자 가격을 낮출 수 있다는 것이다.

불행하게도 이 외부비용은 꾸준히 늘어나고 있으며 소비자에게 전가되고 있다. 의료 전문가에 따르면 대규모 농장에서 항생제 이용을 급격하게 늘리는 바람에 항생제에 강한 내성을 갖는 세균이 등장했다고 한다. 살모넬라균(날고기나 조리가 덜된 육류에서 발견된다)과 캄필로박터균 때문에 식중독 발병이 늘고, 항생제에 대한 이 세균들의 내성 또한 꾸준히 강해져 공공보건을 위협한다. 질병통제예방센터The Centers for Disease Control and Prevention의 보고에 따르면 해마다 7,600만 건의 식중독이 발생하고 있고 세균 감염 때문에 5,000명이 죽어가고 있다고 한다. 세계보건기구WHO: World Health Organization는 최근 발표에서 내성 강한 세균의 출현에 대해 이렇게 우려한다. "현대의학의 성과를 위협하는 심각한 문제며, 21세기 들어 사소한 상처나 전염병에 속절없이 죽어나가야 했던 항생제 이전 시기로 돌아갈 가능성이 현실적으로 무척 높다. 이는 환상이 아니다."[4]

플루오로퀴놀론 계열의 항생제가 쓰이는 양상을 보면 내성문제가 얼마나 심각한지 알 수 있다. 이 계열의 항생제가 농·축산업에 허용되기 이전에는 사람에게서 내성이 발견되는 경우가 극히 드물었다. 농·축산업에 이용을 허가하면서 사람과 가축에서 내성이 발견되는 경우가 급격히 늘어났다. 결국 위험성을 인식한 식품의약국FDA: Food and Drug Administration은 2005년에 수의사들이 플루오로퀴놀론을 쓰지 못하도록 했다. 그러나 이 규제는 미국 내에서만 적용된다. 내성이 강한 세균은 해외에서 꾸준히 증식해, 감염된 여행자가 미국 내로 옮기고 있다. 결국 부분적인 승리일 뿐이다.

아직까지는 이 치명적인 외부효과에 관한 대응방안은 코스 식 협상Coasian bargaining이나 피구의 부담금Pigouvian charges보다는 대규모 농업에 대한 정책적인 규제가 효과적일 수 있을 듯하다. 이 문제를 대중이 인식하고 압력을 행사하는 것 또한 강력한 수단이 될 수 있다. 참여과학자모임과 환경단체인 천연자원보호협회NRDC: Natural Resources Defense Council의 노력에 힘입어 서브웨이, 맥도날드, 칙필레 등의 일부 패스트푸드 체인은 자발적으로 미국 내에서 항생제가 포함된 사료로 키운 닭고기는 취급하지 않기로 했다.[5]

오존층

항생제 내성문제나 강과 바다로 집중되는 질소화합물의 문제 등은 비교적 최근에 제기된 외부비용이다. 반면 수십 년 동안 과학계는 물론 일반 대중의 관심을 끌고 있는 외부비용도 있다. 그중 유명한 사례가 바로 오존층 문제다. 하지만 정작 오존층이 무엇인지, 어떤 역할을 하는지 제대로 알고 있는 사람은 많지 않다.

보통의 산소 분자는 두 개의 산소 원자가 결합된 O_2인 데 반해 오존은 산소 원자 세 개가 결합되어 O_3의 형태를 띠며 반응성이 대단히 강하다. 오존은 성층권과 대류권 두 곳에서 만들어진다. 지구 대기층의 최상단인 성층권에서는 자연적으로 성층권 오존이 생성되고, 대기층 바닥인 대류권 오존은 공해의 부산물이다. 성층권 오존은 지구를 덮는 그늘막 역할을 해서 지구 표면에 내리쬐는 자외선을 차단한다. 자외선은 사람을 포함한 모든 생물에 해롭다. 자외선에 오래 노출될 경우 화상을 입을 수도 있고 피부암의 원인이 되기 때문에 피부과 의사들은 자외선을 피하라고 권고한다. 백내장 같은 안과 질환도 자외선과 관련이 있다. 오존층은 또한 바닷속 먹이사슬의 출발점이 되는 식물성 플랑크톤을 보호하는 역할도 한다. 성층권 오존이 자외선을 차단하지 않았다면 지구상에서 생명이 진화하고 번성하지 못했을 것이다.

흔히 프레온가스라 불리는 염화불화탄소CFC가 냉장고와 에어컨의 열 전달물질로 광범위하게 쓰인 이후 생명 보호층인 성층권 오존이 파괴되고 있음이 1970년대에 이르러 알려졌다. 초창기에는 염화불화탄소가 반응성이 약하고 활성이 낮아 안전하다고 알려지는 바람에 스프레이 캔의 압축가스로도 이용됐다는 사실은 다소 아이러니하다. 어쨌든 염화불화탄소는 애초에 생각했던 것과는 전혀 다른 효과를 가져왔다. 용기가 파손되면 염화불화탄소는 공기 중으로 방출되고, 성층권까지 도달해 오존과 반응하면서 화학작용을 일으킨다. 이런 과정을 통해 오존층의 두께는 얇아지고 차단효과는 떨어져 모든 생명체를 위협한다.

어빈에 있는 캘리포니아 주립대학 화학과의 셔우드 롤런드Sherwood Rowland 교수와 그의 동료인 마리오 몰리나Mario J. Molina는 이미 1974년에 대기 중으로 방출된 염화불화탄소가 오존층에 손상을 가할 것이라고 예측했다. 염화불화탄소 생산업자들은 연구결과를 숨기려 했지만 1985년 남극의 과학자들이 오존층의 두께가 40퍼센트나 감소했음을 밝혀 상황은 극적으로 달라졌다. 그 수치는 몰리나와 롤런드의 예측보다 훨씬 심각했고, 오존층 파괴로 말미암은 건강문제가 더욱 심각해질 수 있다는 것도 명백했다.

염화불화탄소를 성층권으로 방출하는 것은 염화불화탄소 생산자와 사용자가 지구상의 모든 인류에게 부과하는 전형적인 외부비용이다. 경제적 관점으로 보면 피구의 부담금을 부과해 지구에 미치는 외부비용을 부담하는 수준으로 염화불화탄소의 가격을 올리는 것이 자연스럽다. 하지만 전 세계의 식물과 동물에 작용하는 외부효과를 계산해내기는 쉽지 않다. 그리고 전 지구적인 현상이기 때문에 누가 부담해야 하는지도 명확하지 않다. 지구 차원의 현상을 담당하는 국가나 기관이 없기에 수많은 환경적 외부효과를 규명하기란 간단한 일이 아니다. 게다가 코스의 해결책 역시 실용적이지 않다. 전 세계 모든 사람이 염화불화탄소 생산업자와 배출량을 놓고 협상을 벌인다는 것은 상상하기도 어렵다.

어찌 됐든 우리는 세금이나 교섭이 아닌 국제협약으로 염화불화탄소 문제를 해결했다. 1987년에 채택된 '오존층 파괴물질에 관한 몬트리올의정서Montreal Protocol on Substances that Deplete the Ozone Layer'가 그것이다.

1989년 1월에 발효된 '몬트리올의정서'에 참여한 국가들은 1986년도 기준으로 전 세계 염화불화탄소의 3분의 2를 소모하고 있었다. 모든 서명국은 1999년까지 염화불화탄소의 생산과 소비를 1986년의 절반 수준으로 줄이기로 합의했다. 그 이후로 의정서는 여러 번 개정되어 산업국들은 염화불화탄소 사용을 사실상 완전히 중단했고, 다른 나라의 사용량역시 대폭 줄었다. 오존층은 21세기 중반쯤이면 원상회복될 것으로 예상하고 있다. 몬트리올의정서는 지구환경에 관한 중요한 성공 사례다. 문제를 해결할 수 있다는 고무적인 선례인 것이다.

산성비

산성비에 대한 대처 역시 주목할 만한 선례다. 산성비는 유황을 함유한기름이나 석탄을 연료로 쓰는 발전소에서 이산화황 SO_2이 대기로 방출되면서 발생한다. 기체상태의 이산화황은 대기 중에서 수분에 용해되어 약산성의 아황산을 형성한다. 이 수분은 결국 산성비가 되어 내린다. 산성비는 숲을 손상시킬 뿐만 아니라 부식성이 있어 건물 표면에 손상을 입히고 호흡기 질환을 유발한다.

워링턴 고등학교 시절 나는 산성비가 유발한 고통을 직접 경험했다. 자전거로 등하교하는 길에 습한 대기의 산성 성분이 내 얼굴을 찌르는느낌을 받곤 했다. 1950년대와 1960년대는 섬유와 철강 같은 19세기 산업이 사양길로 접어들 즈음이었다. 시대에 뒤떨어진 채 남아 있는 공장들은 대규모 오염원이었다. 머지 강은 산업폐기물 화학물질의 집합소였고 공기는 거의 독성물질 수준이었다. 학교의 화학 실험실에서 파란색 리트머스 종이를 가져와 흔들면 즉시 분홍색으로 변했다. 지역의 공장과 발전소에서 배출하는 이산화황이 공기 중의 수분에 녹아들어 산성을 띠게 된다. 산성이 너무 심해 바깥에 세워놓은 자동차 표면에 구멍이 나고, 아름답고 고풍스러운 건물의 외벽이 손상되고, 창문을 열어놓으면 커튼이 삭고, 하얀 욕조 표면이 거무죽죽한 노란색으로 변했다. 영국과 유럽 전역의 오래된 산업도시 대부분이 겪었던 문제이자 오늘날 중국의 여러 도시에서 나타나는 공해 정도가 이렇다.

이 역시 화석연료를 쓰는 지역의 모든 사람에게 부과되는 고전적인 형태의 외부비용이다. 영국의 경우 1950년대 북해에서 천연가스가 발견되면서 문제가 해결됐다. 천연가스가 석탄보다 훨씬 깨끗하고 수십 년간 공급이 가능함이 확인되자 영국 정부는 난방과 온수 시스템을 석탄에서 가스로 대체하도록 강력한 정책을 추진했다. 가정 난방 역시 석탄에서 가스로 바뀌었고, 덜 꺼진 석탄재 때문에 발생했던 눅눅한 영국 겨울의 화재는 옛일이 되었다. 미국에서도 1970년대에 리처드 닉슨Richard Nixon 대통령이 '대기정화법Clean Air Act'을 통과시키면서 비슷한 움직임이 이루어졌다. 경제적 관점에서 볼 때 두 경우 모두 문제해결을 위한 접근방법은 비교적 간단했다. 그리고 수십 년 후 미국의 환경정책은 한발 더 내딛게 된다.

1990년 의회와 조지 부시George Bush 행정부는 당시로서는 상당히 혁신적인 이산화황 배출권거래제를 도입해 이산화황의 배출을 단계적으로 감소시키기로 결정했다. 코스의 직관을 기초로 한 이산화황 배출권거래제는 이전에는 없던 새로운 재산권을 도입했다. 이산화황 배출에 가격을 설정한 것이다. 결정된 작동방식은 여러 측면에서 피구세와 비슷하다. 지금까지 이산화황의 배출량은 최고치의 3분의 1 수준으로 감소했다.

산성비의 감소는 염화불화탄소 문제와 마찬가지로 환경적으로 중요한 성공 사례다. 아직 완전히 해소하지는 못했지만 우리가 관심을 기울이면 공해문제를 해결할 수 있음을 고무적으로 보여준다. 다양한 환경문제를 한꺼번에 풀어낼 수 있는 만능의 해결책은 없지만 여러 해결방안을 관통하는 공통의 원칙은 있다. 행위에 따르는 모든 비용을 유발한 자가 부담하도록 한다는 것이다.

외부비용을 내부로 끌어들이는 정책이 급진적인 변화를 가져올 수 있다는 점을 설명하고 이 장을 마치고자 한다. 석탄만 살펴보더라도 충분하다. 석탄은 온실가스를 가장 많이 생산하는 주범이며, 다음 장에서 더 자세히 다루겠지만 폐와 심장 질환을 일으키는 공해물질의 대표적인 원천이다. 두 경우 모두 전형적인 외부비용이다. 그리고 당연하게도 석탄은 산성비를 유발하는 이산화황을 발생시키는 주원인이다. 또한 석탄은 전 세계 소비전력의 40퍼센트 이상[6]을 생산하는 전력의 최대 공급원이자 광범위한 외부효과의 핵심이다.

좀더 구체적으로 알아보자. 해마다 미국에서 공해물질이 야기한 질환으로 2만~5만 명이 사망하고 있다. 대부분의 공해물질은 석탄에서 나온다. 다른 나라 역시 석탄 공해 탓에 심각한 건강문제에 시달리고 있다. 최근 연구에 따르면 스위스, 프랑스, 이탈리아 세 나라에서만 연간 4만 명이 사망한다고 한다. 세계은행World Bank이 중국의 대기오염이 건강에 미치는 영향을 연구한 결과[7]를 보면 문제는 더 심각해진다. 일부 중국 도시에서는 대기오염 때문에 연간 3만 5,000명이 '추가적으로' 사망하고 있으며, 대기오염의 정도는 지방정부가 목표하는 수준, 혹은 다른 국가에서는 이미 달성한 수준을 훨씬 넘어서고 있다. 석탄 연료가 중국 대기오염의 유일한 원인은 아니지만 가장 큰 원인인 것은 분명하다. 석탄이 야기한 대기오염 탓에 사망한 숫자는 탄광사고로 사망한 숫자(세계적으로 연간 1만 명)를 훨씬 넘어선다. 미국 국립과학학술원National Academy of Sciences은 중국 일부 지역의 기대수명이 석탄 연료가 유발한 공해 때문에 5년 6개월 단축될 것으로 전망하고 있다.

미국 의회는 최근 국립과학학술원에 화석연료 이용의 외부비용에 관한 연구를 의뢰했는데, 2009년에 발표된 결과를 보면 기후변화에 따른 비용을 제외하고서도 연간 1,200억 달러에 이르는 것으로 추산했다.[8] 이 중 절반 정도인 620억 달러는 석탄에 기인한 것이다. 2011년 2월 하버드 공중보건대학의 폴 엡스타인Paul Epstein이 이끈 연구팀은 미국에서의 석탄 생산과 이용에 대한 모든 외부비용을 추정해서 발표했다.[9] 외부비용의 일부는 정량화가 불가능하다는 결론을 내리기는 했지만, 정량화가 가능한 비용의 가장 합리적인 추정치는 연간 3,450억 달러였으며 최소 1,750억 달러에서 최대 5,230억 달러로 추정할 수 있었다(정량화할 수 없는 외부비용에는 생태계 교란, 즉 인간 이외의 생물 종에 미치는 피해 등 자연자본에 미치는 영향이 포함된다).

2011년 8월 『아메리칸 이코노믹 리뷰American Economic Review』의 연구결과를 보면 우리의 결론은 더욱 분명해진다. 놀라운 사실은 미국의 경우 석탄을 원료로 하는 화력발전의 외부비용이 부가가치를 상회한다는 것이다. '부가가치'란 발전소가 국가경제에 기여하는 가치, 다시 말해 발전소가 구매해 투입하는 비용과 판매로 벌어들이는 수익의 차이를 말한다.

연구에서는 주로 대기오염만 분석했고, 기후변화와 관련된 비용은 비교적 보수적으로 추정했다. 그 결과 석탄-화력발전은 부가가치 1달러당 2.2달러의 외부비용을 발생시키는 것으로 나왔다.[10]

석탄 이용에 따른 외부비용이 엄청나다는 사실은 명백하다. 석탄-화력발전에 따른 외부비용을 전기회사가 부담하게 된다면 전기요금은 분명히 훨씬 더 비싸질 것이다. 외부비용을 전력 생산비용에 포함한다면 전기요금은 시장에서 통용되는 수준을 벗어날 것이고, 석탄-화력발전은 사회에 전혀 도움이 되지 않을 것으로 추정하기도 한다.

석탄의 경우를 보면 모든 비용을 가격에 반영해야 한다는 단순하면서도 분명한 개념이 얼마나 중요한지를 알 수 있다. 1920년대에 아서 피구가 주장한 세금이든 미국의 로널드 레이건Ronald Regan과 조지 부시 대통령이 산성비를 막기 위해 도입한 총량제한 배출권거래제든 유럽연합에서 도입한 온실가스 규제정책이든 간에 방법은 중요하지 않다. 결론은 외부비용을 다루지 않으면 안 된다는 것이다. 외부비용 때문에 환경이 훼손되며, 자원은 낭비되고, 경제는 피해를 입는다. 4장에서 보겠지만 이러한 문제를 개선하기 위한 선택의 폭은 다양하게 열려 있다.

경제발전과 환경보호를 조화롭게 이루어나가기 위해서는 시장 시스템이 가지고 있는 장점을 유지하면서 외부비용을 반영하는 방법을 찾아야 한다. 다행히 그것은 얼마든지 가능하다. 특히 기후변화라는 인류 역사상 가장 심각한 외부효과에 직면한 이때, 반가운 소식이 아닐 수 없다.

3장

기후변화

인류 역사상 가장 큰 외부효과

1970년대에 나는 기후변화를 처음 접하고 1980년대부터 그 경제적 의미를 연구하기 시작했다. 공상과학소설에 잘 어울리는 주제라는 첫인상을 받았다(2014년 7월 『뉴욕타임스New York Times』에서 '기후과학cli-fi' 장르를 언급한[1] 걸 보면 이런 생각을 나만 한 건 아닌 듯하다). 아무튼 처음부터 심각하게 생각하지는 않았다. 수천 년에 걸쳐 만들어지는 기후 시스템이 사람의 힘으로 바뀐다고 믿기는 힘들지 않은가.

그러나 기후변화와 관련한 이론을 살펴보고 실험결과를 검토할수록 그 심각성을 인식하기 시작했다. 1톤의 석탄을 태우면 2.5톤의 이산화탄소가 나온다. 대규모 화력발전소에서는 매일 1만 톤의 석탄을 태우고 있으니 2만 5,000톤의 이산화탄소가 배출되고, 1년이면 700만 톤 이상을 쏟아내게 된다. 세계적으로 수천 개의 화력발전소가 있으니 해마다 수십만 톤의 온실가스가 배출된다. 석탄 이외의 화석연료를 이용하는 화력발전소와 자동차, 비행기, 선박, 기차 등을 한데 모아본다면 대기의 구성을 바꾸기에 충분한 양의 이산화탄소가 생성되고 있음을 쉽게 알 수 있다. 케임브리지 대학 동급생이었고, 학계와 공공서비스 분야에서 뛰어난 업적을 내고 있는 닉 스턴Nick Stern은 토니 블레어Tony Blair 전 영국 수상의 요청으로 작성한 「스턴 보고서: 기후변화의 경제학Stern Review: The Economics of Climate Change」에서 기후변화를 "인류 역사상 가장 큰 외부효과"로 묘사하고 있다. 그의 보고서는 기후변화 문제를 다룬 첫 시도였다.

기후변화는 경제학자들의 사고방식을 바꿀 정도로 대단히 다면적이고 복잡한 문제다. 기후변화가 골치 아픈 이유는 지구상의 모든 사회가 문제를 키우고 있고, 그로 말미암아 모두가 고통받고 있기 때문이다. 기후변화는 에너지의 활용 행태와 밀접하게 연관되는데, 우리 사회의 가장 분명한 특징이자 경제발전의 중요한 요건 중 하나인 '에너지의 대량 소비'가 바로 그것이다. 에너지를 거의 쓰지 않는 원시시대로 돌아갈 수는 없다.

기후변화 문제가 알려진 초창기에는 원자력발전이 문제를 해결할 수 있으리라고 비교적 낙관적으로 전망하기도 했다. 원자력발전은 온실가스를 배출하지 않고 에너지를 생산할 수 있기 때문이다. 요즘엔 원자력발전이 급격히 확대되는 데 대해 걱정이 앞서지만(또 다른 책의 주제가 될 만큼 중요한 문제다), 과거에는 나도 영국 원자력공사UK Atomic Energy Authority 에서 가스 냉각방식의 원자로 설계작업에 참여한 적도 있다. 후쿠시마 사고보다 훨씬 이전이며 체르노빌과 스리마일 원전사고가 발생하기 몇 년 전의 일이다. 대안은 있다. 풍력, 태양광, 지열 등이 상용화 가능한 수준으로 성장하고 있다. 향후 수십 년 안에는 파도의 힘으로 전기를 생산하는 또 다른 대안기술들이 등장할 전망이다.

기후변화가 전 지구적 차원에서 논의되기 시작한 지는 이제 몇십 년밖에 되지 않지만 사실은 오래된 아이디어였다. 기후변화에 대한 최초의 논의는 200여 년 전 프랑스혁명 당시 프랑스의 수학자 조제프 푸리에 Joseph Fourier(분명히 혁명에도 참여했을 것이다)의 작품에 등장한다. 그의 계산에 따르면 지구의 질량과 태양으로부터의 거리를 고려할 때 지구는 실제보다 더 추워야 했다. 푸리에는 대기가 지구를 따뜻하게 유지해주는 절연체 역할을 한다고 주장했다. 이는 대기가 온실 역할을 한다는 사실에 대한 첫 언급이다. 온실효과는 이제 기후에 미치는 인류의 영향을 이해하는 핵심 개념이 되었다. 온실효과에 대해 더욱 자세히 이해할 수 있게 된 것은 19세기 스웨덴의 화학자인 스반테 아레니우스Svante Arrhenius 덕분이다. 그는 1896년 이산화탄소가 절연체 역할을 하고 있으며 이산화탄소의 농도가 높아지면 대기의 온도는 올라갈 것이라고 지적했다.

지구의 대기가 가지고 있는 필수 불가결한 단열효과에 대해 과학적으로 살펴보자. 지구온난화의 근원은 태양의 복사열이다. 태양 복사가 지구에 닿으면 대부분은 다시 반사돼 우주로 나간다. 그러나 대기 중의 이산화탄소가 밖으로 향하는 열을 일부 지구에 붙잡는다. 따라서 이산화탄소 농도가 높아질수록 지구 온도는 올라가게 된다.[2] 이것이 온실가스에 대한 일반적인 설명이다. 이산화탄소만 온실가스 역할을 하는 것은 아니다. 메탄(천연가스), 염화불화탄소, 수증기도 대기 중에서 열을 흡수한다. 여기까지는 이론의 여지가 없는 기본 원리다.

지난 60여 년간 화석연료를 이용하면서 매년 300억 톤의 이산화탄소가 대기 중으로 방출돼왔다. 그 모두가 대기 중에 머무르지는 않는다. 일부는 바닷물에 녹기도 하고(약산성인 탄산의 형태로 바닷물의 산성화를 일으키며 앞 장에서 살펴보았던 산호초 파괴를 일으킨다), 일부는 바닷속 조류나 지상 식물의 광합성을 통해 생물자원biomass [본래는 한 지역의 모든 생물이 포함하는 유기물의 총량을 뜻한다. 오늘날에는 에너지원으로 활용할 수 있는 농작물, 폐기물, 목재, 생물 등을 총칭한다]으로 전환되기도 한다. 여기에 인간의 활동이 더해지면서 문제는 더더욱 심각해진다. 삼림 남벌 탓에 식물이 저장하고 있던 30만 톤 정도의 이산화탄소가 해마다 공기 중으로 방출된다고 한다.[3] 통틀어서 볼 때 인류 때문에 대기 중의 이산화탄소 농도는 산업혁명 이전의 280피피엠ppm에서 2015년 400피피엠으로 상승했다. 그리고 해마다 2~3피피엠씩 늘어나고 있는 추세다. 이로 말미암아 대기의 보온효과는 더욱더 증가하고 있고(기후변화에 대해 회의적인 사람들이 뭐라고 주장하든 간에) 온도 상승의 주범이 되고 있다.

20세기에 접어들면서 아레니우스는 이산화탄소 농도가 두 배로 증가할 경우 기온이 섭씨 5~6도 상승한다고 추정했고, 이후 4도로 수정했다. 최근의 정밀한 연구결과인 2~4.5도에서 크게 벗어나지 않는다. 그러나 중요한 차이는 있다. 아레니우스는 이산화탄소의 농도가 두 배가 되려면 3,000년이 걸려야 할 것으로 예상했지만 실제로는 이번 세기에 그 수준으로 올라가버렸다. 그는 전력소비와 자동차의 증가를 예상하지 못했던 것이다. 정확히 그는 이렇게 말했다. "1800년대의 위대한 프랑스 수학자 푸리에는 지구를 둘러싸고 있는 대기층이 열 손실을 제한하고 있다고 주장했다. 그의 이론은 온실효과 이론으로 다듬어졌다. 대기층이 온실의 유리지붕과 같은 역할을 한다고 생각했기 때문이다. 대기 중의 이산화탄소 농도가 두 배가 되면 지표면의 온도는 4도 올라간다. 그리고 이산화탄소가 네 배로 늘어날 경우 온도는 8도 상승할 것이다." 아레니우스는 컴퓨터의 도움 없이 종이와 연필만으로 계산했다. 이는 온실효과에 대한 기본적인 개념이 로켓을 쏘아 올리는 수준의 과학도 아니고 소설도 아니며 논쟁거리조차 될 수 없는 사실임을 보여준다.

산업혁명 이후 지구 온도는 평균 0.85도 정도 상승했다. 온난화를 일으키는 원리는 간단하지만, 자연에서 벌어지는 복잡한 상호작용 때문에 정말로 얼마나 상승할지 정확하게 파악하기란 쉽지 않다. 물의 증발이 어떤 역할을 하는지를 살펴보면 이해하기 쉬울 듯하다. 온도가 올라가면 바닷물이 증발하면서 대기 중으로 수증기를 공급한다. 한편 수증기 자체는 열을 흡수하는 기체라서 온난화는 심해진다. 하지만 수증기가 많아지면 구름도 많아지고 그늘막 역할을 하는 구름이 많아지면 지구는 식어버린다. 결국 공기 중으로 물이 증발하면서 서로의 영향력을 상쇄하는 모순적인 상황이 발생한다. 과학자들이 여러 해에 걸쳐 복잡한 계산을 거친 후에야 이 상호작용은 온난화로 귀결된다는 결론을 내렸다.

다른 상호작용 메커니즘 역시 온난화를 상쇄하기보다는 가속하는 것을 볼 수 있다. 빙하와 만년설이 녹는 경우를 생각해보자. 반사체인 얼음과 눈은 많은 양의 햇빛을 우주로 반사해서 지구를 식힌다. 얼음과 눈이 녹아 검은 대지와 푸른 바다로 변하면 햇빛을 반사하지 못하고 흡수해 지구는 더워진다. 이 때문에 빙하와 만년설이 녹으면 온난화는 빨라진다. 북극의 영구 동토층도 마찬가지다. 땅이 얼어 있는 상태에서는 온실가스 중의 하나인 메탄가스가 오랜 시간 얼어붙은 대지에 저장된다. 하지만 땅이 녹으면서 메탄가스가 분출해 온난화를 가속한다.

급격한 기후변화가 더욱 두려운 까닭은 물이 증발하고, 동토층에서 메탄이 배출되고, 얼음이 녹는 등의 상호작용 탓에 화석연료로 시작된 온난화가 가속되기 때문이다. 상승효과를 일으키는 치명적인 순환체계가 형성될 수 있다.

인류의 활동이 늘어나면서 온도 상승을 측정하는 일은 더욱 복잡해지고 있다. 특히 대기 중으로 배출되는 수백만 톤에 달하는 미세먼지 때문에 더욱더 복잡해지고 있다. 일부는 석탄을 연료로 하는 화력발전소에서 나오기도 하고, 일부는 자동차의 배기관으로 나오기도 한다. 특히 구형 디젤엔진에서 다량으로 배출된다. 미세먼지가 성층권까지 올라가면 햇빛을 차단해 지구가 식는다. 공해저감장치와 공기정화장치 덕에 미세먼지가 줄어들면 온실효과가 더더욱 커져 지구온난화를 가속하는 부작용을 낳는다. 미 항공우주국NASA: National Aeronautics and Space[이하 '나사'로 통칭]의 추산에 따르면 높은 고도의 대기층에 있는 미세먼지와 에어로졸의 냉각효과 때문에 온난화에 미치는 온실가스의 영향이 반 정도만 반영되고 있다고 한다. 이런 감쇄효과가 없었다면 지구는 1.5도 이상 더 더워졌을 것이라고 한다.

지구온난화 추세를 정확하게 예측하기 힘든 탓에 과학자마다 다른 전망을 내놓고 있다. 기후변화에 따른 여파 역시 예측하기 어렵다. 기후변화의 위험을 평가하고 대책을 마련하는 유엔 산하 '기후변화에 관한 정부 간 협의체IPCC: Intergovernmental Panel on Climate Change'의 최근 보고서는 온실가스에 얼마나 효율적으로 대응할 수 있는지에 따라 다음 세기의 지표면 온도가 달라지리라 예측한다. 가장 낙관적인 시나리오는 섭씨 2.6도 정도, 가장 비관적인 가정은 섭씨 4.8도까지 상승할 것으로 보고 있다.[4] 이는 아레니우스가 1896년에 예측한 숫자에 근접한다.

미래의 지구 온도를 정확히 예측하기는 어렵지만, 지구는 의심의 여지없이 더워지고 있다. 이미 섭씨 0.85도 상승한 데다 나사의 자료[5]에 따르면 2000년에서 2009년 사이 10년간이 기록상 가장 더운 10년이었고, 2015년이 기록상 가장 더운 한 해였으며, 2012년에는 북극해의 얼음 면적이 최저 수준으로 떨어졌고, 전 세계적으로 두 번째로 더운 해였다. 2010년에는 100년 전인 1920년 초에 비해 세계적으로 기온이 1.12도 상승했다. 또한 2012년에는 미국에서 최악의 가뭄을 겪기도 했다.

이러한 결과는 명확한 패턴의 일부다. IPCC의 2013년 보고서는 이렇게 밝히고 있다.

지구온난화는 명백하다. 1950년대 이래 수십 년에서 수천 년에 걸쳐 전례 없는 변화가 관측됐다. 대기와 바다가 따뜻해졌고, 눈과 얼음의 양이 감소하고 있으며, 해수면은 상승했고, 온실가스의 농도는 높아지고 있다.

10년 단위로 관측한 지표면 온도는 지난 30년간 지속적으로 상승했다. 이는 1850년 이래 처음 있는 현상이다. 북반구만 놓고 볼 때 1983년에서 2012년까지의 기간은 **아마도** 지난 1,400년 동안 가장 더운 30년이었을 것이다.[6]

IPCC 보고서를 통해 지난 100여 년간 일어난 기후변화의 원인은 파악할 수 있었지만, 온실가스를 이대로 방치하면 이번 세기 안에 어떤 일이 벌어질지에 대해서는 별다른 이야기가 없다. 그대로 진행된다면 지구는 심각하게 더워질 것이고, 이후 어떤 상황이 벌어질지는 확실하지 않다. 온도 상승이 일상생활에 미치는 영향을 파악하기가 쉽지 않기 때문이다. 이는 애초에 온도가 얼마만큼이나 상승할지를 알아내는 것보다 더 어려운 문제다. 하지만 노력을 멈출 수는 없다.

가장 분명하고 심각한 문제인 해수면 상승부터 이야기해보자. 해수면이 상승하면 해안지대의 토지와 빌딩이 손실되고, 다른 지역도 폭풍에 더욱 취약해진다. IPCC의 2013년 보고서는 확실하진 않지만 이번 세기에 해수면이 3피트[약 0.9미터] 정도 상승할 것으로 예측했다. 그러면 수백만 명이 해수면 상승 자체와 폭풍으로 말미암은 피해를 받게 된다. 전 세계적으로 미국 인구의 절반에 해당하는 약 1억 5,000만 명에 달하는 인구가 해발 3피트 이내에 살고 있으며[7] 이 지역의 총생산은 1조 달러 정도로 추산된다. 심지어 IPCC가 잠재적인 해수면 상승 위험을 과소평가하고 있다고 믿는 과학자들도 있다. 이유는 두 가지다. 하나는 그린란드와 남극의 얼음이 녹는 속도가 현저하게 빨라지고 있다는 점이다. 두 번째로 수십 년, 수백 년 이전의 기후변화를 밝히는 고기후학 연구에 따르면, 지금보다 섭씨 4도가 올라가면 해수면은 25피트[약 7.6미터] 높아질 것이라는 점이다.

좀더 비관적인 전망대로 해수면이 30피트[약 9미터] 정도 상승한다면 4억 명 이상이 갈 곳을 잃는다. 치명적인 결과다. 뉴욕, 워싱턴, 보스턴, 런던, 도쿄, 뭄바이, 알렉산드리아 등 세계 주요 도시 대부분의 고도가 해수면 높이와 비슷하다. 거의 모든 대도시는 해상운송에 의존하던 시기에 건설됐기 때문에 해발 10피트 미만의 강 하류에 자리 잡고 있다. 케네디, 뉴어크, 라과디아 등 뉴욕에 있는 세 개의 주요 공항은 모두 해수면에 근접해 있으며 동해안 철도, 고속도로, 수백만 채의 가정과 사무용 빌딩도 마찬가지다. 이들이 사라진다면 대규모 전쟁에 맞먹는 대형 재난이 될 것이다. 아마도 남북전쟁 당시의 미국이나 세계대전 전후 유럽에 비견할 정도로 폐허가 돼버릴 것이다. 해수면 상승의 피해는 초대형 허리케인 샌디가 휩쓸고 간 2012년 11월의 상황과 비슷할 것으로 예상할 수 있다. 공항, 철도, 발전소, 송전선 등이 마비되고, 가정과 기업이 입을 피해는 예측 불가능한 수준이 될 것이다.

부유한 국가조차도 지구온난화가 야기한 기근에 시달릴 수 있다. 소폭의 온도 상승과 이산화탄소 농도 증가가 농작물에는 좋을 수도 있지만,

그 정도 수준은 순식간에 스쳐 지나갈 뿐, 작물의 생산성은 급격히 떨어질 것이다. 울프램 슐렌커Wolfram Schlenker와 앤서니 피셔Anthony Fisher, 마이클 헤인먼Michael Hanemann은 지구온난화와 농업의 관계를 연구한 논문을 통해 섭씨 32도 이상의 기온이 단 며칠만 이어져도 주요 작물이 피해를 입을 것이라 주장했다. 이들의 예상대로 기후변화가 지속될 경우 미국의 옥수수, 면화, 대두 생산은 2100년까지 각각 44퍼센트, 24퍼센트, 30퍼센트 감소할 것으로 봤다. IPCC의 좀더 비관적인 전망을 따를 경우(실제 벌어지고 있는 상황에 가장 근접한 수치다) 각각 80퍼센트, 70퍼센트, 75퍼센트가 감소할 것으로 예상한다.[8] 이렇게 급격한 변화가 일어난다면 미국 중서부의 중추산업인 농업의 상당 부분은 붕괴될 것이다. 이러한 예측은 논문이 발표된 2005년 당시의 평균 강수량이 유지된다는 가정을 바탕으로 한다. 그러나 역사상 가장 심각했던 2012년의 가뭄을 고려하면 그리 믿을 만한 예측이라고 보기도 어렵다.

실제로 강수량이 기후변화에 미치는 영향은 복잡하다. 온도가 높을수록 바다에서 증발되는 물의 양은 늘어나고 공기 중에 더 많은 수증기가 떠다니게 된다. 비는 더 많이 내리게 되고, 습한 지역은 더욱더 습해진다. 기후예측모델에 따르면 건조한 지역은 더욱더 건조해질 것이다. 가뭄이 들거나 홍수가 잦아지는 등 강수량 변동은 지금보다 극단적인 양상을 띨 것으로 보인다.

이처럼 상반된 현상은 물론 미국에만 해당하는 이야기가 아니다. 온난화가 전 세계 농업에 미치는 영향을 연구한 윌리엄 클라인William Cline은 주요 개발도상국은 금세기 말까지 15~30퍼센트의 농업 생산 하락을 겪을 수 있다고 예측한다.[9] 기후변화 때문에 기근이 생길 수 있음은 분명하다.

온난화와 강수량 변동 등 기후변화가 농업 부문에 악영향을 끼치면서 농업 이외의 용도로 이용할 수 있는 물의 양도 줄어든다. 캘리포니아는 미국에서 가장 중요한 농업지대 중 하나로, 겨울에 내린 눈이 농업용수의 대부분을 차지한다. 로키 산맥의 설원에 쌓인 눈은 여름이 오면 녹아 흘러 최고급 와인이 되는 포도 등 다양한 농작물을 재배하는 데 쓰인다. 설원이 저수지 역할을 하는 셈이다. 내린 눈을 모아두었다가 필요한 시기에 천천히 흘려보내니 말이다. 기온이 올라가면 눈보다는 비가 더 잦아진다. 눈과 달리 비는 산자락에 머물지 않고 바로 흘러내린다. 기온 상승으로 눈과 비의 균형이 무너지면 여름에 필요한 물의 양이 줄어든다.

최근 몇 년 동안 캘리포니아의 설원이 좁아지고 있다는 관측이 이러한 예측을 현실로 보여준다. 미국 환경보호국EPA: Environmental Protection Agency의 자료에 따르면 1955년에서 2015년 사이에 서부지역 여러 곳의 4월 적설량이 60퍼센트 이상 감소했다.[10] 남미의 상황도 다르지 않다. 많은 마을이 안데스 산맥에서 녹아 흐르는 물에 의존하고 있는데, 눈은 줄어들고 비는 늘어나면서 여름철 물 공급량이 감소하고 있다.

히말라야 산맥의 눈 녹은 물을 이용하는 중국, 인도, 방글라데시, 동남아시아 등지도 위태롭기는 마찬가지다. 히말라야 설원은 인도반도의 브라마푸트라 강·갠지스 강·인더스 강, 중국의 양쯔 강·황하 강, 동남아시아의 메콩 강 등 세계에서 가장 크고 중요한 6개 하천에 물을 공급한다. 히말라야 산맥과 티베트 고원에 눈이 아닌 비가 내린다면 이들 강의 여름철 강수량은 줄어들 것이다. 설원지대와 거기서 발원한 강줄기는 자연자본의 필수요소지만 기후변화의 희생양이 될 위험에 처해 있다.

특히 가난한 나라에서 기후변화에 따른 식량 부족과 물 부족 사태가 심각한 건강문제로 이어질 것이다. 게다가 기후변화가 야기하는 또 다른 건강문제가 있다. 높아진 기온과 열기에 따른 스트레스는 극심한 추위가 닥쳐야 겨우 조금 완화될 뿐이다. 올리비에 데셴느Olivier Deschênes와 마이클 그린스톤은 미국의 일일 최고 온도와 최저 온도가 각각 섭씨 4.1도와 3.3도씩 상승하면(IPCC가 추정했던 상승폭의 상한치에 근접한 수준이다) 해마다 3만 명이 사망할 것으로 추정했다.[11]

더구나 세계가 따뜻해지면서 질병매개체도 새로이 영역을 넓히고 있다. 예를 들어 말라리아를 옮기는 기생충은 일정한 온도(기생충의 종류에 따라 다르긴 하지만 섭씨 15도에서 20도 사이)에서만 살아남을 수 있다. 기온이 상승하면 이 위험한 질병의 전염 범위가 넓어진다. 케냐의 사례를 살펴보면 분명하다. 케냐 산의 꼭대기에 가까워질수록 당연히 기온은 떨어진다. 과거에는 해발 3,000피트[약914미터] 이상만 올라가면 말라리아 위험이 없었다. 그러나 오늘날에는 6,000피트 이상 올라가야 말라리아의 위험에서 벗어날 수 있다.[12] 말라리아뿐만이 아니다. 곤충으로 전염되는 뎅기열, 서나일열병, 지카바이러스, 황열병 등이 비슷한 양상을 띤다.

통계적으로 파악하기는 쉽지 않지만 온난화는 삶의 질에도 영향을 미친다. 온난화가 도움이 되는 지역이 일부 있기는 하지만, 여름 기온이 이미 섭씨 33도 이상인 지역에서는 온도가 더 올라갈 경우 삶의 질은 현저히 떨어질 것이 분명하다. 사실 온도가 상승하면 삶의 질뿐만 아니라 일상적인 업무를 처리하는 능력도 영향을 받는다. 자동차 운전, 시각과 손동작 간의 상호 연관성 검사, 지능검사 등의 의학 연구는 섭씨 21도 이상 기온이 올라가면 광범위한 기능저하가 일어남을 밝혀냈다. 저하의 정도는 상당히 극적이다. 고등학생의 수학시험 성적에 기온 상승이 미치는

영향을 살펴본 연구는 섭씨 23도 이상이면 기온이 높을수록 점수가 낮아
진다는 재미있는 결과를 내기도 했다.

지구가 더워지면서 가뭄, 열파heat wave, 홍수, 태풍 등의 기상 현상은
극도로 심화되고 있다. 이 모든 것은 분명히 비용으로 계산될 수 있다. 가
뭄은 우리의 삶과 농업 생산에 직접적으로 영향을 미친다. 또한 열파로
말미암아 들불이나 산불이 늘어난다. 이미 미국에서는 흔한 일이다. 네
브래스카와 캘리포니아에 이르는 지역에서 1,000에이커[약 4제곱킬로미
터] 이상의 면적에 이르는 들불이나 산불은 1984년에서 2011년 사이에
해마다 7건씩 증가해왔다. 피해지역의 면적을 모두 더하면 라스베이거
스의 면적에 해당하는 9만 에이커[약 364제곱킬로미터] 이상 해마다 늘어
나고 있다.[13]

미국과 유럽의 일부 지역에서는 홍수가 점차 증가하는 추세다. 도시
가 파괴되는 등의 재산 피해를 생각할 때 홍수는 엄청난 비용을 초래한
다. 최근 영국은 기상 관측 이래 가장 많은 강수량을 기록했다. 과학자들
은 전 지구적인 온난화 탓이라고 밝혔다.[14] 카트리나나 샌디 같은 허리케
인뿐만 아니라 미국 중서부의 소도시를 휩쓸고 지나가는 국지적 토네이
도 같은 파괴적인 돌풍 때문에 경제적으로나 인적으로 많은 피해를 입어
왔다. 지구와 바다의 온도가 올라감에 따라 적도지역에서 발생한 열대성
저기압인 허리케인과 태풍 등의 강도가 세지면서 파괴력은 더욱 커지고
있다.

사람들만 기후변화에 시달리는 것은 아니다. 식물과 동물은 물론 나
머지 생물 종도 괴로움을 겪기는 마찬가지다. 어쩌면 적응하고 대처하는
능력이 사람보다 떨어지기 때문에 더욱 심하게 고통받고 있을지도 모른

다. 2013년 IPCC는 "21세기 들어서면서 기후변화 탓에 광범위한 지표 생물, 담수생물, 바다생물의 멸종위기가 커지고 있다. 특히 이런저런 스트레스 요인과 기후변화가 중첩되면서 위기는 더욱 심각해지고 있다"고 밝혔다. 자연계의 다양성에 무관심했던 사람들에게는 충격적인 전망이겠지만 이미 다른 연구결과로도 확인된 내용이다. 기후변화는 우리 주변의 세계를 바꾸고 있다. 생물학적 다양성이 급격하게 줄어들고 있으며 소중한 자연자본의 한 부분이 영원히 파괴되고 있다. 생물학자들에 따르면 현세 이전에 다섯 번의 대멸종이 있었으며 가장 최근에는 6,500만 년 전에 지상 공룡이 멸종했다.[15] 이 생물학자들은 21세기에 6차 대멸종이 발생할 것으로 예견하고 있다.[16]

기후변화 탓에 자연이 시달리고 있다는 관측은 이미 수천 건에 이른다. 철새가 북쪽으로 떠나는 시기가 빨라지고 있고, 산란기도 빨라지고 있다. 기온이 상승하면서 곤충과 식물이 생존 가능한 기후대를 따라 북쪽으로 이동하고 있으며, 그에 따라 철새들 역시 훨씬 더 북쪽으로 날아가고 있다. 식물의 개화기도 빨라지고 있다. 동물의 겨울잠도 짧아지고 있다.[17] 날지 못하는 동물들도 역시나 온난화를 피해 북쪽으로 빠르게 서식지를 옮겨가고 있다. 『사이언스Science』에 소개된 2011년 연구는 지난 10년간 육상동물들의 서식지는 무려 17킬로미터 북상했으며, 이는 매시간당 20센티미터씩 이동한 셈이라고 밝혔다.[18]

검고 흰 얼룩이 예쁜 알락딱새는 참새만한 녀석이지만 해마다 서아프리카에서 북유럽까지 날아갈 정도로 놀라운 지구력을 가졌다. 알락딱새가 곤경에 빠진 슬픈 사연을 통해 기후변화가 조류에 미치는 영향을 살펴보자. 북유럽과 서아프리카 모두 봄이 빨라지긴 했지만 유럽에서의 변화가 더 심하다. 저위도 지역보다 고위도 지역이 더 빠르게 기후변화를 겪고 있다. 알락딱새는 낮 길이의 변화를 파악해서 아프리카에서 북쪽으로 출발한다. 당연히 낮의 길이는 온난화의 영향을 받지 않는다. 따라서 알락딱새는 해마다 같은 시간에 북쪽으로 이주를 시작하지만 훨씬 늦은 봄의 기후가 돼버린 유럽에 도착한다. 그러다 보니 갓 깨어난 새끼들이 이른 봄에 부화한 어린 벌레를 먹을 수 있는 기회가 없어져버렸다. 알락딱새는 알을 조금 일찍 낳아서 어느 정도 해결하려 하지만 완벽하지는 않다. 다른 철새들은 이런 식으로도 해결이 안 돼 더욱 심하게 영향을 받고 있다. 슬픈 일이지만 이들 철새의 개체 수는 뚜렷하게 감소하고 있다.[19]

지리적인 요건 때문에 생물 종들이 기후변화에 대응하는 데는 물리적인 한계가 있다. 온난화 때문에 북쪽으로 이동해서 적절한 온도를 유지하려는 종에 대해 생각해보자. 해안이나 사막을 만나 더는 북쪽으로 갈 수 없거나, 생존 불가능한 목초지 등을 만날지도 모른다. 로키 산맥에 서식하는 작은 포유류 피카처럼 더위를 피해 산으로 올라가기 시작한 동물들은 결국 산꼭대기에 다다를 수밖에 없다. 북극곰은 사냥하던 빙원이 녹아버려 서식지가 사라지는 위기에 처했다. 북극곰은 더 추운 곳을 찾아서 북으로 갈 수도 없다. 이미 북극에 와 있기 때문이다.

이러한 기후변화는 우리가 인위적으로 개입해 줄이거나 중단시키지 않는 한 시간이 갈수록 심화될 것이다. 2100년을 예측한 대부분의 연구는 그때가 돼도 마찬가지일 것으로 보고 있다. 2100년이라면 벌써 걱정하기엔 너무 먼 미래가 아니냐고 되물을지 모르겠다. 하지만 금세기에 내 손주가 태어났고 그의 자녀들은 2120년, 아니 2130년을 살아가게 될 것이다. 기후변화의 본격적인 영향은 우리가 살아 있는 시기가 아닌 우리의 자녀, 손주, 증손주에게 미친다는 것이다.

이제 우리는 어려운 선택을 해야만 한다. 자연과 기후에 돌이킬 수 없는 변화가 닥치기 직전이다. 이산화탄소가 축적되면서 기후는 서서히 변하기 때문에 우리가 앞으로 25년 동안 어떻게 하느냐에 따라 다음 100년간의 대량 멸종, 해수면의 급격한 상승, 식량 생산량의 감소, 그리고 아직 예측 불가능한 다른 현상들이 발생할 수도 있고 아닐 수도 있다. 그때까지 살아 있지 않더라도 우리의 잘못된 행동은 영원히 부끄러운 과거로 남을 것이다. 원자폭탄을 설계한 로버트 오펜하이머Robert Oppenheimer는 1945년 7월 16일 최초의 폭발실험을 관찰하고 난 후 힌두교 서사시인 『바가바드기타Bhagavad Gita』의 문장을 인용했다고 한다. "이제 나는 죽음의 신이 되었다. 세계를 파괴할 것이다." 우리는 다 함께 오펜하이머의 발자국을 따라 세계를 파괴하고 있다. 한 번의 대규모 폭발이 아니고 천천히 보이지 않게 파괴하고 있을 뿐이다.

기후변화가 우리만이 아니라 후손들의 삶까지 위협하고 있다는 점에서 우리는 즉각 행동을 취해야 한다. 다음 장에서 외부비용을 어떻게 처리할 수 있는지 검토하려 한다. 5장에서는 기후변화와 관련된 외부비용에 초점을 맞출 것이다. 다행스럽게도 비교적 적은 비용으로 해결할 수도 있으리라는 희망이 보인다. 정치적인 다툼 때문에 판단력이 마비되지 않도록 하는 것이 현실적으로 가장 중요하다.

4장

외부효과에
대응하는 방법

적절한 용어가 정의되기 전까지 외부효과는 규제를 강화하면 해결할 수 있는 문제로 인식했다. 중세로 거슬러 올라가 영국의 마을들은 상류에서 식수를 받아 오고, 하수는 하류로 흘려보내 식수오염을 방지하는 규정을 지켜왔다. 상류에 쓰레기를 버리는 사람에게는 법원이 벌금을 물렸다(2장에서 살펴본 폭스턴의 존 에버라드처럼). 요즘으로 보면 외부효과에 부과한 세금에 해당한다. 1492년 에버라드가 벌금형을 받았던 그해에 폭스턴 법원은 "당 법원의 관할지에 거주하는 모든 거주민과 소작인은 오리나 거위가 마을을 지나는 강둑에 접근하도록 방치해서는 안 되며, 이를 지킬 수 없을 경우 매각하거나 집에 가두어야 한다. 어길 경우 영주에게 3실링 4펜스의 벌금을 내야 한다"고 선고했다.

이후 200년 동안 사회는 많은 분야에서 발전해왔지만 외부비용에는 관심을 두지 않았다. 200년 후에도 같은 법원이 동일한 사안을 다루고 있을 정도니 말이다. 1698년 법원은 "공동제방에 오리가 들어가도록 내버려두는 경우 영주에게 6펜스의 벌금을 내야 한다"고 판결했다. 더 복잡한 규정은 "자신이 관리하는 연못이나 웅덩이에서 오물이 폭스턴 시가 운영하는 공동수역 주변으로 흘러넘칠 경우 (새벽 4시부터 밤 8시까지) 매 건마다 영주에게 6펜스의 벌금을 내야 한다."[1] 오염이라는 외부비용과 공공재 관리의 필요성에 대한 개념은 500년 전부터 충분히 인식하고 있었고, 문제를 해결하기 위한 규제는 기본적으로 경제적인 유인책(벌금)에 기반을 두고 있었다.

그 당시에는 국지적인 규모였고, 국가 차원이나 전 지구적 오염문제는 없었다. 이후 세계화와 기술의 발전으로 세계가 더욱 긴밀하게 연결되면서 외부효과는 규모가 커지고 보편화됐다. 그러나 근본적인 문제는 현재나 중세 영국이나 다르지 않다. 실제로 규제를 지키지 않으면 벌금을 매기는 법 체제로 외부효과를 통제하는 중세의 전통은 오늘날에도 계속되고 있는데, 이는 외부비용을 관리하는 규제 접근법의 기초다.

2장에서 살펴보았던 외부비용의 여섯 가지 사례를 다시 한번 되새겨보자. 비료 유출 때문에 죽어버린 바다, 남획이 불러온 산호초 지대의 파괴, 산림 훼손과 하천 유역의 파괴, 항생제 내성이 생겨버린 세균, 냉매로 말미암은 오존층의 파괴, 황 성분이 포함된 석탄과 석유에 기인한 산성비 등이 그것이다. 모두 광범위하게 영향을 미치는 외부비용이 서로 복잡하게 엉켜 있으며, 이는 아주 중요한 문제라는 사실을 보여준다.

이제 외부비용을 통제하는 다섯 가지 접근방법에 대해 이야기하고자한다. 규제, 총량제한 배출권거래제, 과세, 법적 대응, 행동주의 등이 그것이다. 규제를 제외한 나머지는 경제적 유인책을 통해 작동한다. 즉 외부비용을 최소화할 수 있는 방향으로 경제활동을 유도하는 것이다. 경우에 따라서는 규제 역시 이와 동일하게 작동할 수도 있다. 중세와 근대 초기 폭스턴의 시민들이 다른 사람에게 외부비용을 전가할 경우 벌금을 냈던 것처럼 말이다.

규제 접근법

자동차에서 배출되는 온실가스에 대한 규제(미국의 경우 '기업평균연비' 규정CAFE legislation: Corporate Average Fuel Economy으로 규제한다)와 공장과 관련한 온갖 종류의 배출 규정은 아마도 중세 영국의 재판관들이 보더라도 무척이나 익숙하게 느꼈을 것이다. 기업평균연비 규정에 의하면 자동차 제조업체에서 생산하는 모든 차량의 연비를 평균하여 최소한의 연비 규정을 충족시켜야 하며, 이를 지키지 못하는 업체는 벌금을 내야 한다. 2011년 미국 환경보호국은 자동차 제조사가 생산하는 모든 승용차와 경트럭(SUV와 픽업트럭 포함)에 대해 2016년까지 1갤런[약 3.8리터]당 35마일[약 56킬로미터]의 연비 기준을 충족하도록 요구했다. 2025년에는 이 기준이 갤런당 54.5마일[약 88킬로미터]로 강화된다. 측정방식이 다르기 때문에 일상생활에서 느끼는 연비와는 거리가 있다. 환경보호국 검사에서 갤런당 34마일[약 55킬로미터]의 연비를 기록한 자동차를 일상적으로 운행한다면 갤런당 27마일[약 43킬로미터] 정도로 떨어진다.[2]

판매된 차량의 평균 연비가 목표치에 미치지 못할 경우 갤런당 0.1마일마다 5달러씩 판매 대수만큼의 벌금을 제조사에 부과한다. 지금까지 독일의 자동차 제조사 BMW와 메르세데스 벤츠가 벌금을 가장 많이 냈다. BMW의 경우 해마다 1,000만 달러 정도를 지불하다 2001년에는 그 액수가 2,800만 달러에 달했다. 1978년부터 2008년까지 메르세데스 벤츠는 총 2억 6,200만 달러를 벌금으로 냈다.[3] 유럽연합도 비슷한 정책을 시행하고 있다. 주행거리 1킬로미터당 배출하는 이산화탄소의 평균치를 기준으로 자동차 제조사를 규제하며, 2015년까지는 130그램을 초과하지 않도록 했다. 미국은 2016년까지 마일당 250그램, 즉 킬로미터당 약 156그램 정도를 허용하니 유럽보다 17퍼센트 정도 너그러운 셈이다. 2025년까지 킬로미터당 120그램으로 강화할 예정이다. 유럽연합의 기준 역시 미국과 마찬가지로 일상생활에서 체감하는 연비와는 거리가 있다. 엄격하게 통제된 상황에서 실시하는 테스트에 비해 일상에서는 훨씬 연비가 떨어진다. 현실과 차이가 있기는 하지만 미국의 배기가스 규제가 좀더 엄격해 보인다. 최근의 폭스바겐 배출가스 조작사건을 보면 유럽연합의 경우 규제가 비교적 느슨한 것 아니냐는 지적을 받을 수 있을 듯하다.

도시지역의 대기오염을 해결하기 위해 미국은 다섯 가지 주요 원인물질[4]의 배출량을 규제한다. 탄화수소, 질소산화물, 일산화탄소, 미세먼지(디젤자동차에만 해당), 포름알데히드가 그것이다. 기업평균연비 규정과 마찬가지로 주행거리 1마일당 배출량으로 규제가 이루어지며 기준치를 초과할 경우 벌금이 부과된다. 어마어마한 벌금을 피하기 위해 폭스바겐은 2015년에 디젤엔진의 미세먼지 배출량을 조작하는 무리수를 두기도 했다. 허용 기준을 충족하지 못할 경우 벌금 수준은 차량 한 대당 최대 3만 7,500달러에 이른다. 폭스바겐이 미국에 내야 하는 벌금의 총액은 무려 180억 달러다. 발전소와 공장에서 대기나 수중으로 배출되는 많은 종류의 오염물질을 통제하는 데도 이러한 규제정책을 활용할 수 있다. 기준을 정하고 규칙을 어기면 벌금을 매기는 중세의 방법과 근본적으로 동일한 방법이다.

미국은 온실가스 배출을 통제하기 위해 여러 가지 방법을 동시에 활용하고 있다. 30개 주에서는 신재생에너지 공급의무화제도RPS: Renewable

Portfolio Standards를 도입했다. 이 제도에 따르면 지역 내의 모든 전기회사는 전력의 일정 비율을 재생 가능한(탄소를 배출하지 않는) 에너지원으로 생산해야 한다. 예를 들어 캘리포니아에서는 2020년까지 공급하는 모든 전기의 3분의 1을 재생에너지로 생산해야 한다. 이러한 주 단위의 정책은 온실가스를 배출하지 않는 에너지원을 홍보한다는 점에서도 의미가 있다. 여기에 더해 미국 연방정부는 재생에너지에 대한 투자를 활성화하기 위해 세금 감면을 비롯한 다양한 유인책을 강구하고 있다. 대부분의 산업국 정부 역시 비슷한 정책을 도입하고 있다(그럼에도 미국을 비롯해 전 세계적으로도 신재생에너지원보다 화석연료에 지급되는 보조금이 훨씬 많다는 사실은 지적하고 넘어가야겠다[5]).

연방정부는 자동차산업 외의 분야로 규제를 확장하고 있다. 2007년에는 대법원 판결에 따라 환경보호국이 연방정부 차원에서 온실가스 배출에 대한 규제를 시행할 수 있는 권한을 부여받았다. 법원은 온실가스가 대기정화법에서 규정하는 오염원에 해당하므로 환경보호국이 온실가스 배출을 규제할 권한과 책임을 갖는다고 선고했다. 이후 환경보호국은 모든 기업이 온실가스 배출량을 신고하게 하고 신규 발전소의 온실가스 배출을 제한하는 규정을 도입했다. 또한 최근 기존 발전소의 온실가스 배출을 규제하는 일련의 정책을 추가로 발표했다. 이 모든 규정을 하나라도 지키지 못하면 벌금 등 경제적인 처벌이 이루어진다.

기후변화 문제에 대한 일련의 규제를 살펴보면 미국 정부가 연방정부 차원의 규제를 통과시키는 데는 실패했지만 규제가 아예 없는 것보다는 훨씬 나아졌음을 보여준다. 그나마 일단 만들어진 규제들은 매우 성공적으로 작동하는 듯 보인다. 미국의 온실가스 배출량은 2007년부터 6년간 지속적으로 감소해왔으며 2012년은 1992년 이후 가장 낮은 해로 기록됐다(2013년과 2014년 들어 다시 증가하기는 했지만).[6] 아쉽게도 새로운 규제로 얻은 효과인지는 분명하지 않다. 배출량이 감소한 이유 중 하나로는 2007년에서 2009년까지의 불황으로 대부분의 경제활동이 위축돼버린 점을 꼽을 수 있다. 또 한 가지는 천연가스의 공급가격이 100만 세제곱피트[약 2만 8,300킬로리터]당 12달러에서 3달러로 떨어졌다는 점이다. 이 덕에 전기를 생산하는 데 석탄보다 천연가스가 더 저렴해졌다. 천연가스로 전기를 생산하면 훨씬 적은 양의 온실가스가 배출된다. 따라서 규제에 따른 감소량은 일부분에 불과하다고 볼 수도 있다. 그러나 시장 상황은 끊임없이 변하는 만큼 온실가스 배출량의 감소 요인 역시 언제든 사라질 수 있다.

'규제'는 미국과 유럽에서 환경을 관리하는 기본 방식으로, 5세기 전 중세의 접근법과 크게 다르지 않다. 전통적으로 광범위하게 활용하고 있기는 하지만 규제로 말미암은 불필요한 비용이 발생하기 때문에 그다지 현명한 방법이라고 보기는 어렵다. 최근 들어 (특히 미국의 기업평균연비 규정에 따른) 자동차의 탄소 배출량 기준을 적용하는 데 필요한 비용과 연료에 세금을 부과해 동일한 효과를 얻어내는 비용 간의 비교연구가 몇 건 진행되었다. 모든 연구의 결론은 연료에 세금을 부과하는 편이 비용 대비 효과가 훨씬 좋은 것으로 나타났다. 예를 들어 연구자들은 휘발유 가격을 갤런당 80센트만 올리면 소비량이 줄어들어 결국 기업평균연비 규정으로 규제할 때와 비슷한 효과를 거둘 것으로 예측하고 있다.[7] 또 다른 연구[8]에 따르면 이산화탄소 배출을 줄이기 위해 (기업평균연비와 같은 형태로) 연비를 규제할 경우 이산화탄소 1톤을 줄이는 데 수백 달러의 비용이

들어갈 수도 있다고 한다. 훨씬 저렴한 선택지도 많이 남아 있다. 하지만 정책 입안자들로서는 당장 눈앞의 공해문제를 해결하는 데 있어 비용보다는 유권자들의 눈에 띄는 방법을 더 원할지도 모르겠다.

총량제한 배출권 거래를 통한 접근법

비용 대비 효과가 탁월하다고 입증된 대안으로는 총량제한 배출권거래제를 들 수 있다. 미국에서는 온실가스 배출을 줄일 수 있는 수단으로 널리 검토하고 있으며, 유럽에서는 이미 '온실가스 배출권거래제ETS: Emission Trading System'라는 이름으로 시행 중이다. 배출권 거래라는 개념은 재산권이 제대로 정의되지 않은 탓에 외부효과가 발생한다는 로널드 코스의 통찰을 학문적 근거로 삼아, 기업이나 개인에게 공해물질을 배출할 수 있는 거래 가능한 권리를 부여하는 것이다. 그러나 총량제한 배출권거래제를 도입하는 데 걸림돌이 있다. 정치인들이 규제에 대해서는 잘 이해하고 있지만 다른 대안에 대해서는 그다지 이해도가 높지 않다는 점이다. 심지어 현직 국무장관이며 2009년 당시 매사추세츠 상원의원이었던 존 F. 케리John F. Kerry는 "'총량제한 배출권거래제'가 무슨 의미를 갖는지 모르겠다"고 언급할 정도로 총량제한 배출권거래제는 미국 대중의 관심을 끌지 못했다. 배출권 거래라는 개념을 이해하는 사람도 적었을뿐더러 방식이 너무 복잡하다는 인식이 일반적이었다. 『뉴욕타임스』는 총량제한 배출권거래제를 요약한 기사에서 이 제도가 이미 효력을 잃었다고 선언하기도 했다. 제시한 이유는 간단했다. 2008년 경제불황에 시달리고 있는 상황에서 진행됐고, 월스트리트는 붕괴됐으며, 기업의 반대도 극심하고, 너무 복잡한 제도라는 이유였다. 그러나 실제로는 그렇지 않다.

총량제한 배출권거래제란 먼저 환경보호국과 같은 규제 주체가 배출할 수 있는 공해물질의 최대치를 설정한다. '총량제한cap'을 설정하는 것이다. 예를 들어 이산화탄소 1,000만 톤을 배출 총량으로 설정했다고 하자. 그리고 이를 '배출권allowance'으로 배분한다. 즉 10톤을 배출할 수 있는 배출권 100만 개를 발행하는 것이다. 이제 이산화탄소를 배출하는 기업들은 그들이 배출하는 양만큼의 배출권을 확보해야 한다. 만약 당신이 100톤을 배출하고 있다면 10개의 배출권이 필요하다. 가장 확실한 방법은 공해를 배출할 가능성이 있는 기업들을 대상으로 배출권을 경매에 부치는 방법이다. 가장 높은 가격을 부르는 기업에 공해물질을 배출할 수 있는 권리를 판매하고, 배출권을 거래할 수 있는 시장과 유사한 형태의 장치를 만들면 된다. 구입한 배출권이 필요 없으면 시장에서 팔면 되고 더 필요할 경우 사면 된다(이 부분이 총량제한 배출권거래제의 '거래trade'에 해당한다).

공해물질을 배출하려면 배출권을 구매해야 한다는 의미는 결국 배출권의 가격만큼 공해 유발에 따른 비용을 증가시키겠다는 것이다. 배출권은 공해에 피구세를 부과하는 것과 비슷하다. 배출권의 가격이 톤당 50달러라고 한다면 공해 배출에 따른 비용은 그만큼 올라가게 된다. 공급을 조절해서 공해가 유발하는 외부비용을 충당하는 수준으로 배출권의 가격을 설정한다면, 외부비용은 내부로 계산되고 효율성은 증가하게 된다. 배출권 거래시장을 만들고 배출권이 거래되면 공해를 줄이는 효과뿐만 아니라 가장 저렴한 비용으로 공해를 줄이는 효과를 거둘 수 있다.

왜 그럴까? 여러분과 내가 각각 이산화황 배출권거래제의 적용을 받는 화력발전소를 운영한다고 하자. 배출권의 가격은 톤당 100달러다. 내가 운영하는 발전설비가 좀더 현대적이라서 배출량 1톤을 줄이기 위한 추가비용은 80달러다. 반면 여러분의 발전소에는 120달러가 필요하다. 배출권 시장에서는 어떤 일이 벌어질까? 내가 배출권을 가지고 있다 하더라도 나는 배출량을 줄일 것이다. 왜냐하면 배출량을 줄이는 데는 80달러가 들고, 가지고 있는 배출권을 100달러에 팔면 20달러가 남을 테니 말이다. 배출권이 없다면 계산은 훨씬 분명해진다. 100달러를 내고 배출권을 사는 것보다 80달러를 써서 배출량을 줄이는 게 당연히 이득이다.

여러분의 경우는 어떨까? 배출권을 가지고 있다면 당연히 이용해야 한다. 배출권을 구입하는 데 100달러가 들기는 하지만 배출량을 줄이려면 120달러가 들기 때문이다. 배출권을 가지고 있지 않다면 120달러를 써서 배출량을 1톤 줄이기보다는 100달러에 배출권을 사서 그냥 배출하는 게 분명히 이득이다. 결국 어떤 상황이든 나는 배출량을 줄일 것이고 여러분은 그냥 배출하게 될 것이다. 결국 절감비용이 가장 낮은 기업부터 공해물질 배출을 중단하게 된다. 이 부분이 총량제한 배출권거래제의 핵심이다. 공해물질 배출을 누가 얼마만큼 줄일지 시장에서 결정한다는 것, 그리고 이를 최소 비용으로 실행할 수 있는 참여자가 수행할 것이라는 점이다. 앞의 예는 가설이 아니다. 이미 미국에서 20년 동안 황화합물의 배출을 성공적으로 통제해오고 있는 방식이다. 또한 유연휘발유 역시 총량제한 배출권거래제를 통해 공해물질을 감축하는 데 성공하고 있다.

공화당 지지자는 대개 총량제한 배출권거래제에 반대하는 편이지만 아이러니하게도 공화당 출신의 대통령이 총량제한 배출권거래제를 도입했다. 조지 부시 대통령은 1990년 대기정화법을 개정해 이산화황의 배출을 통제하기 위한 총량제한 배출권거래제를 도입했다. 총량제한 배출권거래제가 대규모로 시행된 첫 사례다. 1995년 대형 발전소 110곳에 배출량 상한선을 설정한 것을 시작으로 총량제한 배출권거래제의 토대를 마련했다. 2000년에는 최초 110개 발전소의 배출량 상한선을 반으로 줄였고 추가적으로 2,000개의 발전소에 확대 적용했다. 효과는 대단했다. 이산화황으로 인한 산성비는 급격하게 줄었고, 지출한 비용 역시 처음 예상보다 훨씬 적었다. 저명한 경제학자 네 명이 공동으로 진행한 연구에 따르면, 총량제한 배출권거래제를 적절하게 도입한 결과 규제를 강화하는 방법에 비해 8억 달러의 비용을 절감했고, 발전소가 개별적으로 배출량을 줄이고자 했을 경우에 비해서는 대략 16억 달러의 비용절감효과가 있었다고 밝히고 있다.[9] 아주 적은 비용으로 이산화황 배출을 줄여 산성비를 완화한 것은 시장 기반의 환경정책을 주장해온 사람들에게는 승리의 경험이 되었다.

로널드 레이건 대통령은 유연휘발유를 퇴출하기 위해 이산화황 규제보다 훨씬 이전인 1980년대 중반에 이미 총량제한 배출권거래제를 도입했다. 그 결과 어떤 정책보다도 훨씬 빠르게 유연휘발유를 퇴출했으며 명령과 감시에 따른 전통적인 규제방식에 비해서는 연간 2억 5,000만 달러를 절감할 수 있었다.[10] 2000년대 들어 존 매케인John McCain 상원의원을 필두로 공화당 일부 의원이 온실가스 감축을 위한 총량제한 배출권거래제를 찬성하기 시작했다. 하지만 2003년 매케인이 동료 상원의원 조지프 리버먼Joseph Lieberman과 함께 국가 차원에서 총량제한 배출권거래제를 도입하는 법안을 상원에 제출했으나 결국 55대 43으로 부결되었다. 더구나 최근 들어 공화당은 배출권을 구매하도록 강제하는 것은 세금을 매기는 것과 동일하고, 따라서 새로운 세금제도를 도입하지 않겠다는 공화당의 공약에 위배된다는 이유로 총량제한 배출권거래제를 반대해왔다. 공화당 지도부는 심지어 기후변화는 실재하지 않으며 변화가 있다 하더라도 인간 활동에 기인하지 않았으므로 해결방안 따위를 고민할 이유조차 없다는 입장을 취하고 있다. 인류가 야기한 기후변화를 인정하지 않고 거부하는 것을 보면 석탄·석유·가스 사업자들이 로비와 정치자금으로 공화당을 주무르고 있음을 알 수 있다.

1970년대에 총량제한 배출권거래제가 처음 도입되던 시절에는 환경단체조차 그다지 우호적이지는 않았다. 오염시킬 권리를 제도화해서 공해문제를 해결한다는 개념을 이해하지 못한 탓이다. 환경론자들에게는 오염시킬 권리, 오염을 허용한다는 기본적인 개념 자체가 저주였을 것이다. 평생을 공해와 싸워온 사람들이라는 점에서는 이해할 수 있는 반응이기는 하지만, 이들이 놓친 부분이 있다. 이 제도를 통해 배출 허용량의 상한선을 설정해서 배출되는 공해의 총량을 제한할 수 있으며, 오염행위를 '비용이 많이 드는 행위'로 만들 수 있기 때문이다. 배출권이 오염시킬 권리인 것은 맞지만 총량이 설정돼 있고 권리를 행사하는 데는 비용이 필요하다(총량제한 배출권거래제가 시행되기 전에는 누구나 공짜로 행사할 수 있는 권리였다). 이 제도는 제3자에게 전가되는 모든 비용을 오염자가 부담하게 함으로써 공해를 통제하는 합리적이고 공정한 수단으로 인정받고 있는 오염자 부담 원칙을 잘 반영하고 있다. 현재까지 시행되고 있는 모든 총량제한 배출권거래제를 살펴보면 배출량 총량은 시간에 따라 점진적으로 낮아졌다. 즉 공해를 유발할 권리는 통제 가능한 경로를 통해 지속적으로 축소돼왔다는 의미다. 갑작스레 없애려 했다면 엄청난 비용이 들었을 것이다.

보수주의자와 환경주의자 어느 쪽도 환영하지 않았지만 총량제한 배출권거래제는 공해를 통제하는 최고의 수단으로 남아 있다. 일정한 수준을 목표로 설정해서 공해의 양을 조절하고 시장 메커니즘에 따라 최소 비용으로 작동하기 때문이다. 이는 국가 차원이 아닌 지방정부 단위에서도 입증되었다. 북동부 9개주(코네티컷, 델라웨어, 메인, 메릴랜드, 매사추세츠, 뉴햄프셔, 뉴욕, 로드아일랜드, 버몬트)에서는 2003년부터 발전소에서 배출되는 이산화탄소를 통제하기 위해 지역 단위의 총량제한 배출권거래제인 지역온실가스감축협약RGGI: Regional Greenhouse Gas Initiative을 시행하고 있다. 캘리포니아 주는 2012년에 탄소 배출권거래제를 도입했다. 지역온실가스감축협약에 따라 100억 달러 이상의 배출권이 판매됐으며, 이 수입은 에너지 효율 제고, 재생에너지 장려, 저소득자를 위한 에너지 요금 감면ratepayer assistance 등의 용도로 쓰이고 있다.[11] 2015년 12월에는 이산화탄소 1톤당 7.5달러에 배출권이 낙찰되었다. 주정부 단위에서 시행된 두 가지 제도에는 커다란 충격이 잠재되어 있다. 미국 내 대부분의 경제 활동이 이루어지는 북동부와 캘리포니아 사이의 지역에서 총량제한 배출권거래제가 효율적으로 작동한다면 바로 전국적인 규모로 확장할 수 있을 것이기 때문이다. 그리고 이 방법이 유럽연합에서 온실가스를 통제하기 위해 활용됐다는 점 또한 대단히 중요한 의미를 갖는다. 유럽에서는 온실가스 배출을 줄이기 위해 여러 국가가 협력해 온실가스 배출권거래제를 만들었다.

배출권을 어떻게 할당할 것인지는 총량제한 배출권거래제를 도입할 때 풀어야 할 어려운 숙제 중 하나다. 배출권을 한 번 설정하면 보통 몇 년 동안 유지되기 때문이다. 현재 운영 중인 제도들의 배출권 유지 기간은 대개 2~4년으로, 정책을 처음 실행할 때 배당한 후 정해진 시점에 다시 경매에 부친다. 앞에서 언급한 캘리포니아와 북동부지역에서는 시민의 전폭적인 지지를 이끌어내기 위해 이렇게 거둔 수익을 소득세 감면이나 사회보장 기금에 쓴다. 경매를 통해 배출권을 판매할 경우 세수에 영향을 미치지 않는다. 시민에게서 거둬들인 돈을 공공지출로 되돌려 주정부는 순익을 남기지 않기 때문이다. 정부가 배출권을 판매해서 벌어들인 수익을 감세나 보조금 등 직접적인 방법으로 소비자에게 돌려주는 방식을 '배출권배당제cap and dividend'라고 한다(정치적으로 좀더 매력적인 용어기는 하다).

일반적인 접근방식 중에 '기득권우선주의grandfathering'가 있다. 공해를 유발해왔던 기존 기업들을 대상으로 과거에 이미 드러난 배출량에 따라 별도의 비용 없이 배출권을 할당하는 방법이다. 배출량을 20퍼센트 감소하는 것이 목표라면 공해 유발 기업에 지금까지 배출해왔던 수준의 80퍼센트에 해당하는 배출권을 부여한다. 그렇다고 해서 80퍼센트를 반드시 채울 필요는 없다. 배출권보다 더 낮은 비용으로 공해물질의 배출량을 줄일 수 있는 기업은 더 많은 비용이 필요한 회사에 남은 배출권을 팔면 된다. 기득권에 따라 배출권을 배분하든 경매로 배출권을 거래하든 배출량이 줄어드는 원리는 다르지 않다. 낮은 비용으로 줄일 수 있는 기업은 배출을 줄일 것이고 절감비용이 많이 드는 기업은 배출권을 사서 배출한다. 결국 '배출량을 낮춘다'는 목적 달성에는 차이가 없다. 다만 경매에는 판매 수익이 발생한다. 기업으로서는 당연히 배출권을 공짜로 할당받는 기득권우선주의가 훨씬 유리하다. 경매는 배출권을 구입해야 하기 때문이다. 정부와 공익, 기업 간에는 상반된 이해관계가 성립한다. 환경주의자들은 태생적으로 기득권우선주의에 반대해왔다. 역사적으로 공해를 배출해왔던 기업들에 혜택을 주는 것으로 인식하기 때문이다.

그럼에도 대부분의 공해물질 배출 허가는(미국이 대기정화법으로 관리하는 이산화황과 유럽연합이 온실가스 배출권거래제로 관리하는 이산화탄소도 해당한다) 기득권우선주의를 택했다. 결국 기업의 반발을 피하기 위해 정치적인 비용을 지불한 셈이다. 유럽연합은 온실가스 배출권거래제의 배출권 할당 주기마다 점진적으로 경매로 전환할 계획이다. 미국도 환경보호국이 통제하는 이산화황의 배출 허용량을 조금씩 경매로 전환하고 있어 유럽연합과 유사한 행보를 취하고 있다.

모든 시장이 그렇듯 배출권 역시 가격에 민감하게 반응한다. 2012년 후반에서 2013년 초까지 유럽연합의 온실가스 배출권거래제를 살펴보면 잘 알 수 있다. 2007~2008년의 세계적 경제위기에다 유로화 위기가 겹치는 바람에 유럽은 심각한 경기침체에 빠졌다. 그 탓에 전력 수요가 감소하고 배출권 수요 역시 감소했다. 결과적으로 이산화탄소 1톤당 30달러에 거래되던 배출권은 겨우 3달러로 급락했다. 이 가격이라면 배출량을 줄일 이유가 없는 수준이다. 총량제한 배출권거래제를 옹호하는 입장에서 본다면 제도 외부의 영향으로 배출량이 줄어들 때만 가능한 현상이기는 하다. 그리고 당연하게도 배출권의 가격이 어떻게 되든 상관없이 배출량의 총량은 유효하게 관리된다. 유럽에서는 배출권의 가격이 떨어졌음에도 배출량의 상한은 시간에 따라 꾸준히 낮아졌고 배출량 역시 감소해왔다. 미국의 지역온실가스감축협약에도 비슷한 일이 벌어졌다. 전력소비량이 급감한 금융위기 직전에 도입된 것이다. 배출권수요가 과거의 배출량을 기준으로 한 예상에 한참 못 미쳐 가격 역시 예상보다 낮은 수준에서 결정되었다. 경기가 회복되면서 배출권의 가격은 상승했다.

탄소 배출권 거래시장은 총량제한 배출권거래제의 일부지만 그 자체로 독립적으로 존재할 수도 있다. 탄소 배출권을 비롯해 총량제한 배출권거래제처럼 통제기제로 작동하는 시장을 규제시장compliance market이라고 한다. 기업이 법적 요건을 충족하기 위해 규제대상이 되는 물질을 배출할 수 있는 권리를 거래한다.

또 다른 형태의 탄소 배출권 거래시장도 있다. 자발적으로 만들어진 시장이다. 자발적 시장에서는 공식적·법적 요건 없이 거래자들이 탄소배출을 감축시킨 결과에 따라 증서를 사고판다. 이러한 절감 노력은 일반적으로 회사의 브랜드 가치를 높이고 언론의 평판을 높이기 위한 활동으로 인식되지만 기후변화에 대한 우려와 해법에 기여하고자 하는 염원에서 비롯한 경우도 있다. 이러한 자발적 시장에는 기업뿐 아니라 탄소배출을 조금이라도 줄여보고자 하는 개인의 참여도 늘어나고 있다.

듀크 에너지와 미드아메리칸 에너지 같은 미국의 대형 전기회사는 중앙아메리카 지역에 숲을 조성해 자발적으로 이산화탄소 배출을 감축하기도 한다. 숲은 대기 중의 이산화탄소를 흡수하기 때문에 숲의 면적을 넓히면 전력 생산과정에서 배출한 이산화탄소가 줄어들게 하는 효과가 있다. 오염자와 토지 소유자 간 쌍방 거래에 따라 이루어지기도 하고, 때로는 토지 소유자가 먼저 탄소를 흡수할 수 있는 숲을 조성한 후 자발적인 구매자를 찾아다니기도 한다. 이러한 시장을 통해 항공 여행이나 일상생활에서 발생한 탄소를 감소시킬 수 있다(많은 항공사가 이미 예약용 웹사이트에서 이런 옵션을 제공하고 있다). 규제시장보다 자발적 시장에서의 가격이 낮은 것은 놀라운 일이 아니다. 자발적 시장에서 이산화탄소 1톤당 가격이 5달러에서 7달러를 넘는 경우는 거의 없다. 반면 유럽연합의 규제시장에서는 평균 가격이 최소 15달러에서 형성된다. 정작 놀라운 것은 법적인 근거나 규제가 전혀 없는데도 자발적 시장이 대규모로 활성화되어 있다는 사실이다.

조세론적 접근

사회적 비용이 발생하는 외부효과에 세금을 부과해 기업이 부담하도록 하고, 외부편익에는 보조금을 지급하자는 피구의 제안을 다시 떠올려보자. 총량제한 배출권거래제와 마찬가지로 세금보다 싸게 공해물질의 절감비용을 감당할 수 있는 업체들의 배출 감소를 유도할 수 있다. 왜냐하면 자기가 발생시킨 외부효과에 50달러의 세금이 부과될 경우 세금을 낼 것인지 외부효과를 만들지 않을 것인지를 선택해야 하기 때문이다. 절감비용이 50달러를 넘는다면 세금을 낼 것이고, 비용이 50달러를 넘지 않는다면 절감하는 쪽을 선택할 것이다.

정치적으로 볼 때 외부효과에 세금을 부과하고 여기서 벌어들인 세수로 소득세나 소비세 등 다른 세금을 깎아주는 것이 가장 이상적이다. 실제로 대부분의 세금은 경제적으로 볼 때 비용이다. 소득세는 사람들의 근로의욕을 떨어뜨리고, 소비세는 소비와 저축의 선택에 영향을 미친다. 휘발유에 붙는 세금은 피구세다. 그리고 요즘 활발히 논의되고 있는 '환경세green taxes' 역시 약간 더 설득력 있는 이름의 피구세일 뿐이다. 이산화탄소 배출에 부과하는 탄소세가 좋은 예다. 빌 클린턴Bill Clinton 대통령이 제안한 탄소세는 의회에서 부결되었고, 니콜라 사르코지Nicolas Sarkozy 프랑스 대통령 역시 마찬가지였다. 호주는 2012년 7월에 이산화탄소 1톤당 24달러의 탄소세를 도입하는 데 성공했지만 결국 1년 후 폐지했다. 스웨덴과 캐나다는 탄소세 도입에 성공했다.

　과세와 총량제한 배출권거래제에는 두 가지 명백한 차이가 있다. 하나는 총량제한 배출권거래제의 경우 세금 대신 배출 총량제한이 있다는 것, 다른 하나는 세금의 경우 언제나 정부의 소득으로 귀속되지만 총량제한 배출권거래제는 경매를 통한 경우에만 세수로 잡힌다는 점이다. 기득권우선주의의 경우 세수는 발생하지 않는다. 과세와 총량제한 배출권거래제 모두 오염자 부담 원칙을 기본으로 한다. 여기서 또 다른 방법을 찾을 수 있다. 외부비용의 결과에 대해 법적인 의무를 지우는 것이다.

　피구세에 대해 아직 다루지 않은 부분이 있다. 피구는 유해한 외부효과에는 세금을 부과하고, 유익한 효과인 경우 보조금을 지급하도록 제안했다. 자연자본의 소유자들이 다른 사람에게 유익한 영향을 끼치는 경우가 종종 있다. 숲은 온실가스를 흡수하고 저장한다. 우리 모두에게 유용한 효과다. 또한 숲은 생물 다양성의 원천이 되기도 하는데, 이에 따른 폭넓은 편익에 대해서는 다음에 다시 살펴보도록 하자. 피구의 논리대로라면 이런 경우에는 보조금을 지급해야 한다. 이와 관련해 '생태계 서비스'에 대가를 지불하자는 움직임이 나타나고 있다. 생태계 서비스란 소유자

이외의 사람들에게 자연자본이 제공하는 서비스를 말한다. 이는 5장에서 다룰 중요한 사례로 국제사회가 열대우림을 관리하는 국가에 대가를 지불하자는 제안으로 이어지고 있다. 자연자본이 만들어내는 효과를 외부편익으로 인식하고 구체화하자는 피구의 생각과 잘 맞아떨어지는 합리적인 제안이다.

법적 대응

법적 대응이라는 개념은 간단하다. 외부비용의 피해를 입은 당사자가 손해배상을 청구할 수 있도록 하자는 것이다. 즉 당신이 외부비용을 발생시킨다면 법적 소송의 위험에 직면하게 되는 것이다. 이는 당사자들 간의 협상을 통해 외부효과의 문제를 해결하자는 코스의 생각과 비슷하다. 협상의 방법으로 법을 이용하는 것뿐이다.

외부비용에 대한 소송제도는 미국에서는 이미 시행 중이며 성공 사례도 종종 찾아볼 수 있다. 간접흡연에 대한 광범위한 책임을 물어 담배회사들을 법정에 세웠고, 담배회사들은 결국 수십억 달러를 배상해야 했다. 수십 년 전에는 석면 생산업체들이 같은 일을 겪었다. 석면에 노출돼 암에 걸린 피해자와 가족들은 석면 생산업체를 상대로 법정투쟁을 벌였고, 석면 생산업체 대부분이 파산했다.

1989년 알래스카 해안에서 엑손 밸디즈 호가 원유 유출사고를 일으켰다. 그때까지 벌어진 유출사고 중 가장 규모가 컸다. 생계 수단을 위협받은 사람들은 엑손을 상대로 집단소송을 제기했다. 이 소송은 2015년까지도 결판이 나지 않았다. 법원은 엑손에 5억 달러의 손해배상과 50억 달러의 징벌적 손해배상금을 선고했다. 하지만 엑손은 법원 선고 20년이 지난 지금까지도 이를 지급하지 않고 법적 다툼을 계속하고 있다. 소송은 상급심과 하급심을 몇 번이나 오가던 끝에 대법원까지 갔지만 결국 하급심으로 되돌아왔다. 이 사례를 통해 법으로 외부비용을 관리하기에는 한계가 있음을 알 수 있다. 엑손이 실제로 지불하게 될 총액은 결국 애초의 징벌적 손해배상액에 훨씬 못 미칠 것으로 보인다. 덧붙이자면 엑손은 유출사고 후 정화작업에 20억 달러, 기타 민사소송으로 10억 달러를 이미 지불했다고 주장하고 있다.

2010년 BP가 운영하던 딥워터 허라이즌 유전의 폭발은 멕시코 만으로 수백만 배럴의 원유를 방출했고, 이 때문에 어부와 관광 리조트 대부분이 문을 닫아야 했다. 이는 지적한 바와 같이 천연자원 생산과 관련된 외부비용이 제3자에게 전가되는 전형적인 사례다. BP 역시 손해배상 청구 소송의 대상이었고 1장에서 살펴보았듯이 소송비용을 예상한 주식시장은 BP의 주식가격을 2010년 여름까지 30퍼센트 하락시켜버렸다. 이 때문에 BP의 기업 가치는 300억 달러나 하락했다. BP가 일으킨 외부비용의 일부가 법적 제도를 통해 내부로 반영된 좋은 사례였다. 이 사건은 엑손 밸디즈보다는 훨씬 빨리 법적 절차가 완료되었다. BP는 연방정부와 유관기관에 187억 달러의 손해배상을 지불했고, 56억 달러를 주변 지역의 손해배상으로 지불했다.

위에서 언급한 사례처럼 피해규모가 클수록 법적 대응 시스템은 원활하게 작동한다. 피해규모가 클수록 법적 다툼에 들어가는 엄청난 비용을 정당화할 수 있기 때문이다. 또한 미국처럼 원고에 우호적인 사법체계가 있어야 한다. 하지만 집단소송제도가 없거나 아주 제한적으로만 가능한 나라도 많다.

행동주의적 접근

정부가 새로운 세금이나 총량제한 배출권거래제를 만들 때까지 기다리지 않고, 자기 손으로 직접 처리하려는 행동주의는 소비자와 투자자를 중심으로 등장하고 있는 새로운 힘이다.

　환경과 사회적인 충격이 실생활에 미치는 영향에 대한 소비자들의 관심은 지속적으로 증가하고 있다. 커피가 좋은 예다. 어떤 사람들은 친환경적으로 생산된 커피를 비싼 값에 구매한다. 낮은 외부비용에 가치를 부여하는 것이다. 열대우림지역에 주로 자리 잡은 커피 농장은 열대우림을 파괴하는 요인 중 하나다. 하지만 커피를 재배하는 데는 각기 다른 방식이 있다. 하나는 숲을 완전히 베어내고 한 종류의 커피나무로 농장을 만드는 방법이고, 다른 하나는 원래 있던 숲에서 키 작은 나무만 커피나무로 바꿔 심어 큰 나무의 그늘에서 재배하는 그늘 재배법shade growing이다. 그늘 재배법은 원래 있던 생물 다양성을 거의 그대로 유지하기 때문에 커피 생산에 따른 환경비용은 줄어든다. 그래서 외부비용까지 고려해 열대우림 친화적이고 환경에 미치는 영향이 적은 그늘 재배방식, 즉 유기농 커피를 선택하는 소비자가 늘고 있다. 이것이 바로 스스로 생각하는 가치에 따라 소비하는 소비자 행동주의라고 할 수 있다.

　ABC 카펫 앤 홈스는 맨해튼 남쪽에 있는 고급 생활용품 백화점이다.

하버드 대학의 교수와 학생들[12]이 백화점의 동의하에 진행했던 매력적인 실험은 행동주의의 저력을 잘 보여준다. 백화점은 (노동자들이 합리적인 환경에서 생존에 필요한 합당한 수준의 임금을 받고 생산한) 공정무역 면 수건 두 가지를 비슷한 가격으로 판매하고 있었다. 실험의 내용은 한쪽 브랜드에만 공정무역과 유기농 라벨을 붙이고 다른 쪽은 그냥 둔 채 어떻게 팔리는지를 살펴보는 것이었다.

역시나 라벨을 붙인 쪽이 잘 팔렸다. 소비자는 외부비용이 낮은 쪽을 선호했다. 3주 후, 이번에는 라벨이 붙은 상품의 가격을 10퍼센트 올렸는데 놀랍게도 판매는 오히려 늘었다. 소비자들은 외부비용이 낮은 수건을 선호할 뿐 아니라 좀더 지불할 용의도 있었던 것이다. 3주 후에는 다시 10퍼센트를 올려 총 20퍼센트를 올렸지만 여전히 판매량은 늘었다. 3주가 지난 후 모든 라벨을 제거하고 원래 가격으로 되돌려놓자 판매량도 처음 수준으로 돌아갔다.

이 실험은 기본적으로 외부효과에 기인한 시장 실패를 소비자가 보완할 수 있음을 입증한다. 정보가 충분하고 선택의 여지가 있다면 소비자는 외부비용이 낮은 재화와 서비스를 구매하고자 한다. 여기서 가장 어려운 부분은 정보를 제공하는 방법이다. 소비자 본인이 구매하는 물건에 외부비용이 얼마나 포함되어 있는지 파악하기란 쉽지 않다. 바로 이 지점에서 유기농, 공정무역, 열대우림 보호, 친환경 등의 인증제도와 라벨이 등장하게 된다. 소비자들은 '인증마크'를 통해 선택에 필요한 정보를 얻는다. 아직까지는 주로 식품 분야에 국한돼 있지만[13] 이 역시 달라지고 있다. 광범위한 제품군을 대상으로 여러 단체에서 환경에 미치는 영향에 대한 정보를 생산하고 있다. 아이폰에 '굿 가이드'라는 앱을 설치하고 제품의 바코드를 읽어 들이면 환경적 특징에 관한 정보를 볼 수 있다. 몇 년 안에 누구나 이런 식으로 정보를 얻게 될 것이다.

스위스의 식품 그룹 네슬레는 2010년 소비자 행동주의에 호되게 당한 적이 있다. 네슬레는 주로 말레이시아와 인도네시아산 야자기름으로 식품을 생산해왔는데, 야자수 농장을 조성하기 위해 원시 열대우림을 벌목하는 경우가 종종 있었다. 연간 400억 달러에 이르는 야자기름산업은 산림 남벌, 서식지 파괴 등 기후변화와 생물 종 멸종의 원흉이었다. 그렇지 않아도 생존이 위태로운 오랑우탄, 코뿔소, 호랑이를 비롯한 수많은 생물 종이 야자기름산업 때문에 절벽으로 내몰리고 있었다. 킷캣을 비롯한 많은 제품군에 야자기름을 쓰는 네슬레는 야자기름산업의 대형 고객이었다. 네슬레를 고발하기 위해 그린피스Greenpeace가 제작해 방영한 텔레비전 광고는 가히 충격적이었다. 휴식시간을 맞은 회사원이 킷캣 한 봉지를 열었는데, 그 안에는 피가 흘러내리는 어린 오랑우탄의 손가락이 들어 있는 장면이었다.[14] 네슬레는 신속하게 대책 마련에 들어갔다. 결과적으로 이 사건은 네덜란드 식품회사인 유니레버가 설립한 '지속 가능한 야자기름 원탁회의Roundtable on Sustainable Palm Oil'라는 조직이 성장하는 계기가 되었다. 이 조직은 열대우림을 파괴하지 않고 생산된 야자기름에 인증서를 발급하고 인증된 기름으로 조리된 식품만 구입하도록 소비자를 계몽해왔다. 이는 동남아시아 우림지대의 위기상황을 상당 부분 해소할 수 있는 시도기는 하지만 일부 대규모 포장식품회사와 소비자 중심의 회사들만 지속 가능한 야자기름을 쓰기로 했을 뿐이어서 한계가 있다. 야자기름을 대량으로 소비하는 대부분의 패스트푸드 업체들은 입을 다물고 있다.[15] 원탁회의가 제대로 작동하기 위해서는 서방세계의 소비자들뿐만 아니라 급격하게 늘어나고 있는 라틴아메리카, 중국, 인도, 러시아의 소비자들이 야자기름의 원산지에 관심을 기울여야 한다. 이런 일이 가능할지 장담하기에는 아직 이르다. 이 지역의 소비자들은 아직 환경문제에 그다지 관심을 두고 있는 것 같지는 않기 때문이다.

소비자들은 물건을 구매하는 과정에서 외부비용을 줄이도록 기업에 압력을 행사할 수 있으며 투자자들 역시 투자를 결정하는 과정에서 압력을 넣을 수 있다. 바로 사회책임투자SRI: Socially Responsible Investment 운동이 그중 하나다. 사회책임투자 펀드는 운영자들이 특정한 사회적·환경적 요건을 준수하기로 합의한 펀드를 말한다. 여기에 속하는 펀드는 술, 담배, 무기, 도박 산업에 관련된 기업에는 투자하지 않는다. 화석연료 생산 등 환경적 외부비용을 발생시키는 기업에는 투자를 거부하는 펀드도 있으며, 자체 공장이나 하청업체 공장의 열악한 노동환경을 방치하는 기업에는 투자하지 않는 펀드도 있다. 「블룸버그Bloomberg」와 모건스탠리 캐피탈인터내셔널MSCI: Morgan Stanley Capital International은 상장기업의 사회적·환경적 운용성과에 대한 평가 데이터를 판매한다. 투자자들은 이러한 데이터를 통해 기업이 사회적·환경적 기준을 어느 정도나 지키고 있는지를 확인할 수 있다. 북미와 유럽에서 운영되는 투자 펀드의 10~15퍼센트가 사회책임투자 펀드며, 사회책임투자 펀드로 등록되지 않은 많은 펀드 역시 사회책임투자의 기준 중 일부 혹은 전부를 준용해 투자하고 있다. 대학의 기부금 펀드나 대규모 연기금 펀드가 이에 해당한다.

대규모 연금 펀드를 운용하는 친구가 있다. 사회책임투자 펀드는 아니지만 여러 개의 사회책임투자 조항에 가입해 실천하고 있는 펀드다. 그는 그 펀드를 한마디로 '보편적 소유권universal ownership'이라고 규정한다.

대형 펀드일수록 연금 가입자가 매달 납입하는 현금의 규모가 크기 때문에 거의 모든 주요 시장에서 거의 모든 주요 주식을 보유하고 있어야 한다. 그러다 보니 세계경제의 일부분을 보유한 셈이 되고, 세계경제에 악영향을 미치는 요인은 그의 펀드에도 마찬가지로 악영향을 미친다. 따라서 광범위한 외부비용에 당연히 관심을 기울여야 한다는 것이다. 예를 들어 현재 가입자들이 살아 있는 동안 기후변화에 기인한 문제가 현실로 대두될 수 있다. 많은 환경적 손실이 외부비용으로 반영되는 것처럼 말이다. 그래서 이 펀드는 비슷한 규모의 다른 펀드들과 마찬가지로 기업 경영진들이 사회적·환경적으로 책임 있는 의사결정을 내리도록 압력을 행사한다. 대형 투자자인 이들이 염려하는 내용은 투자기업의 임원진들에게도 영향을 미친다. 뉴욕의 연금 펀드 관리자가 "주식을 100만 주 가지고 있다면 피켓 시위는 필요 없다"고 말했듯이 자본시장은 외부비용을 줄이도록 기업에 압력을 행사할 수 있다.

최선의 방법은?

규제, 총량제한 배출권거래제, 과세, 법적 대응, 적절한 정보를 제공하는 인증제도를 포함한 소비자·투자자 행동주의, 이들 각각의 효과를 어떻게 비교할 수 있을까? 어느 방법을 쓰든 기업이 외부비용을 충분히 두려워할 만하다. 이러한 경제적 동기 때문에 기업은 경영방식을 바꾸고 새로운 기술을 개발해야 하는 압박을 받는다. 환경문제를 해결하기 위해서는 새로운 기술이 필요한 경우가 많다. 예를 들어 염화불화탄소의 대체물질을 개발해 오존층의 감소문제를 해결했듯이 기후변화의 가장 중요한 해법은 온실가스를 배출하지 않는 새로운 에너지원을 개발하는 것이다. 산성비 문제를 해결하고자 시행한 총량제한 배출권거래제 덕에 배출가스에서 이산화황을 포집하는 기술이 비약적으로 발전했다. 규제와 세금, 혹은 배출권 구매 등의 압박은 결국 새로운 기술을 개발하고 적용하는 강력한 동기로 작용했다.

여러 접근법 중 앞의 세 가지(규제, 총량제한 배출권거래제, 과세) 수단은 외부비용을 줄이는 효과가 있다. 총량제한 배출권거래제와 과세를 활용할 경우 가장 낮은 비용으로 실현 가능한 감쇄방안이 적용될 것이며, 반면 규제의 경우는 과다한 비용이 수반될 수 있다(자동차 연비 기준을 마련해 배출량을 제한하는 경우가 여기에 해당한다). 법적 대응도 효과를 볼 수는 있으나 늘 성공적인 것은 아니다. 거액의 손해배상이 걸려 있는 법정 다툼의 결과를 예측하기가 쉽지 않고, 어지간한 부자가 아니면 소송을 제기하는 비용조차도 부담스럽기 때문이다. 법적으로 책임 소재를 밝히는 과정에 들어간 다음에는 외부효과를 적절히 관리하기 위해 정부가 개입할 여지는 거의 없다. 코스와 그의 시카고학파 후예들의 주장대로 정부가 법적인 기준을 만들어야 하는 경우를 제외하면 말이다. 내 판단으로는 법적 대응은 시간도 많이 걸리고, 비용도 비싸며, 결과를 예측하기 어렵기 때문에 외부효과를 다루는 기본 장치로는 활용하기 힘들다. 다만 과세나 총량제한 배출권거래제를 보완하는 장치로는 유용할 것 같기도 하다. 또한 법적 대응은 대기업이 관여된 대규모 소송에는 유용할 수 있겠지만 일상에서 벌어지는 자잘한 사건을 다루는 용도로는 적합하지 않다. 더구나 엑손과 BP의 원유 유출사건의 결과를 비교해보면 충격적이다. 아주 유사한 사건이었지만 법적으로는 전혀 다른 결과가 나왔으니 말이다.

행동주의는 흥미로운 대안이다. 이 역시 정부가 아닌 환경단체 같은 비정부기구NGO: nongovernmental organization가 외부비용을 관리하는 역할을 맡는다. 또한 지역사회 운영에 대한 시민들의 관심이 높아지고 참여가 활발해짐에 따라 더욱 주목을 받고 있다. 개인적으로는 기업을 상대로 한 개인이나 집단의 움직임은 효과가 있다고 본다. 문제를 해결하기 위해 우리가 해야 할 역할을 분명히 인식하게 되고, 상대가 되는 기업에는 어떤 비용을 부담해야 할지 명확하게 신호를 보내기 때문이다. 나는 참여과학자모임의 임원으로 활발히 활동하고 있다. 참여과학자모임은 과학에 기반을 둔 환경단체로, 환경에 악영향을 끼치는 기업에 대해 사람들이 적극적으로 문제를 제기하도록 지원하고 있다. 우리는 전문 지식을 활용해 정치적으로 압력을 행사하고 있으며 대단히 고무적인 성과도 거두었다. 예를 들어 항생제를 동물 사료에 쓰지 못하도록 금지한 사례, 지속 가능한 야자기름 사례 등이 참여과학자모임에서 이룬 성과다. 나는 그린실Green Seal의 자문도 맡고 있다. 그린실은 소비자 행동주의에 필요한 정보를 제공하기 위해 친환경 제품을 인증한다.

소비자와 투자자의 자발적인 행동주의가 환경문제 해결에 큰 역할을 해내리라 믿고는 있지만, 국가 간의 협력이 필요한 지구 차원의 문제에 제대로 대응하기에는 역부족이다. 행동주의로 오존층 감소나 기후변화를 해결하기란 쉽지 않은 일이다. 하지만 기업이 언제나 주의를 기울일 수밖에 없는 핵심 집단인 소비자와 투자자들이 행사하는 적극적인 압력은 늘 도움이 된다. 행동주의는 앞으로 수십 년에 걸쳐 더욱 관심을 끌게 될 것이고, 실제로도 중요한 역할을 하게 되리라 본다. 부분적으로는 외부비용과 관련된 정보에 대한 접근 가능성, 즉 해당 기업의 환경 관련 평가 정보에 소비자와 투자자가 접근할 수 있어야 한다. 현재 소비자는 눈앞의 수많은 제품이 환경에 미치는 영향을 판단하는 데 필요한 정보를 얻지 못하고 있다. 그러나 투자자의 경우는 다르다. 투자자로서 기업의 환경적 성과를 확인하고자 하는 경우 환경평가기관으로부터 기업의 환경경영실적 평가자료를 구입할 수 있다. 물론 소비자나 투자자가 움직이는 데는 비용이 필요하고 구매와 투자 여부를 판단하는 데 시간과 노력도 필요하다. 하지만 많은 사람이 부담하고자 하는 비용일뿐더러 많은 비정부기구가 기업활동 전반에 대해 장단점과 차이점 등을 부각시키고 있어 비용은 더욱 절감할 수 있을 듯하다.

이러한 각각의 접근법에 관해 중요하게 고려해야 할 사항은 외부효과 절감비용이다. 예를 들어 지구 전체적으로 화석연료를 포함해 이런저런 요인으로 발생하는 이산화탄소의 총량은 연간 310억 톤에 달한다. 최소한 80퍼센트를 줄여야 한다면 대략 250억 톤이다. 적정 처리비용보다 톤당 20달러를 더 지불하게 된다면 총 5,000억 달러의 불필요한 지출이 발생한다. 엄청난 낭비다. 200달러를 더 지불해야 한다면 추가로 500조 달러, 미국 전체 소득의 3분의 1이 필요하다. 상상하기도 힘든 금액이다. 앞서 자동차 연비 기준에서 보았듯이 위험한 일이기도 하다. 비용을 부담해야 하는 쪽도 힘들다. 오염자, 즉 외부비용을 유발한 사람이 부담해야 할 테니 말이다.

〈표 4-1〉은 지금까지 언급했던 방안을 요약한 것이다. 목표를 달성하는 데 필요한 비용, 방법의 효율성, 투명성 등 세 가지 측면에서 평가한 것이다. 투명성이란 무엇이 어떻게 돌아가는지를 사람들이 얼마나 쉽게

〈표 4-1〉 외부비용 접근방안에 대한 차이 비교

	비용	효율성	투명성
규제	나쁨	좋음	나쁨
총량제한 배출권거래제	좋음	좋음	보통
과세	좋음	좋음	좋음
법적 대응	나쁨	보통	보통
행동주의	좋음	보통	좋음

이해하느냐를 말한다. 규제는 투명성 측면에서 '나쁨' 평가를 받았는데, 대부분의 규제가 외부에서 이해하기 어렵고 규제의 비용과 영향력이 어디까지 이어질지 알기 어렵기 때문이다.

모든 항목에서 좋은 평가를 받은 것은 과세였다. 저렴하고 효율적이며 어떻게 작동하는지 누구나 쉽게 이해할 수 있기 때문이다. 하지만 현재의 정치적 성숙도를 감안할 때 대중적인 지지를 얻기에는 가장 힘든 방법이기도 하다. 총량제한 배출권거래제와 행동주의는 그다음으로 높은 평가를 받았다. 행동주의는 정부의 역할을 필요로 하지 않는다는 장점이 있다. 물론 정부가 규제를 통해 개입한다면 훨씬 효율적일 것이다.

이야기를 마무리하기 전에 외부비용을 줄이기 위해 새로운 기술이 필요한 경우도 있다는 점을 한 번 더 언급하고자 한다. 예를 들어 기후변화를 해결하기 위해서는 탄소를 태우지 않는 새로운 에너지원이 반드시 필요하며, 지난 20년 사이에 몇 가지가 개발되었다. 그리고 신기술 역시 긍정적인 측면이 더 많기는 하지만, 외부효과를 발생시키는 경우도 종종 있다. 새로운 기술은 새로운 아이디어에서 비롯된다. 아이디어 자체는 별다른 비용을 들이지 않더라도 널리 퍼지기도 한다. 이 과정에서 실제 개발에는 참여하지 않는 사람에게도 이익이 발생하기도 한다. 외부비용이 아닌 외부편익이 발생했을 때도 피구의 방식대로 보조금으로 보상하면 된다. 정부가 전통적으로 연구개발에 보조금을 지급하는 이유가 여기에 있으며, 아예 직접 연구개발에 자금을 투입하기도 한다.

다양한 선택지 중에서 외부비용 문제를 해결하고 지속 가능한 세계를 만들기 위해서는 어떤 길을 선택해야 할까? 대안을 평가하려면 피구세부터 검토하는 것이 좋겠다. 현실적으로 가장 바람직한 방법은 외부효과에 피구세를 부과하고 그 수익으로 소득세나 법인세를 인하하거나 사회보장에 이용하는 것이다. 이 방식은 거의 모든 경우 폭넓은 지지자를 확보할 수 있다. 실제로 많은 나라에서 이미 다양한 방법으로 조금씩 도입하고 있다. 거의 모든 나라에서 시행 중인 휘발유세가 가장 일반적이다. 외부비용을 흡수하기 위해서가 아니라 정부 수입을 올리기 위해 도입되었을 가능성이 높기는 하지만 말이다. 세수를 올리는 데는 휘발유가 제격이다. 가격과 상관없는 수요가 존재하기 때문에 세금을 붙이더라도 소비가 급격히 줄어들지 않는다. 꿩 먹고 알 먹기다. 아무튼 피구세에 기반을 두고 도입된 것은 아니지만 휘발유 같은 유류제품에 부과하는 세금은 피구세와 동일한 역할을 한다. 대중적으로 인기를 얻기 힘든 세금에 대한 대안으로 제시된 피구세조차도 보수적인 국가에서는 정치적으로 문제가 될 수도 있다. 이런 경우 총량제한 배출권거래제를 검토해볼 필요가 있다. 물론 과세에 반대하는 유권자들이 총량제한 배출권거래제 역시 반대할 수 있지만 금융권의 관심을 끌 수 있다는 정치적 장점이 있다. 총량제한 배출권거래제가 창출한 시장에서 돈을 벌 수 있는 기회가 생기기 때문이다. 소송에 기반을 둔 법적 대응과 소비자·투자자 행동주의의 경우는 외부효과를 규제하는 데 정부가 개입할 필요가 없다는 게 장점이다. 그러나 앞에서 언급했듯이 법적 대응은 복잡하고, 돈이 많이 들며, 안정적이지 않다. 행동주의는 전 지구적으로 해결해야 하는 문제를 다루는데는 한계가 있다. 동원할 수 있는 방법이 없다면 결국 남는 것은 수백 년간 활용돼온 규제밖에 없다.

5장

기후문제의 해결

내가 기후정책에 관여하게 된 계기는 무척이나 뜻밖이었다. 컬럼비아 대학 경영대학원에 재직하던 시절, 환경문제를 적극적으로 다루었던 경제학자는 나 하나뿐이어서 기후와 숲 같은 환경문제에 관해 이야기하고 싶은 최고경영자 MBA 과정 학생은 나를 찾아올 수밖에 없었다. 2004년 어느 날, 케빈 콘래드Kevin Conrad라는 학생이 찾아왔다. 미국인이었지만 파푸아뉴기니에서 여러 해째 살고 있었다. 뉴욕 유학길에 오른 그에게 파푸아뉴기니 수상이 중대한 국가적 숙제를 던져주었다. "우리나라가 숲을 이용해서 돈을 벌 수 있는 방법이 있을까? 나무를 베어 파는 것 말고."

어느 정치인에게서도 들어본 적 없지만 대단히 시기적절하고 합당한 질문이었다. 파푸아뉴기니, 인도네시아, 콩고공화국, 말레이시아, 브라질 등 열대지역의 국가들은 열대우림을 벌목해서 내다 팔고, (인도네시아와 말레이시아의 야자수 농장처럼) 그 자리에 농사를 짓는 것 말고는 돈을 벌 방법이 없었다. 그러나 세계는 이를 원하지 않는다. 대량 벌목은 엄청난 외부비용을 야기한다. 우선 온실가스가 방출되고 기후변화를 일으킨다. 그리고 그곳에 살던 다양한 생물 종의 서식지를 파괴한다. 파푸아뉴기니의 숲에는 나무타기캥거루 등 세계적 희귀종들이 살고 있으며 새들의 낙원이기도 하다. 당시 수상이었던 마이클 소마레 경Sir. Michael Somare은 정부예산의 상당 부분을 벌목권으로 충당하고 있으며, 이 때문에 세계은행과 환경단체로부터 벌목을 중단하거나 줄이도록 압력을 받고 있다는 내용을 케빈에게 설명했다. 납득할 만한 목표긴 하지만 정부 예산의 30퍼센트 이상을 벌목권으로 충당하는 상황에서 환경단체의 압력을 수용할 경우 학교, 병원, 도로 등의 예산을 삭감할 수밖에 없었다. 상황은 너무나 절박했고, 케빈은 숲을 파괴하지 않으면서 소득을 만들어낼 방법을 찾고자 했다. 숲이냐 학교와 병원이냐, 둘 중 하나를 선택해야 하는 상황을 피하고 싶었던 것이다.

이처럼 숲을 놓고 양자택일에 직면한 열대지역 국가들은 설령 벌목을 용인한다 하더라도 반드시 성공한다고 보기는 어렵다. 그들은 벌목으로 벌어들인 수입을 사회발전에 재투자하려 하지만 대부분 실망에 그칠 뿐이다. 벌목업체들은 일반적으로 중앙정부에 로열티를 지불하는 한편으로 파괴될 숲의 원주민들에게 다양한 혜택을 제공하기로 약속한다. 숲에 사는 토착민들은 중앙정부로 가는 돈이 자기들에게 올 리 없음을 잘 알고 있기 때문에, 벌목업체가 직접적인 혜택을 약속하지 않는 한 벌목을 반대하게 된다. 벌목업체는 지역민의 환심을 사기 위해 지역사회를 위한 도로와 학교, 병원 건설을 약속하지만 많은 경우 사기일 뿐이다. 목재를 베어내고는 지역사회와 약속했던 거래도 지키지 않고 달아나버린다. 거짓말을 숨기기 위해 관료에게 뇌물을 쓰기도 한다.[1]

케빈과 나는 오래지 않아 파푸아뉴기니 수상의 질문에 대한 해답을 마련했다. 파푸아뉴기니의 숲이 가지고 있는 탄소 포획과 저장 능력을 수익모델로 만드는 것이다. 숲은 공기 중의 이산화탄소를 흡수하고 저장해 기후변화를 누그러뜨린다. 산업국들은 대기 중의 이산화탄소를 흡수하는 대가로 돈을 지불한다. 이는 배출량을 상쇄해 배출권 판매 수익을 올리기 위한 것이다. 따라서 케빈과 나는 토론을 통해 결국 벌목 속도를 줄이거나 숲을 유지하는 나라들에 산업국들이 비용을 지불하게 하자는 아이디어를 냈다. 우리의 목표는 숲을 보존함으로써 온실가스 감소를 장려하기 위한 피구세의 도입이다. 대표적인 온실가스인 이산화탄소를 포집하고 저장하는 숲을 유지하면 나머지 세계가 혜택을 받는다. 앞에서 언급했던 긍정적인 외부효과를 만들어내는 것이다. 따라서 이에 대한 적절한 정책적 대응은 피구 보조금의 형태를 갖추게 된다. 소마레 수상은 이 제도의 성공을 확신했고 유엔기후변화협약UNFCCC: United Nations Framework Convention on Climate Change 같은 국제회의에서 활발히 설파하고 다녔다. 우리와는 달리 그는 국가원수로서 결정적인 영향력을 행사할 수 있는 인물이다. 일단 소마레 수상이 이 프로젝트를 실현하겠다고 결정한 후 케빈과 나는 대규모의 숲을 보유하고 있는 열대 국가의 목록을 작성하고 협력을 구하기 시작했다. 기후변화에 관한 세계 협의기구 중 가장 효과적인 단체로 평가받는 열대우림국가연합CfRN: Coalition for Rainforest Nations이 탄생하게 된 기원이다(내가 이사회 의장이다). 2015년 12월 파리에서 열린 기후정책에 관한 중요한 국제회의에서, 열대우림국가연합은 삼림 벌목 감축에 대한 재정적 보상을 최종 합의안에 넣는 데 성공했다. 범국가적인 차원이 아닌 개별 국가 간의 협약으로 이 아이디어를 구체화한 사례는 그전에도 있었다. 예를 들면, 2008년 노르웨이는 아마존 숲의 보호를 장려하기 위해 브라질에 10억 달러를 지불하기로 했다. 2015년 9월 15일 「로이터Reuters」의 보도[2]를 살펴보자.

노르웨이 환경부 장관은 화요일, 노르웨이가 브라질에 최종적으로 1억 달러를 지불할 예정이며, 이로써 아마존 유역의 열대우림 손실을 완화하기 위한 대가로 책정했던 10억 달러 프로젝트는 마무리되었다고 발표했다. 브라질은 숲을 보호하고 기후변화를 완화하기 위해 삼림 벌목률을 75퍼센트 줄이기로 한 2008~20015년 목표를 초과 달성했다. 마지막 1억 달러는 12월에 파리에서 열리는 유엔 기후변화 정상회의 이전에 지불할 것이라고 장관은 밝혔다. 2008년부터 노르웨이는 브라질의 아마존 기금에 9억 달러를 지불해왔다.

노르웨이의 환경부 장관 티네 순토프Tine Sundtoft는 성명을 통해 "브라질은 여러 국가를 위한 기후변화 기금의 모델을 수립했다"고 밝혔다.

연안에서 채굴되는 풍부한 석유 덕에 부유해진 노르웨이는 열대우림을 보호하기 위해 가장 대규모로 기부를 해오고 있다. 열대우림은 성장하는 동안에는 온실가스인 이산화탄소를 흡수하지만 나무를 베거나 개간을 위해 불을 지르면 이산화탄소를 뿜어낸다. 노르웨이는 인도네시아, 기아나, 라이베리아와 페루 등의 국가에도 숲을 보호하기 위한 프로젝트에 재정지원을 하고 있다.

앞선 사례들

기후문제의 해법을 모색하는 데 도움이 될 만한 몇 가지 선례를 살펴보자. 2장에서 보았듯이 이미 오존층 파괴와 산성비에 대한 대책은 마련돼 있다. 두 가지 모두 기후문제와 동일한 요소들을 가지고 있다.

남극의 과학자들이 측정한 결과, 오존층이 계속 얇아지고 있으며 그로 말미암아 건강에 관한 심각한 우려가 제기되어 결국 모든 산업국이 몬트리올의정서에 동의했다. 몬트리올의정서는 기후변화와 유사한 문제를 다룬다. 지구 차원의 환경파괴를 야기하는 염화불화탄소 방출문제는 모든 나라가 책임을 져야 하며, 또한 모든 나라가 고통받는 문제기도 하다. 흥미롭게도 몬트리올의정서 참여국들 간의 합의 내용 중에는 염화불화탄소 사용량을 줄이는 방법은 하나도 없다. 각 나라는 염화불화탄소의 생산과 사용을 단계적으로 줄이되 그 방법은 나라별로 선택하게 했다. 1990년 미국 의회는 대기정화법을 개정해 오존층을 보호하고 환경보호국에서 오존층 파괴물질을 관리하는 규정을 만들어 시행하도록 조항을 추가했다. 미국은 규제로 문제를 해결했다.[3] 유럽연합 역시 단계적으로 오존층 파괴물질을 제거하기 위한 규제체계를 도입했다.[4]

오존층 파괴문제를 해결하는 데는 규제와 더불어 기술적인 변화가 큰 몫을 했다. 미국의 대규모 화학기업이고 가장 큰 염화불화탄소 제조업체였던 듀폰은 (몬트리올의정서는 합의되었지만 참여국이 적어 효력이 발효되기 전인) 1988년에 모든 종류의 염화불화탄소 생산을 단계적으로 중단하겠다고 발표했다. 염화불화탄소에 대한 규제가 머지않은 상황에서 듀폰은 오존층에 무해한 대체물질을 발명해 염화불화탄소를 완전히 대체함으로써 재정적 압박을 벗어나려 했다. 게다가 아직 대체물질을 생산하지 못하고 있던 경쟁업체에 비해 상대적 우위를 점하는 계기가 되었다. 그러나 오존층 파괴와 기후변화 간에는 큰 차이가 있다. 듀폰이 만들어낸 염화불화탄소 대체물질 같은 것이 온실가스에는 존재하지 않는다. 아마도 석유회사와 석탄회사들이 온실가스 없는 대체에너지원을 찾아내야 할 것이다. 이미 풍력, 태양열, 전기자동차 등 관련 기술이 등장하고 있지만 석유·석탄 기업들은 자신의 통제 밖에 있는 이러한 신기술 도입을 막기 위해 정치적 영향력을 행사하고 있다. 그리고 당연하게도 현대 경제에서 염화불화탄소가 차지하는 역할은 화석연료에 비하면 미미했다. 따라서 화석연료를 대체하는 것보다 훨씬 쉽게 염화불화탄소를 대체할 수 있었다. 염화불화탄소 생산업체들 역시 에너지 기업에 비해 정치적인 영향력이 미미했을뿐더러 염화불화탄소는 그들이 생산하는 많은 제품 중 일부였을 뿐이다. 반면 석유·석탄·가스 기업들은 화석연료에 전적으로 의존하고 있을 뿐 아니라, 대형 화석연료 기업들은 미국 내에서 어마어마한 정치적 영향력을 행사하고 있다(미국은 세계 최대의 석탄과 가스 보유국이며 두 번째로 큰 석탄 생산국, 최대의 가스 생산국, 그리고 기준에 따라 달라지기는 하지만 최대의 원유 생산국이다).

염화불화탄소와 온실가스 간에 비록 이런저런 차이가 있기는 하지만 몬트리올의정서의 경우를 볼 때 지구적 환경문제는 생각보다 신속하게 해결될 수 있다는 것을 알 수 있다. 또한 쉽고 마찰 없이 염화불화탄소 되출을 가능하게 한 기술적 변화가 얼마나 중요한지도 알 수 있다. 대부분의 평론가는 염화불화탄소의 대체제가 없었더라도 의정서는 발효되었을 것으로 생각하고 있기는 하지만 말이다.

산성비는 지역적으로 배출되는 이산화황이 원인이다(이산화황은 수백 킬로미터 정도는 날아갈 수 있으나 대륙을 건너가지는 못한다). 따라서 지구적인 문제라기보다는 지역적인 문제다. 기후변화의 원인인 온실가스와 마찬가지로 화석연료를 태우는 과정에서 이산화황이 배출된다. 1990년 조지 부시 대통령은 미국 내 이산화황 배출권거래제를 도입했다. 이 과정에서 예상보다 훨씬 낮은 비용으로 배출량을 대폭 낮출 수 있었다. 이 역시 온실가스보다는 다루기 쉬운 문제였다. 천연가스에는 이산화황이 전혀 포함되어 있지 않고, 석탄과 석유 일부에만 이산화황이 포함되어 있기 때문에 연료를 골라 쓰면 해결할 수 있다. 이산화황이 생성되더라도 물에 쉽게 녹기 때문에 배출을 막는 것 역시 어렵지 않다. 이산화탄소 역시 배출을 막을 수는 있지만 그 당시로서는 훨씬 어렵고 비싼 과정을 거쳐야 했다. 어쨌든 이산화황 배출권거래제를 통해 효과적이고 낮은 비용으로 화석연료에서 나오는 오염물질 한 가지라도 퇴출시켰다는 것은 고무적인 성과다.

국제기구

기후변화 문제에 대해 국제사회가 취한 처음이자 최선의 행동은 1988년 IPCC를 설립한 것이다(나는 IPCC 팀의 일원이다. 2013년 보고서에 포함된 일부 챕터의 수석 저자로 활동했다. 변화된 기후에 경제적으로 어떻게 대응할 것인지를 다룬 부분이었다. 미국 정부가 나를 이 자리에 임명했고 많은 친구와 동료도 IPCC에 적극 참여하고 있다). 세계기상기구WMO: World Meteorological Organization와 유엔환경계획UNEP: United Nations Environment Program이 설립한 IPCC는 5~6년마다 작성하는 일련의 보고서를 통해 각국 정부가 세계의 기후변화를 과학적으로 명확하게 인식하는 것을 목표로 하고 있다. 이 보고서는 기후변화에 관한 최신의 과학연구 동향을 검토한 후 도출된 정책적 함의를 요약하고 있다. IPCC는 독자적인 연구를 수행하지는 않지만 각 분야의 저널에 발표된 연구결과를 분석하고 정리한다. 유엔환경계획 회원국 정부는 IPCC에서 일할 사람을 임명할 수 있다. 단, 관련 분야의 전문 지식을 보유하고 있어야 한다. IPCC 보고서 덕에 기후변화는 지구 차원의 의제로 상정되었으며, 이후 기후변화에 대한 대중의 인식을 끌어올린 공로로 IPCC는 2007년 앨 고어Al Gore와 함께 노벨평화상을 받기도 했다.

IPCC는 5년에 걸쳐 과학 논문들을 철저하게 분석하고 평가해 보고서를 작성한다. 초안이 완성되면 모든 정부와 환경단체, 석유·석탄 기업 등 유관단체에 배포하고 의견을 받는다. IPCC 규정에 따르면 보고서 저자들은 모든 의견을 신중하게 검토해 보고서를 수정하거나 제시된 의견이 적절하지 않은 이유를 서면으로 제출해야 한다. 최종 수정안이 만들어지면 모든 정부의 승인을 받아야 한다. 특히 2007년의 4차 보고서를 검토하고 승인하는 과정에서 미국의 부시 행정부는 기후변화에 대한 조치에 반대하는 부처와 많은 갈등을 겪어야 했다.

이 내용을 강조하는 이유는 기후변화 문제 해결에 반대하는 측에서는 종종 IPCC를 급진적이라고 주장하기 때문이다. 이는 선혀 사실이 아니다. 각국의 정부가 임명한 과학자들로 구성된 IPCC는 정부뿐만 아니라 유관산업과 환경단체의 관심사기도 하다. 논란의 여지없이 합의된 의견만 문서로 기록되어 살아남을 수 있다. 이런 사정 탓에 IPCC 보고서는 오히려 보수적이다. 특히나 이번 세기의 해수면 상승을 예측했던 경우를 보면 더욱 그렇다. 최근 두 건의 IPCC 보고서에서는 1미터 정도로 해수면 상승치를 예측했지만 오늘날 대부분의 과학자는 이 수치가 과소평가됐다고 판단한다. 사실 IPCC 외부의 과학계 일반에서는 기후변화의 속도가 IPCC의 예측보다 훨씬 빠르게 진행되고 있다는 것이 공통된 의견이다.

IPCC 보고서는 1990년에 처음 발간된 후 1995년, 2001년, 2007년에 각각 발표됐으며 다섯 번째 보고서는 2013년에 발표됐다. 3장에서 이미 살펴보았지만, 보고서는 인간 활동에 기인한 대기 온도 상승이 점점 더 뚜렷해지고 있다고 지적했다. 첫 보고서는 인간 활동에서 배출되는 물질들 때문에 온실가스 농도가 올라가 지구 표면이 더워지는 원인이 되고 있다고 언급했다. 또한 21세기에는 매 10년마다 섭씨 0.3도씩 올라갈 것으로 예측했다. 두 번째 보고서에서는 첫 보고서의 결론을 재차 확인하면서 온실가스 농도가 짙어지고 있음을 강조했다. 또한 이전 보고서보다 훨씬 강한 표현으로 기후에 미치는 인류의 영향을 지적했다. 세 번째 보고서는 지난 50년간 기온 상승(섭씨 0.6도 정도)의 주요 원인은 인간 활동임을 더욱 강조하고 있다. 2007년 보고서는 더 나아가 지구온난화는 명백한 문제며, 인류가 배출한 온실가스가 원인일 확률이 90퍼센트라고 지적했다. 또한 열파, 폭우, 가뭄, 태풍, 극심한 만조 등이 증가할 것으로 예측했다. 그리고 지난 65만 년 동안 최고 수준으로 온실가스가 집중되고 있으며 21세기 안에 섭씨 1.1도에서 6.4도까지 온도가 상승할 것으로 예측했다. 한편 최신 보고서는 이렇게 시작한다. "지구온난화는 명백하다. 1950년대 이후 21세기까지 10년 단위로 측정한 결과는 늘 이전의 기록을 갱신해왔다. 대기와 바다는 더워지고 있다. 대량의 눈과 얼음이 녹아버렸고, 해수면은 상승하고 있으며, 온실가스 농도는 더욱 짙어지고 있다."

기후변화에 대응하기 위해 국제사회가 취한 또 다른 제도적 혁신은 UNFCCC(유엔기후변화협약)를 제정한 '리오지구정상회의Rio Earth Summit'였다. 이 협약은 '위험한 인위적 기후변화'의 위협을 줄이기 위한 조치를 요구하고 있기는 하지만 비교적 느슨한 규정으로 이루어져 있다. 필요한 단계적 조치도 없고 심지어 무엇이 '위험한' 요소인지에 대한 정의조차 없다. 힘들게 시작한 UNFCCC였지만 결국 문제제기 수준에 머물렀고, 지구 차원에서 기후문제를 다루기 위한 최초의 체계적인 시도는 '교토의 정서Kyoto Protocol'에서 다루게 된다.

교토의정서

1997년 고색창연한 일본 도시 교토에서 열린 국제회의는 인류가 의미심장한 첫걸음을 내딛는 출발점이었다. 많은 국가가 UNFCCC에서 마련한 교토의정서에 서명을 한 것이다. 충분한 수의 국가가 비준한 후에 발효하기로 했던 교토의정서는 결국 7년 후인 2005년에 발효되었다(러시아가 마지막으로 참여했다). 그러나 애초의 기대와는 달리 큰 효과를 발휘하지는 못했으며, 2011년 12월 남아프리카공화국 더반에서는 2020년부터 발효되는 것을 목표로 2015년까지 교토의정서의 후속 협약을 체결하기로 합의했다.

내용은 복잡하지만 총량제한 배출권거래제를 기본으로 하고 있어 교토의정서는 유연하게 적용할 수 있으리라는 기대를 받았다. 1990년 미국에서 대기정화법이 시행된 이후 협의가 진행되었고 대중은 이미 이산화황 총량제한 배출권거래제에 깊은 인상은 받은 상황이었다. 경제적 관점에서 본다면 교토의정서가 총량제한 배출권거래제를 중심으로 작동한다는 점에서 매력적이었다. 잘한 일이라고 보기는 어렵겠지만 교토의정서의 내용 중 중요한 부분은 부속협약 1Annex 1 국가와 나머지 국가로 구분하고 있다는 것이다. 부속협약 1 국가는 산업국들과 1997년 이전에 소비에트연방에 속했던 국가 중 공산주의에서 자본주의로 전환 중인 나라들이 해당된다. 부속협약 1 국가들은 산업국으로 간주되어 이들 국가에만 배출 감소 의무가 주어졌다. 부속협약 1에 속하지 않은 국가들은 개발도상국이며, 여기에 세계 최고의 공해 유발국인 중국이 포함되었다. 이들 국가는 배출 감소 의무가 없었다. 사실 공해 배출이 가장 심한 네 나라 중 세 나라가 개발도상국인 중국, 브라질, 인도네시아였다. 브라질과 인도네시아는 광활한 삼림에서 이루어지는 벌목 때문에 발생한 이산화탄소가 원인이었다. 이들 세 나라 다음으로 공해를 많이 유발하는 국가는 미국이었다.

교토의정서에 따르면 부속협약 1 국가들만 의무를 지는 대신 개발도상국이 배출량을 줄일 경우 재정적 보상이 주어졌다. 청정개발체제CDM: Clean Development Mechanism라는 복잡한 규정을 만들어 배출량을 줄일 경우 금전적 보상을 받도록 했다. 채찍은 없고 당근만 있는 형국이었다. 2011년 더반에서 열린 UNFCCC 회의에서는 교토의정서의 후속조치로 부속협약 1 국가와 나머지 국가의 구분 없이 동등한 대우를 받도록 하는 큰 진전이 이루어졌다.

주요 산업국 중 미국만 비준하지 않은 것이 교토의정서가 성공하지 못한 가장 큰 이유일 것이다. 이는 전적으로 온실가스 배출을 제한할 경우 설자리를 잃을까 우려한 화석연료업계의 로비 때문이었다. 중국과 같은 경쟁국들이 의정서의 규제를 받지 않는 데다가 다른 유사한 규제도 없는 상황에서 미국만 의정서를 비준할 경우 경쟁력을 상실할 것이라는 다소 비겁한 주장을 내세웠다. 유럽연합은 비준 후 의정서의 조항을 이행하기 위해 의정서의 핵심인 온실가스 배출권거래제를 도입하여 에너지 기업과 시멘트 제조사 등 에너지 집중사용 기업을 관리한다. 다른 분야는 전통방식인 규제를 통해 관리하고 있는데 효율은 높지 않을 것으로 보인다.

교토의정서에 포함되어 있는 청정개발체제는 개발도상국에서 감축시킨 온실가스 배출량을 산업국이 구매해 상쇄시킨다는 점에서 일부분 총량제한 배출권거래제에 기반을 두고 있다. 기술적으로 본다면 개발도상국은 온실가스 배출량을 감축해 '탄소 상쇄권carbon offset'을 획득하고(예를 들어 화력발전을 풍력발전으로 대체한다거나), 이 상쇄권을 산업국에 판매할 수 있다는 것이다. 여기서 말하는 상쇄권은 청정개발체제의 임원진이 설정한 기준을 충족해야 하고, 실제로 달성된 결과이자 '추가'로 이뤄낸 결과임을 입증해야 한다. 추가라는 의미는 청정개발체제의 금전적 보상이 없었다면 감축이 이루어지지 않았을 것이라는 뜻이다.

환경단체들은 상쇄권이 중세 가톨릭교회에서 판매했던 면죄부와 다르지 않다며 비판한다. 환경문제를 일으킨 죄인인 산업국들이 면죄부를 구입하게 되면 잘못된 행동을 중단할 이유가 없지 않느냐는 주장이다. 하지만 청정개발체제는 그 나름대로 유익한 경제적 원칙에 기반을 두고 있다. 가장 저렴한 비용으로 배출량을 감축할 수 있기 때문이다. 부자 나라라고 하더라도 자국보다 가난한 나라에서 배출을 감축하는 게 더 싸게 먹힌다면 그 역시 나쁘지 않다. 개념적으로는 합리적인 시스템이었지만 중국의 일부 기업들은 이 제도를 악용했다. 그들은 보상금을 챙기기 위해 한시적으로 (강력한 온실가스를 발생시키는 것으로 드러난) 염화불화탄소의 대체물질 생산을 급격하게 늘린 뒤 제도 시행 이후 생산을 감축하는 편법을 썼다.

반면 교토의정서의 성공 사례 중 하나로 탄소시장의 성장을 들 수 있다. 유럽연합에서 2005년에 온실가스 배출권거래제를 시작하면서 초기 탄소시장이 확산되는 중요한 계기를 마련했다. 온실가스 배출권거래제가 인증하는 이산화탄소 배출권과 UNFCCC의 청정개발체제에서 인증하는 탄소 상쇄권은 서로 거래가 가능하다. 2005년에 열린 이 시장의 연간 거래량은 2008년에는 1,170억 달러로 급성장했다. 미국의 경우 리버만Joe Lieberman과 매케인 상원의원이 전국 단위의 탄소 배출권거래제를 제안했던[5] 2003년 이전까지 탄소시장을 기반으로 온실가스를 통제하고자 했던 시도들은 실패를 거듭했다. 게다가 2007~2009년에 경기침체가 겹치고 교토의정서의 후속조치가 불확실해지면서 시장은 더더욱 불안정해졌다. 하지만 캘리포니아가 탄소 배출권거래제를 도입했으며 유럽연합과 미국 북동부 9개주 모두 탄소시장이 제대로 작동할 것이라고 자신하고 있다. 옹호자들의 숫자는 오르락내리락하고 있지만 탄소시장이 기후변화에 대처하기 위한 중심 수단이 될 것이라는 점은 분명해졌다. 버리기에는 너무나 매력적인 아이디어였기 때문이다.

탄탄한 경제원칙을 기반으로 했음에도 교토의정서는 결국 실패로 돌아갔다. 가장 큰 이유는 세계에서 공해물질을 가장 많이 배출하는 중국과 미국 두 나라가 배출 감소를 약속하지 않았기 때문이다. 지금의 성장률을 그대로 유지한다면 10년 이내에 주요 공해물질 배출국으로 자리잡게 될 인도 역시 참여하지 않았다. 교토의정서는 산업국에는 배출량 감축에 대한 유인책을 제공하지 않았고, 따라서 이 나라들 역시 도덕적으로 어떠한 압력도 받지 않았다. 개발도상국으로 분류된 중국과 인도는 감축 의무에서 벗어나 있었다. 미국의 경우 부속협약 1 국가라는 도덕적 압박은 있었지만 재정적 유인책이나 정치적 압력은 전혀 없었다. 이들 주요 국가가 움직이지 않는 한 교토의정서는 효력을 발휘하기 힘들 수밖에 없다(나중에 살펴보겠지만 그 이후 사정이 달라지기는 했다. 중국, 인도, 미국 모두 배출 감축에 의지를 보이고 있다). 미국이 기후변화에 적극적으로 대응하지 않았던 이유는 간단하다. 정치적으로 막강한 영향력을 행사하는 화석연료산업에 영향을 미칠 것이 분명했기 때문이다. 중국과 인도는 왜 그리도 단호하게 온실가스 감축 협약에 반대했을까? 두 나라 정부는 모두 교토의정서가 과학적이고 현실적이라고 인정하고 있다. 하지만 기후변화와 관련한 국제정치는 도저히 해결할 수 없을 정도로 이기주의와 비도덕적인 폭력으로 뒤엉켜 있다.

이기주의에 대해 살펴보자. 인도와 중국은 모두 연간 7퍼센트에 가까운 경제성장률을 기록하고 있다. 이 정도 성장률이라면 10년마다 소득은 두 배가 된다. 중국의 경우 에너지 소비와 이산화탄소 배출량은 해마다 12퍼센트 정도씩 증가했고 10년 이내에 두 배로 증가한다. 중국의 에너지 소비량은 10년 전에는 미국의 절반에도 못 미치는 수준이었지만 이제는 따라잡고 있다. 경제성장 초기에는 에너지 소비가 집중되는 게 보통이기는 하다. 영국, 미국, 독일, 일본 등 산업국의 경우도 그래 왔다. 하지만 이들 국가는 인구가 훨씬 적고 아무도 기후변화에 관심을 두지 않던 시기에 이 단계를 지나쳐버렸다. 중국과 인도에서는 자동차, 냉장고, 에어컨, 기타 가전제품이라고는 써본 적이 없던 사람들이 이제는 구매층으로 부상하면서 에너지 소비가 급증했다. 중산층으로 올라선 이 사람들은 계층 상승으로 얻어낸 가전제품과 기계장치들을 지속적으로 쓰고자 하며, 당연하게 누리는 혜택을 빼앗길 수도 있는 변화에 저항할 것임은 충분히 이해할 수 있다. 그들은 이런 질문을 던질 것이다. 산업국들에서는 이전부터 누리던 것을 우리는 지금에야 가까스로 누릴 수 있는 수준이 되었는데 왜 그러면 안 된다는 말인가?

　비도덕적인 폭력은, 기후변화는 산업국과 화석연료 사이에 200년간 유지돼온 불륜의 결과며, 아무도 원하지 않는 사생아에 대한 책임은 전적으로 산업국이 져야 한다는 인식에서 출발한다. 어느 정도는 분명한 사실이다. 급격한 기후변화를 일으키지 않는 선에서 대기가 온실가스를 흡수할 수 있는 용량에 대해 생각해보자. 이 용량은 결국 온실가스를 배출할 수 있는 최대치이자 소진되는 자원으로 생각할 수 있다. 지금처럼 끔찍한 상황을 모면할 수 있는 이산화탄소 배출 한계라고 볼 수도 있겠다. 하지만 이제는 그 한계에 도달해버렸다. 지금은 중국이 미국보다 훨씬 많은 양을 배출하고 있기는 하지만 미국의 수준까지 이르게 된 것은 아주 최근의 일이다. 따라서 산업화 이전 시기 280피피엠이던 이산화탄소를 현재의 400피피엠까지 끌어올린 책임은 산업국에 있다. 초기에 산업화를 이룬 국가들의 잘못으로 문제가 심각해진 것은 분명한 사실이다. 브라질의 한 관료는 미국이 개발도상국에 배출량 상한선을 지키라고 압력을 가하는 데 반대하며 이 부분을 아주 멋지게 지적했다. "산업국들이 우리 같은 나라에 요구하는 것은 마치 식사 끝 무렵 커피나 한잔 마시려고 나타난 사람에게 식대 전부를 나눠 내기를 기대하는 꼴이다." 현시점에서의 연간 배출량과 현재까지의 누적 배출량을 비교해보면 극명해진다. 현재 중국은 전체 배출량 중 22퍼센트를 차지하고 있고, 미국은 18퍼센트에 불과하지만 누적치를 보면 미국이 27퍼센트, 중국은 9퍼센트에 불과하다. 그러나 지금은 거의 모든 나라가 가난하건 부유하건 기후변화에 일조하고 있고 또한 그로부터 고통받고 있다. 따라서 역사적으로 부유한 나라에 손가락질을 할 수는 있겠지만 결코 건설적이지는 않다. 게다가 결국 개발도상국을 포함한 모두가 피해를 볼 수밖에 없다.

사실 지금의 슬픈 상황이 한편으로는 역설적이기도 한 것은 기후변화에 거의 영향을 미치지 않았던 나라들이 가장 크게 고통받고 있기 때문이다. 방글라데시가 그런 나라 중 하나다. 세계에서 가장 가난한 나라로서 지구 차원의 이산화탄소 배출에는 아무 책임도 없지만, 국토의 넓은 면적이 해수면 가까이 있으며, 열대 사이클론에 시달리고 있다. 방글라데시는 해수면 상승과 격렬해진 태풍의 첫 번째 피해자가 될 가능성이 높다. 몰디브, 마셜제도, 투발루, 쿡제도 등 태평양의 작은 섬나라들 역시 위험에 처해 있다. 해수면 상승으로 이들 나라는 10년 안에 무인도로 바뀔 수도 있다.

개발도상국이 교토의정서와 같은 협정에 참여하게 만들 방법은 없을까? 산업국들이 문제를 인식하고 있고, 그에 대해 일정 부분 책임을 인정하며, 해결을 위해 합당한 노력을 기울이고 있다는 것을 보여주는 데서 시작해야 한다. 모범적인 유럽연합과는 달리 미국은 최근까지도 그렇지 않다. 부시 행정부가 교토의정서를 전면 거부한 것이나 이미 과학적으로 입증된 기후변화에 대해서조차 회의적인 자세를 취했던 것을 보면 가야 할 곳과는 정반대 방향을 향해 있었다. 다행스럽게도 오바마 행정부는 발전소의 공해물질 배출량을 통제하기 위한 '청정전력계획Clean Power Plan' 등을 통해 중요한 진전을 이루었다. 또한 자동차 배기가스 기준을 강화한 것도 큰 진전이다. 중국 역시 부분적으로는 이에 영향을 받은 것이 분명하다. 미국과 양자 협상을 시작해 배출량 감소와 청정에너지 개발에 대해 의미 있는 합의를 이끌어냈으니 말이다.

청정기술을 이용한 진보

아쉽지만 교토의정서는 실패했다. 하지만 좋은 뉴스는 기후문제 해결에 우리가 인식하는 것보다 훨씬 더 가까이 와 있다는 사실이다. 정치적으로는 화석연료를 퇴출할 수 있다고 확실하게 말하기는 어렵지만 화석연료를 대체할 수 있는 기술은 이미 준비돼 있다. 풍력과 태양광발전에 필요한 비용을 낮추는 큰 성과를 거두었다. 또한 풍력과 태양광처럼 발전량이 일정하지 않은 전력을 저장할 수 있는 방법이 개발된다면 기후문제를 획기적으로 해결할 수도 있을 것이다.

장소만 제대로 고른다면 풍력은 미국에서 가장 저렴한 전력원이다. 풍력발전이 1킬로와트의 전기를 한 시간 동안 생산하는 데 드는 비용은 4센트 미만이다. 이에 비해 천연가스와 석탄은 6~7센트가 필요하다.[6] 다른 나라에서는 천연가스가 미국보다 훨씬 비싸다. 미국은 셰일가스 덕분에 언제나 낮은 가격으로 천연가스를 공급받을 수 있기 때문이다. 결국 세계 어디든 풍력발전이 천연가스보다 저렴하다고 볼 수 있다. 해가 늘 쨍쨍한 미국 남서부의 경우 태양광발전 비용은 5~8센트 수준이며 이 또한 지속적으로 떨어지는 추세다. 이에 한 가지 덧붙이자면, 내가 7년째 계속하고 있는 '에너지시장의 발전현황'이라는 강의가 있다. 처음 시작했을 때는 8달러 하던 1와트 용량의 태양광 패널이 지금은 60센트 정도다. 가격만 떨어진 게 아니고 효율도 높아졌다. 따라서 몇 년 안에 풍력발전과 태양광발전은 미국에서 전기를 만들 수 있는 가장 저렴한 수단이 될 것이다.

그러나 이러한 재생 가능 에너지를 대량으로 이용하기 위한 투자와 운영에 고려해야 할 (이미 앞에서 언급했던) 또 다른 비용이 숨어 있다. 이들 에너지원이 늘 일정한 전기를 생산하지 못하기 때문에 발생하는 비용이다. 바람이 항상 일정하게 부는 게 아니고 태양도 늘 쨍하니 떠 있지 않다. 그러면 풍력과 태양광으로 어떻게 전 세계의 수요를 보장할 수 있을까? 지금까지 나온 해결책은 또 다른 에너지원으로 보충하는 것이다. 북유럽, 특히 독일과 덴마크에서는 노르웨이에서 수력발전으로 생산된 전기 중 남는 용량을 공급받아 활용한다. 수력발전은 깨끗하고 저렴하며 일정한 공급이 가능하다. 다른 나라에서 여분의 전력을 공급받을 수 없는 미국의 경우 보통 천연가스 터빈으로 대비하고 있다. 청정에너지는 아니시만 석탄보나는 훨씬 깨끗한 방법이다.

화석연료를 완전히 없애려면 천연가스 터빈도 또 다른 에너지 저장장치로 바꿔야 한다. 이런 용도로는 배터리가 가장 일반적이지만 현재로서는 대규모로 적용하기엔 너무 비싸다. 하지만 배터리 가격 역시 급격히 떨어지고 있다. 몇 년 전 시간당 1킬로와트 용량에 500달러였던 배터리를 지금은 150달러면 구할 수 있으며 조만간 100달러 아래로 떨어질 가능성이 높다. 이 밖에도 플라이휠 배터리, 콘덴서 배터리, 남는 전기를 활용한 양수발전, 여유 전기로 공기를 압축하고 전기가 필요할 때는 압축공기로 발전기 터빈을 돌리는 방식 등 여러 가지 대안이 나오고 있다.

결론은 이렇다. 몇 년 안으로 기술적·경제적으로 합당한 수준에서 탄소 배출 없이 우리가 필요로 하는 전력을 생산할 수 있고, 전기를 저장하는 기술 또한 확보할 수 있으리라는 것이다. 5년 안에 필요한 기술들을 확보할 수 있을 것이며, 기후문제는 결국 이 기술을 어떻게 전 세계에 적용할 수 있겠느냐 하는 문제로 귀결되리라 기대하고 있다. 여기에는 보급과 예산의 문제가 걸려 있다. 미국만 보더라도 3.5조 달러에서 7조 달러가 필요할 것으로 예상한다(미국 전체 국민소득은 17조 달러다). 향후 30년 동안 나누어 집행한다 하더라도 연간 1,000억~2,000억 달러에 달하는 금액이며, 현재 새로운 에너지원을 확보하는 데 들어간 비용의 서너 배 규모다. 많기는 하지만 어떻게든 해볼 수 있는 금액이다. 게다가 이 금액 전체를 추가로 마련해야 하는 것은 아니다. 앞으로 40여 년 동안 구식이라는 이유로, 혹은 마모되고 망가지기 때문에 발전설비의 상당 부분을 교체해야 한다. 또한 재생 가능한 발전소를 완성하고 나면 더는 연료비를 부담할 필요가 없다는 점도 중요하다. 시스템이 가동되고 나면 전기는 공짜로 생산된다. 반면 석탄이나 천연가스로 가동하는 화력발전소는 투자비보다 많은 금액을 운영기간 동안 연료비로 지불해야 한다. 풍력발전소나 태양광발전소를 건설하면 발전소가 돌아가는 대략 20~30년 동안 생산하는 전기요금을 선불로 지불하는 셈이다. 초기 투자비용의 일부를 미래의 운용비용으로 투입하는 것이다.

또 다른 온실가스 배출원으로는 기름을 연료로 쓰는 교통수단을 들 수 있다. 가까운 미래에 우리의 발상을 바꿔놓을 대단한 일이 벌어지리라 예측해본다. 풍력과 태양광 에너지를 저장하기 위해 개발하고 있는 배터리 기술이 적용되어 전기자동차의 가격 경쟁력이 높아지고 있다. 지금껏 배터리 용량의 한계 때문에 전기자동차의 상용화가 미뤄져왔다. 구동장치인 전기모터는 간단하고 고장도 적은 데다 가격까지 저렴하다. 특히 전통적인 내연기관에 비하면 더더욱 그렇다. 게다가 전기차인 테슬라 모델 에스의 엄청난 가속력이 보여주듯이 성능 또한 월등하다. 하지만 배터리가 늘 아킬레스건이었다. 가격도 비싸고 주행거리도 짧으며 충전하는 데도 시간이 오래 걸린다. 그러나 이제 경쟁력 있는 가격, 수백 마일에 달하는 주행거리, 고속충전기술 등을 갖춘 전기자동차가 등장하고 있다. 자리만 잡는다면 순식간에 내연기관 자동차를 갈아치울 것으로 보인다. 신기술은 언제나 놀라운 속도로 이전 기술을 바꿔치기해왔다. 디지털 카메라가 필름 카메라를 갈아치우는 데 겨우 5년 걸렸던 것처럼.

지구 차원의 기후정책에 관한 새로운 모색

2015년의 UNFCCC 파리 회동(21차 UNFCCC 당사국총회) 이전에는 산업국의 온실가스 배출량 감소 목표와 일정을 개발도상국은 배제한 채 정했다. 각 국가마다 설정한 목표치에 얼마나 근접했는지 다른 나라들이 승인하는 방식으로 진행한 협상에서 유감스럽게도 중국, 인도, 브라질, 인도네시아 등 개발도상국의 배출량 감축 목표치를 설정하는 데 실패했다. 하지만 배출량 상위 국가 네 곳 중 세 곳을 빼고 온실가스 배출을 통제하기 위한 절차를 만드는 건 말이 안 된다. 이젠 달라졌다. 21차 당사국총회에서는 산업국과 개발도상국을 포함한 모든 국가가 자발적으로 향후 배출량 감축 목표를 설정했다. 여기서 '자발적'이라는 부분이 중요하다. 협상의 결과로 감축 목표를 받아들이는 게 아니고, 나라별로 경제적으로나 정치적으로 달성 가능한 목표를 설정한다. 이전에 비해 완화된 감축 목표를 설정하는 경우도 있고, '경기가 정상인 경우'를 기준으로 잡기도 하며, 생산되는 제품에서 발생하는 온실가스 배출량을 줄이겠다는 목표도 있었다. 마지막 두 가지는 배출량 자체를 줄이는 데는 전혀 영향을 미치지 못한다. 온실가스 감축에 대한 협약이 존재하지 않는 상황을 가정하고 그보다 감축시키겠다는 것이지만 그래봐야 현재의 수준보다 나아질 것은 없다. 이러한 목표를 '국가별 기여방안INDC: Intended Nationally Determined Contributions'이라고 하는데 구속력은 없다. 단지 자발적인 의지를 밝힌 것뿐이다. 구속력이 없기 때문에 신뢰하기 힘든 것은 사실이지만, 적어도 대부분의 국가는 어떤 식으로든 배출량을 줄여야 한다는 원칙에는 동의하고 있는 상태다. 약속대로만 한다면 기후변화가 초래할 수 있는 가장 최악의 상황은 모면할 수 있을 것이다. 또한 지표면 평균 온도가 섭씨 1.5도를 넘지 않는 수준에서 감축이 이루어지는 것이 이상적이며 섭씨 2도를 넘어서지 말아야 하는 것은 분명하다는 점에 모두들 동의하고 있다. 파리에서 열린 21차 당사국총회에서 합의된 목표치가 이러한 온도 상승 억제 목표를 달성하는 데 충분할 것 같지는 않지만 말이다. 구속력이 없다는 점 때문에 국가별 기여방안에 대해 회의감이 드는 것은 어쩌면 자연스러운 일이기는 하지만, 신재생에너지 분야에서 일어나고 있는 최근의 기술발전을 본다면 경제적 상황은 이제 우리 편으로 돌아서고 있다. 기후변화와는 상관없이 화석연료를 신재생에너지로 전환하는 게 경제적으로도 유리할 것이기 때문이다.

그러나 기술로 모든 것을 해결할 수는 없다. 열대우림의 벌목으로 온실가스 대량 배출국으로 지목되고 있는 인도네시아, 브라질 같은 나라에는 기술이 아닌 제도와 재정적 해결책이 필요하다. 이 장 초반에서 언급했던 CfRN 등을 통해 이 분야에서도 진전이 이루어지고 있다. CfRN은 기후변화에 좀더 적극적으로 대처하고자 하는 개발도상국으로 구성되어 있으며, 이들 국가는 온실가스 배출 총량에 대한 규제에 원칙적으로 동의하고 있다. CfRN은 2005년에 숲을 보존하는 국가들에 국제사회가 재정적 유인책을 제공하자고 제안했다. 그 당시 열대우림지역의 국가는 숲을 보존할 아무런 유인책이 없었기 때문이다.

이 협상과정에서 '산림 개간 및 훼손 방지를 통한 온실가스 감축REDD: Reducing Emissions from Deforestation and Degradation'이라는 해법이 등장했다. 삼림 개간을 막아 탄소 배출을 줄인 나라에 총량제한 배출권거래제를 활용한 탄소 배출권 혹은 상쇄권을 부여해 다른 국가들과의 거래시장에서 이 권리를 거래하게 하자는 제안이다. 남벌을 막아서 100만 톤의 배출량을 줄인 나라가 있다면 100만 톤에 해당하는 탄소 배출권을 제공하고, 그 나라는 탄소 배출권이 필요한 기업에 시장가격으로 판매하게 된다. UNFCCC의 다양한 회의를 통해 REDD는 교토의정서를 대체할 수 있는 정책적 기반이 될 수 있다고 인정받아 2015년 12월 파리에서 열린 당사국총회에서 최종적으로 승인되었다. 이미 다루었던 노르웨이와 브라질의 협약은 산림 벌목 방지활동에 대가를 지불하는 좋은 사례로 거론되었고, 최근 몇 년간 브라질의 삼림 개간율은 극적으로 낮아졌다.

라파엘 코레아Rafael Correa 에콰도르 대통령은 최근 '산림 개간 및 훼손 방지를 통한 온실가스 감축'에 관한 흥미로운 추가방안을 제시했다. 1979년에 지정된 에콰도르의 야수니 국립공원은 와오라니 인디언 부족이 조상 대대로 살아오던 지역에 걸쳐 있다. 원주민은 두 집단으로 나

뉘어 고립된 채로 살아가고 있다. 국립공원의 고지대에는 헥타르당 평균 655종(미국과 캐나다를 합친 것보다 많다)의 나무가 자라고 있으며 10만 종의 곤충이 살고 있다. 이 국립공원의 또 다른 지역에는 최소한 포유류 200종, 양서류와 파충류 247종, 조류 550종이 서식하고 있어 지구상 가장 다양한 생물 종을 보유한 곳으로 알려져 있다. 또한 이곳에는 석유자원도 풍부하지만 (미국의 몇몇 정유회사가 시도했던 것처럼) 석유 시추를 위해서는 풍부한 생명이 살고 있는 열대우림을 파괴할 수밖에 없다. 이 딜레마 때문에 야수니 국립공원은 화석연료와 환경 간 대립의 상징이 되었다. 코레아 대통령은 부유한 나라들이 유전개발에 대한 수익의 50퍼센트, 연간 약 3억 5,000만 달러를 보상해줄 수 있다면 석유를 채굴하지 않겠다고 제안했다.

숲이 세계 사회에 끼치는 가치를 생각한다면 코레아 대통령의 제안은 정당하며 합리적이다. 그가 요구하는 보상은 에콰도르 같은 나라들이 현재 무료로 제공하는 서비스기 때문이다. 그러나 미국의 언론은 다른 방식으로 받아들였다. 일부 신문은 코레아 대통령의 제안을 협박으로 묘사했다. "돈을 지불하지 않으면 숲을 없애버리겠다"는 표현이 등장할 정도였다. 이는 우리가 에콰도르로부터 도움을 받고 있다는 사실을 무시했을 뿐만 아니라 미국의 석유회사들이 에콰도르의 유전을 원하고, 미국의 소비자들이 그 석유를 필요로 한다는 사실까지도 무시한 것이다.

2015년 파리 당사국총회 이전까지 지구 차원의 기후변화에 대해 이루어졌던 협상들은 실망스러웠다. 다행스럽게도 파리에서의 모임은 기후 문제를 해결하는 데 좀더 긍정적인 태도로 바뀌었다. 그러나 그전까지 협상은 쳇바퀴만 돌 뿐, 외교가 기술의 발전을 따라잡기에는 역부족이었다.

이제 신재생에너지원 몇 가지는 화석연료와 경쟁할 수 있는 수준에 거의 도달해 있으며 그중 일부는 이미 경쟁 중이라는 점, 또한 외부비용을 정확히 계산해 생산자가 직접 전부 지불하게 된다면 분명히 화석연료보다 우월하리라는 점을 인식하고 있다. 풍력발전과 태양광발전이 늘 일정한 전력을 공급하지 못한다는 점 때문에 실생활에 대규모로 적용하기에는 어려움이 따르기는 하지만, 에너지 저장장치의 발전 덕에 이런 장애요인은 10년 안에 해결될 것이다. 외교적으로 남아 있는 핵심 요소는 이러한 발전을 촉진시키고 모든 나라가 이런 기회를 누릴 수 있도록 보장하는 것이다.

저소득 지역이 청정에너지로 전환하기 위해서는 이들 설비에 자금을 지원하는 기금의 역할이 중요하다. 청정에너지의 혜택을 누리기 위해서는 투자가 필요하며 빈곤한 국가는 늘 자금 부족에 시달리고 있다. 위에서 언급했듯이, 신재생에너지 발전소의 건설은 가동되는 동안의 생산비용을 미리 지불하는 것이고, 결과적으로 화석연료에 비해 연료비용을 절감할 수 있게 된다. 이렇게 절감된 연료비용은 대출금을 갚는 데 쓸 수 있다. 다가오는 시대에 외교활동이 해야 할 역할은 최선을 다해 청정에너지로 원활하게 이전할 수 있는 환경을 조성하는 것이다.

6장

모두의 소유는
누구의 소유도 아니다

기후변화를 비롯한 환경에 미치는 외부효과 때문에 물고기와 산호초, 열대우림 같은 소중한 자연이 파괴되고, 바이슨·코끼리·호랑이 등 카리스마 넘치는 동물들이 사라지고 있다. 이는 가장 눈에 띄고 드라마틱한 환경문제로, BBC 같은 공영방송이나 신문이 즐겨 다루는 소재다.

나처럼 새를 좋아하는 사람들은 어릴 때 흔히 접하던 새 종류가 줄어드는 것을 자연파괴의 또 다른 경고로 받아들인다. 기후변화가 철새에 미치는 영향을 이야기했지만, 그것은 새들에게 닥치고 있는 많은 위협 중 하나일 뿐이다. 도시화와 산림 남벌 탓에 거주지가 줄어들면서 새들은 훨씬 더 큰 타격을 받고 있다. 줄어드는 서식지는 우리가 매일 관찰할 수 있을 뿐 아니라 쉽게 이해할 수 있는 문제다.

나는 1944년에 태어났다. 내 또래의 독자라면 한때 다양한 야생의 생명이 살던 주변의 넓은 공터가 일순간에 사라진 경험이 있을 것이다. 모두의 공동자산이었던 이런 지역이 사라지면서 자연자본의 고갈은 가시화하고 있다. 앞에서 이야기했던 외부효과도 한 요인이기는 하지만 이 장에서 다루게 될 남용도 중요한 요인이다. 1장에서 말한 외부효과와 공유, 즉 공동소유의 밀접한 연관성을 다시 떠올려보자. 어선 한 척이 물고기를 잡으면 다른 사람들이 잡을 물고기가 줄어들게 되고 결국 그들에게 비용을 떠넘기게 된다. 이러한 상호작용은 빈번하게 발생하는 데다 광범위하게 얽혀 있기 때문에 시장 실패라는 관점으로 접근해야 한다. 앞으로 공유자원의 남용에 대한 과거와 현재의 사례를 살펴보고자 한다. 제도적인 혁신을 통해 문제를 해결할 수 있다는 긍정적 메시지를 볼 수 있을 것이다(정작 가장 중요한 물고기의 경우 비참할 정도로 진전이 없다).

버펄로의 비극

19세기 미국의 평원지대에서 벌어진 버펄로 학살사건은 공유자원을 망가뜨린 가장 끔찍한 사례일 것이다. 19세기 초반, 미국에는 3,000만~3,500만 마리의 버펄로가 살고 있었다. 이게 1880년대에는 100마리로 줄어버렸다. 35만 마리 중 한 마리만 살아남았다는 이야기다. 마지막 100만 마리의 버펄로는 10년 이상의 기간 동안 매일 2,700마리 꼴로 죽어나갔다. 이 분야의 권위자[1]는 이를 '집단학살'이라고 표현한다.

　버펄로는 멋진 동물이다. 수컷 버펄로는 2,500파운드[약 1.1톤] 넘는 무게에 키가 6.5피트[약 2미터], 길이가 10~12피트[약 3.1~3.7미터]에 달하는, 북미 대륙에서 가장 큰 육상포유류다. 덩치에 비해 엄청나게 민첩하다. 시속 40마일[약 64.4킬로미터] 속도로 몇 마일을 달릴 수 있으며 6피트 높이의 담이나 15피트 폭의 강을 뛰어넘을 수 있다. 유럽인들이 북미 대륙에 처음 도착했을 때는 원주민 인디언의 인구를 유지하는 데 중요한 먹이사슬의 일부였을 정도로 많은 버펄로가 살고 있었다. 서부지역의 전설적인 탐험가 메리웨더 루이스Meriwether Lewis와 윌리엄 클라크William Clark는 옐로스톤 강 횡단에 대한 보고서에서 이렇게 언급한다. "버펄로가 엄청나게 많다. 폭이 1마일에 달하는 강을 가득 메운 버펄로 떼가 모두 건널 때까지 우리는 한 시간이나 멈춰 서 있어야 했다."

음식과 가죽을 위해 버펄로를 사냥하던 인디언 원주민은 인구가 많지 않아 버펄로의 생존에 전혀 위협이 되지 않았다. 사실 크기, 속도, 민첩성 어느 면으로 보나 활과 화살을 이용한 인디언 원주민들의 버펄로 사냥은 만만치 않은 모험이었을 것이다. 백인들에게서 받은 단발 소총으로는 기본적인 수요를 겨우 충족했을 뿐이었다.

반면 유럽인들은 연발 소총을 이용해 사냥꾼 한 사람이 버펄로 여러 마리를 사냥했다. 기업적인 학살자들이었다. 유럽인들은 주로 가죽을 얻기 위해 버펄로를 사냥했고, 이 가죽은 동부지역을 거쳐 거대한 유럽 시장으로 수출됐다. 사냥꾼 한 사람이 더 많은 버펄로를 잡을수록 나머지 사냥꾼이 잡을 수 있는 버펄로는 줄어들었다. 버펄로는 공유자원이 갖는 보편적인 문제들을 그대로 가지고 있었다. 다시 말해 미래를 위한 보호보다는 당장의 더 많은 사냥이 우선이었던 것이다. 대량 학살이 절정에 이르렀을 때는 버펄로 시체로 생긴 오염에 불평을 늘어놓는 방문자들이 생길 정도였다. 버펄로 고기를 사고파는 시장이 없었기 때문에 유럽인들은 버펄로 가죽만 벗기고 나머지는 그대로 썩게 내버려두었다.

무자비한 남획으로 버펄로의 개체 수는 급격하게 줄어들어 공룡이나 도도새와 같은 신세가 돼버렸고, 매우 강력한 보호정책 덕분에 겨우 멸종은 면할 수 있었다. 북극고래는 19세기에, 나그네비둘기는 20세기에 사냥으로 멸종되었다. 북미 대륙에 유럽인이 처음 도착했을 당시에 나그네비둘기는 세계에서 가장 흔한 조류의 일종이었을 것이다. 개체 수가 아마도 300만에 달했으니까. 19세기만 해도 한 무리가 날아갈 때 10분 이상 하늘을 가릴 정도였다고 한다. 이 당시 한 무리는 수백에서 수백만 마리로 이루어졌다. 1914년 마지막 나그네비둘기를 끝으로 모든 나그네비둘기는 사냥꾼에게 희생되었다. 공유자원의 남용이 만들어낸 또 하나의 비극적인 사례다.

물의 비극

물은 지구가 가지고 있는 자연자본의 중심이다. 많은 공동체가 지하수가 대량으로 저장되어 있는 대수층aquifer[지하수를 보유한 지층이나 지층군]에서 물을 얻어 온다. 일부 대수층은 지표면을 통과한 빗물로 채워지기도 하고, 나머지는 이른바 '화석수'로 이루어져 있다. 화석수는 수백 년 동안 고여 있으며 보충되지 않기 때문에 고갈되는 자원이라고 봐야 한다. 물 부족은 많은 공동체에서 몇 세기 동안 계속되고 있는 근본적인 문제다.

하이 평원[로키 산맥 서부의 고원지대]의 오갈랄라 대수층은 미국 농업에 없어서는 안 될 핵심적인 역할을 하고 있다. 미국 농지의 27퍼센트가 이 대수층 위에 위치해 있고, 여기서 미국 전체의 관개용수 30퍼센트를 공급하고 있다. 제2차 세계대전 이후 양수기술이 발전하면서 오갈랄라 대수층은 대규모 농업에 활용되기 시작했다. 현재는 사우스다코타, 네브래스카, 와이오밍, 콜로라도, 캔자스, 오클라호마, 뉴멕시코, 텍사스 등지에 관개수를 공급한다. 절대적인 기준이든 소비되는 양과 비교한 상대적인 기준이든 오갈랄라 대수층이 보충받는 수량水量은 무척 적다. 따라서 화석수가 대부분이라 추측할 수 있는데, 이를 지금처럼 퍼 올린다면 몇십 년 안에 말라버릴 것이다. 수위는 매년 3피트씩[약 0.9미터] 낮아지고 있으며, 결과적으로 자산가치는 떨어지고 있고, 농부들은 물을 덜 소비하는 작물로 변경하는 중이다. 대략 30퍼센트 정도의 물이 이미 쓰인 것으로 보이며 앞으로 40년 동안 나머지 중 40퍼센트를 이용할 것으로 보인다. 4대째 농사를 이어가고 있는 한 농부는 이렇게 말한다. "현재 우물 네 개를 쓰고 있다. 운이 아주 좋다면 10년 안에 우물 하나를 더 가질 수도 있다. 우리는 모두 같은 그릇에 담긴 물을 마시고 있다. 물이 없어지면 모든 게 끝이다."[2]

지구 반대편 인도의 곡창지대인 펀자브 지역 역시 비슷한 문제에 직면해 있다. 대수층에 보충되는 속도보다 훨씬 빠른 속도로 농부들이 물을 퍼 올리고 있어 해마다 최대 9피트씩[약 2.7미터] 수위가 낮아지고 있다. 식량 생산을 늘리려는 명확한 의지를 가지고 있는 인도 정부가 양수 펌프용 전기에 보조금을 지급하고 있기 때문에 상황은 더욱 어려워지고 있다. 더구나 농부들은 공유자원을 고갈시키는 데 들어가는 연료가 실제로 얼마나 어마어마한 비용을 만들고 있는지 알 턱이 없다.

한 사람이 화석수를 소비할 때마다 다른 사람이 쓸 수 있는 양은 줄어든다. 공유자원의 전형적인 특징이다. 심각한 물 부족 현상은 세계 여러 곳에서 대규모로 벌어지고 있다. 식수나 농업용수로 물이 필요한 것은 분명하다. 그 밖에도 세수, 요리 등 개인의 일상은 물론 다양한 산업을 위해서도 물이 있어야 한다.

모두가 감각적으로 느끼는 예를 하나 들어보자. 화력발전소의 발전용 터빈에서 나오는 증기를 냉각시키려면 물이 필요하다. 모든 발전소마다 냉각을 위해 수백만 갤런의 물을 쓴다. 이는 물이 부족해지면 전력 부족 사태로 이어진다는 뜻이다. 2012년 미국 중서부의 가뭄 때문에 많은 발전소가 전력 생산을 줄여야 했다. 미국인들은 전 세계에서 물을 가장 많이 소비한다. 매일 총 4,100억 갤런[약 1조 5,500만 리터], 즉 한 사람당 매일 1,300갤런[약 4,920리터]을 소비한다. 엄청난 양이다. 이 중 절반인 650갤런[약 2,460리터]이 발전소에서 냉각수로 쓰인다. 그 대부분은 강에서 공급되기 때문에 지하수를 고갈시키지는 않는다. 하지만 가뭄으로 강의 유량이 줄어들면 발전소에서 이용할 냉각수도 모자라게 된다. 게다가 생활용수와 농업용수로 활용되는 물 가운데 절반에 조금 못 미치는 양이 지하수다. 그러니 지하수의 고갈은 치명적일 수 있다. 미국 대부분의 지역에서 지금의 물 소비량을 영원히 유지할 수는 없다.

공유자원을 낭비하는 경향을 방치해서는 안 된다. 이에 일부 단체에서 자원의 남용에 주목하고, 공유자원 문제에 대한 독창적인 해결책을 고안해냈다.

공유자원의 관리

유전지대를 살펴보면 공유자원 문제를 다루는 방법에 대한 놀라운 사례를 찾아낼 수 있다. 지하 지형에 대한 조사가 늘 정확한 것은 아닌 탓에 별도의 석유 채굴 면허를 발급받은 여러 회사가 결국 같은 유전을 시추하는 경우가 발생한다. 지하 500피트에 대략 미국의 하루 소비량에 해당하는 2,000만 배럴의 석유가 매장되어 있는 10제곱마일 면적의 유전이 있다고 하자. 석유회사의 지질학자는 이 지역에 석유가 있다는 것은 알지만 그 양이 얼마나 되는지와 유전의 정확한 형태는 모른다. 두 회사가 이 유전에 대한 시추권과 채굴권을 구매했다. L사는 이 유전의 왼쪽 반을, R사는 오른쪽 반을 정확하게 나눠 각각의 권리를 구매했다. 두 회사는 같은 곳에 있는 석유를 퍼 올린다. 따라서 한 회사가 석유를 채굴한다는 것은 완벽하게 다른 회사의 몫을 빼앗는 것이고, 이로써 공유자원의 극단적인 양상이 만들어진다. 같은 유전에서 석유를 뽑아 올리고 있다는 사실을 두 회사가 알아차리는 순간 당연히 최대한 서둘러 석유를 퍼 올리려고 할 것이다. 내가 확보하지 않으면 결국 경쟁사가 석유를 차지할 것이고, 이는 두 아이가 밀크셰이크 한 통을 빨대 두 개로 나눠 마시는 상황과 같다.

20세기 초반의 30년 동안 미국의 유전지대에서 이 같은 석유 채굴 경쟁이 벌어졌고, 그 결과는 재난으로 이어졌다. 경쟁사보다 먼저 석유를 채굴하기에 급급했던 기업들은 서둘러 판매량을 웃도는 석유를 퍼냈고, 팔리지 않은 석유는 지상 저장탱크에 모아두었다. 지상에 방치된 석유는 폭발성이 높은 위험한 인화물질인지라 여기저기서 폭발사고가 빈발했다. 게다가 석유 저장비용이 부담스러운 석유회사들은 가능한 한 빨리 생산된 석유를 내다 팔아야 했고, 결국 석유가격은 급락했다. 석유를 찾는 데 투자한 시간과 비용을 생각한다면 안 된 일이지만, 석유를 먼저 채굴하려는 기업 간의 경쟁으로 상황은 더욱 나빠졌다. 급격하게 석유를 퍼 올린 탓에 지하의 지질구조가 손상돼 결국 무리하지 않았으면 충분히 가능했던 예상 생산량조차도 달성하지 못했다.

이 같은 경쟁상황에서 시장의 소비량을 초과하여 생산된 석유를 '뜨거운 석유hot oil'라고 불렀다. 실제 벌어진 상황은 앞에서 들었던 두 회사의 예보다 훨씬 심각했다. 1920년의 상황을 예로 들어보자. 당시 단일 유전인 동부 텍사스 유전에서 석유 탐사 및 시추권을 가진 회사는 무려 1,000개가 넘었다. 경쟁사보다 앞서기 위해 이들이 시추한 유정은 1만 개에 이르렀다. 대부분은 (기름으로 밤을 밝히던 시절의 향수가 느껴지는) '인디언 구역 조명 기름회사' 같은 작고 이름 없는 회사들이었고, 오래지 않아 사라지거나 대규모 석유회사로 흡수됐다. 극심한 시추 경쟁 탓에 석유와 가스의 압력이 급격하게 떨어져버렸고, 원상회복이 쉽지 않을 것이라는 전망에 따라 텍사스 주지사는 1931년 8월과 1932년 12월 두 차례에 걸쳐 계엄령을 선포하고 동부 텍사스 유전지대를 잠정적으로 폐쇄하기에 이른다.

채굴에 몰려든 기업 수와 과잉 시추 양상을 본다면 동부 텍사스 유전은 예외적이었다. 하지만 한 유전을 10여 개의 업체가 시추하는 일은 드물지 않았다. 서부 텍사스 헨드릭 유전에서는 18개 업체가 평균 10에이커[약 4만 500제곱미터]당 한 정씩 유정을 팠다. 여기서는 80에이커[약 32만 3,750제곱미터]당 한 곳 정도만 고갈 위험을 겪었을 뿐이다.

관계당국은 시급히 해결책을 마련해야 했다. 많은 경우 유전을 분할 소유하고 있는 회사들이 경쟁관계가 아닌 하나의 회사처럼 통합운영 unitization하는 방식을 채택했다. 앞서의 예로 다시 돌아가면 L사와 R사가 전체 유전을 소유하는 새로운 회사, LR유전회사를 설립하고 50퍼센트씩 주식을 나눠 갖는다. 한 회사로서 장기적 안목으로 채굴계획을 수립해 유전을 운영하는 것이다.

아칸소, 루이지애나, 오클라호마, 텍사스 지역의 유전 중 통합운영 이전과 이후에 각각 개발된 유전 열 개씩을 비교한 연구결과에 따르면 통합운영은 제대로 작동했다. 15년간 시추하는 동안 통합 이전의 유전들은 생산량이 최대치의 8.6퍼센트로 떨어진 반면, 통합 이후의 유전들은 여전히 최대 생산량의 73.9퍼센트를 생산하고 있었다. 1935년 '코널리 카르텔 금지법Connally Hot Oil Act'으로 카르텔 구성이 금지되기 전까지 같은 유전을 공유하는 모든 석유회사가 공동 개발정책을 만들어 운영할 수 있었다. 특히 참여 기업이 몇 개 되지 않는 경우 빈번하게 일어났으며, 동부 텍사스 유전처럼 참여 기업이 많은 경우는 불가능했다. 너무 많은 기업이 참여하고 있어 서로 소통하고 정책을 조율하는 것이 어려웠기 때문이다. 통합운영은 이제는 미국뿐만 아니라 영국, 서아프리카, 중앙아시아, 라틴아메리카 일부 등 다른 지역에서도 해결책으로 많이 시행되고 있다.

'뜨거운 석유'와 비슷한 문제를 안고 있는 화석수도 통합운영방식으로 관리될 수 있을까? 유감스럽게도 대부분의 경우 가능하지 않다. 지표면에 비해 지하대수층의 규모가 상대적으로 너무 크기 때문에 통합운영방식은 실용성이 없다. 합의가 필요한 기업이 너무 많다는 점이 통합운영의 큰 걸림돌이다. 텍사스 유전에서 통합운영 협의가 이루어지는 데 9년이 걸렸다.[3] 대규모 대수층의 이해 당사자는 대규모 텍사스 유전의 시추기보다 많을 것이다.

미국 서부, 특히 남부 캘리포니아 지역에서 물은 언제나 중요한 사안이다. 이곳은 비옥한 토지와 뜨겁고 건조한 기후 덕에 인구가 대규모로 모여 들고, 세계에서 가장 생산성 높은 농업 시스템 덕분에 품질 좋은 와인부터 채소, 쌀, 과일, 알파파[사료용 작물의 일종]까지 모든 것을 공급한다. 이 모든 농산물을 재배하기 위해서는 강수량을 훨씬 넘어서는 양의 물이 필요하기 때문에 역사적으로 많은 논쟁이 있어왔다. 로스앤젤레스 지역은 주로 대수층의 지하수를 중심으로 수자원을 관리하고 있다. 로스

앤젤레스의 경우는 화석수와 비슷한 특성이 있어 통합운영방식과 유사한 합의로 분쟁을 해결했다.[4]

로스앤젤레스는 예전에는 강바닥이었으며 수백만 년 동안 모래와 사암이 퇴적해 이룬 두껍고 넓은 여러 층의 지층 위에 자리 잡고 있다. 오늘날 이 지층은 비로 보충되는 지하 저수지 역할을 한다. 이 지하수는 수도국Metropolitan Water District이 북부 캘리포니아와 콜로라도에서 운하를 통해 공급받아 고가로 판매하는 물에 비해 훨씬 저렴하다. 모래와 사암층은 장거리 운하를 통해 공급하는 물로는 대응이 힘든 단기적인 수요 변동에 대비하기 위해 외부에서 공급받은 물을 저장하는 용도로 쓰이기도 한다. 지역별로 저장설비를 건설할 수도 있겠지만 지하 저수지 정도의 용량을 건설하려면 1980년대 기준으로 30억 달러 이상이 필요할 것으로 예상했다(자연자본은 인간이 만드는 비슷한 설비에 비해 무척 저렴하면서도 훨씬 효율적인 경우가 많다).

1950년대가 되면서 지하수 분지water basin의 물이 무시할 수 없는 수준으로 남용되어 거의 파괴될 수준에 이르렀다(앞에서 살펴본 물이나 석유의 경우를 떠올린다면 충분히 예상되는 일이다).[5] 지하수 분지에서 물이 빠져나가는 속도가 새로 채워지는 속도보다 빠르다면, 물이 부족해지는 것뿐만 아니라 물이 지탱하고 있던 상위 지층의 압력을 남아 있는 모래와 퇴적층이 버텨내지 못해 압축되어버린다. 결국 물이 스며들 공간 자체가 사라지게 된다. 바다 가까이에 있는(특히 캘리포니아 서부 분지West Basin 지역) 지하수 분지의 경우 수위가 낮아지면 바닷물이 유입되기도 한다. 바닷물이 지하수 분지에 유입되기 시작하면 저장되어 있는 물은 더는 마실 수 없게 된다. 지하수 분지가 가득 차 있는 동안에는 수압 때문에 바닷물이 유입되지 못하지만, 지하수 분지가 비어가면서 수압은 낮아지고 바닷물이 스며들기 시작한다.

적절한 합의를 통해 적정 수량을 유지할 수 있는 선에서 취수를 제한해야 하는 것은 분명하지만, 캘리포니아의 '비잔틴 수자원관리법California's Byzantine water laws'이 발목을 잡고 있다. 이 법에서는 지하수 분지의 물과 관련한 이해 당사자를 지하수 분지가 위치한 땅의 주인과 이용자, 두 가지 유형으로 나눈다. 상층부 토지 주인은 지하수 분지를 소유하며 원하는 만큼 물을 퍼 올릴 보편적 권리를 법적으로 부여받는다. 1903년 극심한 가뭄에 시달리던 상황에서, 법원은 지하수 분지를 공유하는 사람들은 각자가 소유하고 있는 땅의 면적에 비례해 물에 대한 권리를 갖는다고 규정했고, 이 규정을 바탕으로 캘리포니아의 법률이 만들어졌다. 다른 이들을 위해 물을 가져가는 이용자들(주로 수도회사들)은 토지 소유자들이 쓰지 않는 물에 대한 소유권을 갖는다. 수도회사는 최소한 5년 동안 취수권을 보장받으며, 직전 5년 동안 안전을 유지하는 수준에서 취수가 이루어졌다면 취수권을 계속 확보할 수 있다. 이런 권리 덕에 극심한 가뭄이 닥치더라도 그다지 압박을 받을 필요는 없었다.[6]

인구가 늘고 산업이 발전하면서 로스앤젤레스 지역의 지하수 분지 여러 곳에서 안전선을 초과해 바닷물이 유입되는 경우가 발생했다. 이 일로 지하수 분지의 이용을 제한하고 해수 유입에 따른 피해를 복구하기 위한 협약이 필요해졌다. 일반적으로 이러한 협약은 지하수 분지를 이용하는 모든 당사자(수도회사, 그들의 고객인 지방자치단체, 지주) 간에 맺어지며 합의가 이루어진 사항은 다음과 같다. 당사자들은 충분히 안전 수위를 보장하는 수준으로 동일한 비율만큼 취수량을 줄이고, 지하수 분지 상태를 개선하기(외부에서 지하수 분지로 물을 주입하는 것이 일반적이다) 위해 보통 취수에 부과한 세금으로 조성되는 기금과 해수 유입에 따른 피해 복구에 참여하기로 합의했다. 1980년대 후반부터 1990년대에 걸쳐 이러한 협약들이 연이어 체결되면서 로스앤젤레스 지하수 남용 문제는 해결됐다. 지금은 물에 관한 다른 문제로 캘리포니아가 시달리고 있지만 이 문제는 여기서 마무리된다.

메인 주의 바닷가재 어업은 지역공동체가 공유자원 문제를 해결한 또 다른 사례다. 메인 대학의 인류학자 제임스 애치슨James Acheson은 모너건 지역의 모래톱을 따라 실타래 엉키듯 복잡하게 펼쳐지는 바닷가재 기반의 공동체를 연구했다.[7] 그 결과 이른바 바닷가재 갱단으로 부르는 메인 주의 가재잡이 어부들 사이에서 남획을 방지하기 위한 통제장치를 찾아냈다. 큰 틀에서 볼 때 공식적인 강제력은 없지만 효율적으로 강제할 수 있는 기술적 장치는 마련했다. 그들은 항구별로 특정한 지역에서 어업을 할 수 있도록 어장을 분배한다. 법적 효력은 없지만 수십 년간 전통으로 이어진 데다가 인가받지 않은 어선에 대한 비공식적인 폭력(아마도 불법일 듯한) 등의 도움을 받았을 듯하다. 이 지역에서는 가재잡이 배마다 가재잡이 틀을 놓는 곳이 구분되어 있었다. 게다가 잡을 수 있는 바닷가재의 크기는 연방규정으로 정해져 있어 기준보다 작거나 큰 개체는 바다로 돌려보내야 한다. 산란기의 암컷도 잡으면 안 된다. 그 결과 이 지역의 바닷가재잡이는 안정적으로 이어져왔으며 수확량이 늘어나기까지 했다. 수확량이 너무 늘어 가격이 떨어지고 있다는 불평이 나올 정도다.

스페인 발렌시아는 수천 년 이상 지속적으로 운영돼온 해상사건 전문 심사기관 중 하나인 해상재판소Tribunal de las Aguas로 유명하다. 무어제국의 통치자 압드 알라만Abd al-Rahman이 960년에 설립했고, 일부 역사학자들은 유럽에서 가장 오래된 민주적 기관이라고 주장하기도 한다. 이 법원은 매주 목요일 마을 광장에서 공개적으로 열린다. 발렌시아 주변 지역의 관개수로 이용과 유지에 대한 판결을 내리고, 전통적으로 내려오는 이용규정을 어긴 사람에게 벌금을 부과한다. 가뭄과 그 밖의 재난을 거치면서 수천 년에 걸쳐 물과 관련된 다툼을 효율적으로 해결해오고 있으며 해당 지역의 생산성을 유지해왔다.

공유자원 문제에 관한 이상의 해법들 간에 공통점이 있을까? 앞에서 언급한 각각의 사례 모두 공유자원을 관리하기 위한 비슷한 규칙이 중심에 있다. 첫째는 당연한 것이지만, 자원을 이용하는 데 제한을 거는 것이다. 즉 누가 이용할 수 있는지를 명확히 규정하고, 이 권리를 작은 집단에 제한적으로 부여한다. 일반적으로 공유자원은 주변 지역 거주자로 이용이 제한되기도 하고 종교적·문화적 집단을 대상으로 이용자격이 추가되기도 한다. 일부 집단은 지역 외부인들의 이용을 명시적으로 금지하고 있다. 이러한 접근 제한은 자원에 가까이 사는 사람들이 해당 자원의 장기적인 생존에 조금 더 관심을 갖고 있으리라는 점에서 합리적으로 보인다. 해당 지역의 자원들을 제멋대로 이용한 결과, 혹은 남용한 결과에 대해 선조부터 대를 이어 살아오는 지역민들이 가장 잘 알 것 아닌가.

또 다른 공통점은 (몇 시간이나 며칠간 쓸 수 없도록) 접근 자체를 제한하는 것이다. 자원이 부족한 경우 일부가 우선권을 갖도록 하는 등 사용자별로 구분을 하기도 한다. 공유자원의 특성과 계절 등에 따라 제한방식은 달라진다. 공유자원이 생명체인 경우는 계절에 따라 증감이 있기 때문이다.

대부분의 경우 이러한 규칙을 어기면 처벌을 받는다. 단순히 추방으로 끝나는 경우도 있고, 사회적인 압력을 행사하기도 하며, 해상재판소처럼 형식을 갖춘 법정에서 벌금 등의 법적 처벌을 선고하기도 한다. 앞에서 언급했던 코널리 카르텔 금지법의 과잉 채굴 석유에 관한 규정은 법적 강제규정이다. 일부 어종으로 국한되어 있기는 하지만 캘리포니아에서 수산자원을 관리하는 법률 역시 법적 강제의 형태를 갖는다. 잘 만들어진 관리체계는 필요한 경우 규정을 변경하는 장치도 가지고 있다. 기후 시스템도 변하고, 기술도 변한다. 이러한 변화로 말미암아 공유자원을 이용하는 규칙 역시 달라질 필요가 있다. 절차와 제도를 수정하는 장치가 없다면 이해관계의 충돌로 시스템이 망가질 수도 있다. 앞으로 이런 아이디어를 어업에 적용하는 방안을 설명하고자 한다. 어업은 세계에서 가장 심각한 공유자원 문제를 겪고 있는 분야다.

어업 분야의 비극

심각하게 훼손돼가는 대표 어종으로 대구를 들 수 있다. 오래전부터 미국 동북부와 캐나다 동부의 해안 마을들은 대구잡이가 거의 유일한 소득원이었다. 유럽에서 미국으로 건너온 초창기부터 마을 사람 대다수가 대구에 의존해 생활기반을 마련했다. 그들보다 앞서 살았던 인디언 원주민도 마찬가지였을 것이다. 그러나 오늘날 북서 대서양 해역의 대구 개체수는 1850년에 비해 96퍼센트가 감소했다. 1992년에는 너무나 감소한 나머지 캐나다 수산자원 관리부처가 대구잡이를 중단시키기도 했다. 미국도 마찬가지로 앞으로 20년 동안 금지된 상태다. 그럼에도 대구는 늘어나지 않고 있으며 앞으로도 늘어날 수 있을지 의문을 품는 사람들도 있다. 대구가 사라지면 수백 년 동안 전적으로 물고기에 의존해 살아왔던 마을들은 결국 사라지게 된다.

물고기의 개체 수뿐 아니라 물고기 자체의 크기를 보더라도 남획의 결과는 극명하게 드러난다. 40년 전만 하더라도 대구는 보통 6피트[약 1.8미터]까지 자라고, 무게는 200파운드[약 91킬로그램]에 달했다. 누구든 자기가 낚은 대구를 자랑스럽게 들고 있는 어부가 난쟁이처럼 보이는 오래된 사진을 본 기억이 있으리라. 이에 비하면 요즘 미국 북동 해안에서 확보한 대구 표본은 이전의 반 토막도 안 된다. 커봐야 3피트[약 0.9미터] 정도에 불과하다. 남획이 보편적으로 이루어지는 요즘 세상에서는 작은 물고기들이 생존에 유리하다. 따라서 유전적으로도 덩치가 작은 쪽으로 진화할 가능성이 높다. 작은 물고기가 성장도 빠르고 번식도 일찍 하기 때문에 이 역시 유전적으로 유리하다. 결과적으로 물고기도 작아지고 개체 수도 줄어들었다. 공유자원 이론의 관점에서 본다면 엎친 데 덮친 격이다.

이런 사례는 대구뿐만이 아니다. 안초베타는 남아메리카 서쪽 태평양 연안에 풍부한 자그마한 물고기다. 페루와 칠레는 지금까지 몇백 년 동안 대규모 안초베타 어업으로 번영을 이뤄왔다. 잡은 안초베타는 일부 식용 통조림으로 소비하기도 하지만 대부분은 연어 사료나 공장형 축산의 동물 사료로 쓰인다. 페루와 칠레 해안을 중심으로 안초베타는 몇 개의 군집으로 나눌 수 있다. 두 나라 중 한 나라의 영해에서만 살아가는 무리가 있는 반면 두 나라의 국경을 넘나들며 살아가는 무리도 있다. 공유자원에 대해 우리가 알고 있는 대로, 전적으로 한 나라의 영해에서만 살아가는 무리들은 잘 관리되고 있지만 국경을 넘어 다니는 무리들은 남획되고 있다. 국경을 넘나드는 무리의 경우 어느 나라든 상대편 나라에서 제대로 보호할지 신뢰할 수 없기 때문이다. 물고기들이 충분히 자라도록 자신들은 내버려두더라도 상대국의 선단은 그냥 두지 않고 모두 잡아버릴 것으로 생각한다.[8]

어업 분야의 통계자료들 역시 제대로 관리되지 않아 무너져버린 해양 생태계의 처참한 현실을 보여준다. 상징적인 숫자 하나를 보면, 해양생태계 포식자 상위 어류 열 종(참치, 연어, 황새치 등)의 몸무게 총합이 50년 전에 비해 10퍼센트에 불과하다. 수산자원 남획을 규제하는 방법을 근본적으로 뜯어고치지 않는다면, 몇십 년 후에는 아무것도 남지 않는다. 어쩌면 멸종될 수도 있고, 살아남는다 하더라도 식량자원으로 의미가 없는 수준이 될 것으로 예상한다. 50년 동안 90퍼센트나 감소했다는 사실도 놀랍지만 이는 일부에 불과하다. 어업이 산업으로 자리 잡기 전에 비하면 50년 전에도 물고기 개체 수는 이미 엄청나게 감소한 상태였다. 결국 산업화 이전에 비하면 이젠 겨우 한 자릿수 퍼센트 수준으로 줄어들었다고 봐야 한다.

버려지는 물고기

나는 퓨 자선신탁기금Pew Charitable Trusts이 미국 수산업 관리의 개선 방안에 대한 보고서를 작성하기 위해 설립한 퓨 해양위원회Pew Oceans Commission에서 활동하면서 어업에 관해 많은 것을 알게 되었다. 저명한 전문가들을 중심으로 구성된 전문 위원회가 미국 수산업이 당면한 문제에 관한 보고서를 작성해 산업 개편을 위한 대중적 지지를 이끌어낼 계획이었다. 위원회는 막강했다. 뉴욕, 뉴저지, 캔자스, 알래스카의 전·현직 주지사, 자연보호주의자이자 박애주의자인 데이비드 록펠러David Rockefeller와 줄리 패커드Julie Packard, 어업 분야의 대표자들, 유명한 기업가, 우주인, 해안경비대 사령관 로저 루프 제독Admiral Roger Rufe, 빌 클린턴 대통령의 비서실장이었으며 오바마 행정부에서 CIA 국장과 국무장관을 맡았던 리언 패네타Leon Panetta, 그 밖에 학계의 인물들이 참여했다. 어쩌다 내가 여기 합류했는지 확실하지 않지만 영광스러운 일임은 분명하다. 나는 위원회의 목표에 부응하기 위해 어업에 대해 가능한 한 모든 것을 배우고자 열심히 노력했다. 다스굽타와 함께 쓴 『경제 이론과 자원 고갈』을 통해 어업 분야의 관리에 대한 경제학적 기본 토대는 어느 정도 마련해뒀지만 이제는 세세한 내용을 공부해야 했다. 어업정책과 그 관리란 경제학만의 문제가 아니고 정치학도 개입되어야 한다는 것, 어업 분야에 얽혀 있는 정치적 문제가 경제적 문제보다 다루기 더 어렵다는 것을 금방 깨달았다.

어업 분야의 문제를 풀기 위해서는 일반적인 '공유자원'의 틀을 벗어나는 해결방안이 필요하다. 어업은 다양한 공유요소들이 다층적으로 결부되어 있기 때문에 각각의 공유요소에 대해 개별적으로 접근해서 해결해야 한다. 어업에서 발생하는 공유자원 문제 중 독특한 문제가 바로 부수어획bycatch이다. 이 때문에 수산자원의 파괴가 필요 이상으로 증폭된다.

조업의 대상이 아닌 어종의 물고기를 잡은 어선은 항구로 가져와 파는 대신 바다에 그냥 버린다. 식량이 부족한 곳에서는 상상하기 힘든 일이지만 잡은 물고기를 버리는 이유는 여러 가지다. 물고기는 덩치가 클수록 무게당 단가를 높게 받을 수 있다. 그래서 좀더 큰 물고기를 싣기 위해 먼저 잡은 작은 물고기를 버리기도 한다. 등급을 선별high-grading하는 것이다. 또한 계절별로 수확 가능한 물고기의 총 무게가 정해진 경우도 있기 때문에 작은 개체를 선별해 버려버린다. 이유야 어떻든 등급선별은 자원낭비다.

어선별로 잡을 수 있는 어종이 제한돼 있기 때문에 부수어획의 문제가 발생하기도 한다. 연어잡이 면허를 받은 어선은 바다에 내린 그물이나 낚싯바늘에 무엇이 걸려 올라왔든 항구에서는 오로지 연어만 하역하고 판매해야 한다. 어부는 연어만 골라낸 뒤 이미 죽어버린 불필요한 생선을 바다로 던져버린다. 잡은 물고기의 대략 절반 정도가 부수어획이라는 이유로 죽은 채로 바다에 버려진다. 항구로 들어오는 물고기가 1톤이라면 바다에 버려진 물고기가 또 1톤이라는 이야기다. 현재의 어업정책이 부수어획에 기인한 낭비와 불필요한 죽음이라는 비극을 만들어냈다. 부수어획은 물고기만의 문제는 아니다. 수 킬로미터에 달하는 수천 개의 낚싯바늘에는 물고기만큼이나 미끼를 원하는 거북이와 바닷새들이 걸려들고 있다. 이 때문에 지난 수십 년 사이에 거북과 해양조류의 개체 수는 급격히 감소했다.

저인망어업도 자연을 망가뜨리는 낭비요인이다. 저인망어선은 건설현장에서 볼 수 있는 I빔과 비슷한 쇠막대기로 그물을 바닥까지 끌어내려 조업한다. 이렇게 내려진 그물은 온갖 종류의 바다생물을 싹쓸이해버린다. 여기에는 의도하지 않은 많은 종류의 바다생물이 포함된다. 아직 분명하지는 않지만, 장기적으로 더 위험해 보이는 부분은 그물을 끌어내리고 있는 무거운 쇠막대기 때문에 해저면이 손상을 받으리라는 점이다. 쇠막대기는 해저면의 모든 것을 파괴한다. 해저 표면에 살고 있는 온갖 식물, 산호초, 모든 지질구조를 평평한 진흙 밭으로 만들어버린다. 당연히 피해가 증폭될 가능성이 높다.

해저면은 빈 공간이 아니다. 생태계를 이루고 활발하게 살아가는 공동체가 난데없는 쇠기둥으로 절멸당하고 있다. 저인망어선들이 조업을 시작하고 몇 년이 지나면 생물학적으로 사형선고를 받은 해저면 때문에 해양생태계는 커다란 영향을 받는다. 퓨 해양위원회 활동 중 해저에 설치한 카메라로 촬영한 저인망어업의 영상은 충격적이다. 물고기와 여러 가지 바다생물들이 그물을 피해 달아나지만, 모든 것을 파괴해버리는 거대한 폭풍이 밀려온다. 물고기가 살아가는 환경을 제공하는 해저면에 극심한 피해를 끼치는 저인망어업을 전면 중단해야 한다는 의견이 강력하게 제기됨에 따라 미국에서는 저인망어업 금지방안을 검토하기 시작했다. 문제의 핵심은 수산자원의 남획만이 아니라 전반적인 해양생태계가 되돌릴 수 없는 피해를 입을 수 있다는 점이다.

좋은 정책과 나쁜 정책

물고기 개체 수가 급감하면서 어획량도 곤두박질쳤다. 문제를 해결하기 위해 여러 가지 정책 수단이 제시되긴 했지만 유감스럽게도 역효과를 낸 경우가 많았다. 다양한 규제조치들 중 일부는 경제적 기초가 전혀 없이 시행되었고, 4장에서 살펴본 외부효과에 대한 문제들은 전혀 고려하지 않았다. 결국 효과도 없고 비효율적이었을 뿐 아니라 심지어 상황을 악화시키는 경우도 있었다.

그중 최악은 '어획노력 제한effort restrictions' 규정이다. 어획노력이란 물고기를 잡는 데 쓰이는 어구의 수, 혹은 출어 횟수, 어구의 사용 횟수 등을 의미한다. 조업 허용 시기를 단축하는 정책이 그중에서도 최악의 규정이다. 조업 허용 시기가 짧아지면 자연적으로 어획량이 감소해 수산자원을 보호할 수 있다고 이야기하지만 그로 말미암아 엄청난 비용이 낭비된다.

이러한 규제의 부작용은 명확하다. 수억 원에서 수십억 원에 이르는 대규모 자본을 투자한 어선을 1년 중 몇 달이라도 놀리는 것은 합리적이지 않다. 유휴설비를 유지하기 위해 어업의 전체적인 비용은 상승 압박을 받는다. 또한 조업을 할 수 있는 짧은 시기에 가능한 한 최대의 어획고를 올리기 위해 철야로 조업한다. 이미 어업은 세계에서 가장 위험한 직업으로 인식되고 있다. 미국 국립안전보건연구원National Institute of Occupational Health and Safety은 "상업적인 어업은 미국에서 가장 위험한 직업 중 하나다. 전국 평균 사망률보다 30배나 높다"[9]고 지적할 정도며, 철야조업으로 더욱더 위험해지고 있다. 1년에 겨우 며칠만 조업이 가능한 극단적인 경우도 있다. 조업 시기가 되면 난리법석이 일어나며, 시기가 지나면 어선과 어부들은 할 일이 없어진다. 그때 잠깐 반짝하고 나타났던 선어는 사라져버린다. 이 경우 두 단계로 악영향이 펼쳐진다. 조업 시기에는 공급이 몰려 가격이 떨어지기 때문에 어부들은 제값 받기가 어렵다. 그리고 소비자들은 1년 중 대부분을 신선한 생선 대신 냉동 생선에 의존해야 한다.

어획 노력을 제한하는 또 다른 형태는 어선이 쓰는 그물의 크기나 길이를 일정 수준 미만으로 제한하는 것이다. 조업 시기를 제한하는 것보다 조금 낫긴 하지만 이 역시 불필요하게 조업비용을 상승시킨다는 단점이 있다. 어선별로 조업을 제한하는 것은 효율적이지 않다. 하루에 50톤을 잡을 수 있도록 만들어진 어선인데 20톤만 잡도록 제한할 이유가 없다. 어획량만 제한하고 어부들이 알아서 이 제한을 지키도록 하는 방법은 어떨까? 어획량을 제한한다는 의미는 한 척으로 가득 채울 것인지, 아니면 여러 척으로 나가서 나눠 잡을 것인지를 그 시점의 상황과 경제적 이해득실을 따져 어부들이 판단하게 하자는 것이다.

모든 규제에 문제가 있는 것은 아니다. 다행스럽게도 수산자원을 보호하면서 어민들의 생활을 보장할 수 있도록, 경제적 사고를 기반으로 제대로 만들어진 규정들도 물론 있다. 전통적으로 널리 시행되는 규제는 일정 크기 이상의 그물코를 가진 그물만 쓰도록 제한하는 것이다. 그 덕에 어린 물고기는 그물에 걸리지 않고 번식해 미래의 수산자원이 된다. 이런 규제가 눈앞의 이익에 급급한 수산업계의 공유자원 소진을 완화할 수 있다. 앞에서 이야기했던 바닷가재와 그 밖에 여러 어종의 경우 그물코 제한방식은 성공적이었다. 최근 몇 년 사이, 그물에 걸린 돌고래가 익사하는 등 바다거북과 해양포유류가 의도치 않은 포획에 시달리고 있으니 그물에 비상탈출장치가 필요하다는 주장이 일부 국가에서 제기되고 있다. 미국의 경우 국립해양대기국National Oceanic and Atmospheric Administration에서 거북보호장치TEDs: Turtle Excluder Devices를 고안했다. 이 장치는 애초부터 거북이 쉽게 그물에 포획되지 않도록 하고, 포획됐더라도 탈출할 수 있도록 만든 장치다. 거북보호장치는 현재 약 15개국에서 이용하고 있는데 미국에 새우를 수출하기 위해서는 반드시 이 장치를 활용해야 하기 때문이다. 과학자들은 거북보호장치가 도입되기 전에는 해마다 4만 마리의 바다거북이 미국의 새우잡이 어선에 죽었지만, 거북보호장치가 제대로만 쓰인다면 그물에 걸리는 바다거북의 97퍼센트를 살릴 수 있을 것으로 추산한다. 쉽게 말해 해마다 3만 9,000마리의 바다거북을 살릴 수 있다는 이야기다. 그러나 새우잡이 어선이 항구를 벗어나면 거북보호장치를 꺼버린다는 증거가 나오고 있다. 감시가 불가능하기 때문에 속임수를 쓰는 것이다. 그리고 당연히 다른 나라들 역시 거북보호장치가 작동하는 상태에서 새우를 잡고 있다는 증명을 거짓으로 제출하고 있을 가능성도 있다.[10]

부수어획에 대한 단순명료한 해결책이 몇 가지 더 있다. 사실 부수어획 문제는 충분히 막을 수 있는 문제기에 오히려 더 비극적이다. 예를 들어 연어잡이 어선이 연어 이외에 다른 물고기도 잡을 수 있도록 허용한다거나, 여러 종류의 물고기를 잡을 수 있도록 면허를 발급한다면 부수어획의 요인 중 하나는 제거할 수 있다(그렇더라도 새와 거북이의 피해는 막을 수 없다). 등급선별에 따른 문제의 해법은 훨씬 어렵다. 일부 어장은 등급선별을 금지하고 있지만, 바다 한복판에서 벌어지는 일을 제대로 감시하기란 쉽지 않다. 그러나 일부 해양수산 관련 정부조직에서는 일정한 크기 이상의 어선에는 감시자를 승선시켜 배가 어디에 있든 규정이 제대로 지켜지는지를 감독해야 한다는 주장이 나오고 있다.

공유자원인 물고기

부수어획은 비교적 어업 분야에 한정된 문제다. 하지만 어업 분야에도 공유자원의 특성에 기인한 위험이 존재한다. 앞에서 이미 논의했던 해법들을 어업에도 적용하면 공유자원인 물고기를 좀더 효율적으로 관리할 수 있다. 총량제한 배출권거래제의 개념을 어업 분야에 도입한 것이 어획량거래제Tradable Quota System다(일반적으로는 양도성개별할당제ITQs: Individual Tradable Quotas라고 일컫는다). 두 가지 모두 외부비용에 대응하기 위해 고안됐다. 온실가스가 화석연료를 태우면서 전가되는 외부비용이라면 물고기 전체의 개체 수 감소로 다른 어업 종사자들에게 전가되는 비용이 어업의 외부비용일 것이다. 이산화황 배출을 줄이는 데 이산화황 배출권거래제가 큰 역할을 하고 있는 것과 마찬가지로 어획량거래제 역시 세계 곳곳의 활발한 어장에서 시도하고 있으며 모두 성공을 거두고 있다. 양도성개별할당제는 해당 어종이 장기적으로 생존 가능한 수준으로 총허용어획량TAC: Total Allowable Catch을 설정한다. 해당 어종의 개체 증가율보다 낮은 수준으로 상한선을 잡는 것이 일반적인 규칙이다.

총허용어획량은 어떻게 정할까? 어느 어장의 현재 개체 수가 1만 톤이고 1년에 10퍼센트, 즉 1,000톤씩 늘어난다고 하자. 총허용어획량을 1,000톤 이하로 설정해 1년에 1,000톤 미만으로 잡아 올리면 그 어종의 개체 수는 전체적으로는 유지되거나 증가할 것이다. 이로써 해당 어종의 장기적인 생존을 보장할 수 있게 된다. 전체 개체 수가 늘어난 증가분을 때로는 지속 생산량SY: Sustainable Yield이라고 한다. 결국 개체 수를 유지하는 상태로 수확할 수 있는 최대 개체 수인 셈이다. 개체 수의 전체 크기에 따라 늘어나는 개체 수는 달라진다. 10만 톤의 어장이라면 해마다 1만 톤씩 증가한다. 따라서 어느 정도까지는 개체 수가 클수록 해마다 증가량도 커진다. 하지만 일정한 수준에 다다르면 매년 증가량은 더 늘어나지 않고 오히려 떨어지기도 하는데, 이는 먹이의 공급에 압박을 받기 때문이다.

사람만 물고기를 잡는 것은 아니다. 많은 바닷새 종류와 바다사자, 물개, 물범, 돌고래 등 해양포유류, 다랑어, 황새치 등 상위 포식자 어류 역시 물고기에 의존해 살아간다. 건강한 바다가 주는 풍요로움을 계속 누리려면 이들 다른 생물도 충분히 살아가도록 물고기를 확보해야 한다. 즉 개체 증가율, 지속 생산량보다 낮은 수준에서 총허용어획량을 정해야 한다는 의미다. 해마다 1,000톤이 증가하는 사례를 다시 떠올려보자. 300톤은 다른 바다생물의 먹이로 남겨두어야 한다고 해양생물학자들이 권고한다면, 총허용어획량은 700톤이 되어야 한다.

총허용어획량이 정해지면, 어선 혹은 선장에게 어획 할당량을 부여한다. 할당받은 사람만 조업을 할 수 있고, 어획 할당량까지만 물고기를 잡을 수 있다. 앞의 예를 계속 이어가 보자. 열 척의 어선에 총허용어획량의 10퍼센트씩을 할당하면, 각 어선은 1년에 70톤의 물고기를 잡을 수 있다. 모든 어선이 어획 할당량을 지킨다면 전체 어획고는 총허용어획량 이내로 유지될 것이다. 해마다 총허용어획량이 달라지면 할당받는 무게도 달라지지만 그 비율은 일정하게 유지된다.

어획 할당량은 거래 가능하다. 다른 이에게 팔아도 되고, 그냥 넘길 수도 있다. 어획 할당량의 가치는 그 어장의 생산성에 달려 있다는 것이 핵심이다. 개체 수가 풍부한 잘나가는 어장의 1퍼센트 어획 할당량이 멸종위기에 처한 어장의 1퍼센트 어획 할당량보다 훨씬 가치가 있을 테니 말이다. 따라서 이 제도 아래서는 어획 할당량을 가지고 있는 사람들(어업 종사자들)은 장기적으로 어장을 건강하게 유지하는 방향으로 투자할 것이다. 기업으로 보자면 어획 할당량이 주식인 셈이고, 어획 할당량을 가진 어민은 주주가 되는 셈이다. 향후의 수확을 위해 물고기를 바다에 남겨두어야 할 이유가 생기긴 했지만 이 역시 아직 뭔가 부족하다. 양도성개별할당제는 어업 종사자의 이익을 수산자원의 이익과 일치시키고, 어장의 건강과 종사자의 이익을 동시에 증진시킨다. 앞에서 공유자원 문제를 해결하기 위해 확보했던 두 가지 전술이 양도성개별할당제에서도 작용하고 있다. 허가를 통해 접근 권한을 소규모 그룹으로 제한하고, 이 그룹이 해당 자원을 이용하는 데 제한을 두는 것이다.

양도성개별할당제는 시행되는 곳마다 놀라운 결과를 가져오고 있다. 1만 1,000곳 이상의 어장(그중 121곳은 연구가 진행되던 시점에 양도성개별할당제가 이미 시행 중이었다)의 역사에 관한 두 가지 연구결과가 있다.[11] 샌타바버라 캘리포니아 주립대학 소속 경제학자와 과학자들이 첫 번째 연구를 진행했으며, 두 번째 연구는 나와 동료인 울프램 슐렌커가 함께 진행했다. 슐렌커는 3장에서 살펴보았던 기후변화가 미국 농업에 미치는 영향에 대한 연구를 개척해온 사람이다. 양도성개별할당제는 대부분 뉴질랜드 연안, 아이슬란드 연안, 알래스카 만 지역 등 세계적인 대규모 어장에서 시행되었다. 데이터를 보면 양도성개별할당제 시행 후 몇 년 동안은 어획량이 급격하게 증가하고, 할당제도의 관리대상인 어장이 붕괴될 확률은 지극히 낮아졌다. 양도성개별할당제가 도입된 후 17년 동안(연구가 이루어진 시점에서 확보할 수 있는 데이터가 축적된 기간이었다) 어획량은 평균 다섯 배로 늘었다. 최대 200배나 어획량이 늘어난 경우도 있었다. 결국 어장도 번창하고, 종사자의 삶도 나아졌으며, 우리 식탁에 올라오는 생선요리의 사정 또한 나아졌음은 물론이다.

〈그림 6-1〉은 양도성개별할당제 도입 후 어획량이 얼마나 급격하게 변해왔는지를 보여준다. 수평축(X축)은 시간이고, 0은 양도성개별할당제가 도입된 시점이다. 0보다 왼쪽은 제도 시행 이전의 어획량이고, 오른쪽은 제도 시행 이후의 어획량을 나타낸다. 수직축(Y축)에는 제도 도입 이전의 평균 어획량과 비교한 어획량이 표시돼 있다. 0에서부터 오른쪽으로 이어지는 실선을 보면 양도성개별할당제 도입 이후 평균 어획량이 증가하고 있음을 명확하게 보여준다.

어획량을 나누는 양도성개별할당제는 미국의 연안 어장 여러 곳에서도 도입하고 있다. 이에 더해 서해안은 2010년, 동해안은 2011년에 부수어획 문제를 '복수 어종 포획 및 공유multi-species catch shares' 방식으로 해결하려 하기 시작했다. '복수 어종 포획 및 공유'란 어민으로 하여금 다양한 종류의 물고기를 잡아 판매할 수 있도록 허용하는 것이다. 요점은 부수어획에 관해 이야기할 때 지적했듯이, 참치잡이 어선이라 하더라도 부득이하게 참치가 아닌 다른 물고기가 잡힐 수밖에 없고, 참치만 하역이 가능한 면허를 가지고 있다면 경제적으로 가치가 큰 물고기라 하더라도 어쩔 수 없이 바다에 버려야 한다. 이러한 제도를 고쳐 다른 종의 물고기라도 가져와서 팔 수 있도록 한다면 부수어획에 따른 낭비를 줄이는 데 진일보하는 셈이다.

할당제도는 한도에 맞춰 적절하게 설정되어야 효과를 발휘할 수 있다. 경제학자와 해양수산 과학자들은 양도성개별할당제나 총허용어획량을

〈그림 6-1〉

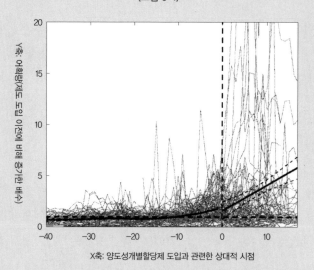

Y축: 어획량(제도 도입 이전에 비해 증가한 배수)

X축: 양도성개별할당제 도입과 관련한 상대적 시점

양도성개별할당제의 효과를 보여주고 있다. 2003년 이후 양도성개별할당제를 도입한 모든 어장의 어획량을 활용하되 최소한 다섯 차례에 걸쳐 제도운영방식을 관찰해 보완했다 (양도성개별할당제가 전면적으로 시행된 이후 200배 이상 어획량이 늘어난 어장 두 곳은 측정 오류가 의심돼 제외했다. 따라서 이 그래프는 제도의 혜택에 대해 보수적으로 평가하고 있다고 봐야 한다). 수평축은 양도성개별할당제가 도입된 상대적 시점(시간 0이 양도성개별할당제가 도입된 해이며 시간 1은 그로부터 1년 후를 의미한다)이다. 시간에 따른 개별 어종의 어획량은 밝은 회색 실선으로 표시했으며, 도입 이전 시기의 평균 어획량은 1로 정규화했다. 검은색 굵은 실선은 비모수 회귀분석(관측값이 특정한 확률분포를 따른다고 전제하기 어렵거나 모집단에 대한 사전 정보가 없는 경우 실시하는 회귀분석 기법의 하나)에 따른 결과를 나타내며, 검은 점선은 95퍼센트의 신뢰 구간을 나타낸다.

산정할 때 수십 년 동안의 지속 가능한 어획량을 고려해야 한다고 주장하지만, 해마다 정치적으로 임명된 사람들이 어획량을 정하는 탓에 이런 주장은 거의 무시당한다. 수산업계와 그들을 대변하는 정치인들의 압력에 따라 공무원들은 물고기 개체 수의 증가율을 훨씬 상회하는 수준에서 어획량을 정하고 있으며, 이로 말미암아 수산자원의 고갈이 확실해진다. 예를 들어 최근 유럽연합에서 참치 어획량 목표에 관해 벌어진 토론을 살펴보자. 2008년 대서양참치보호위원회ICCAT: International Commission for the Conservation of Atlantic Tuna(환경운동가들은 전세계참치남획위원회International Commission for Catching All Tuna라고 부르기도 한다) 소속 과학자들은 참치의 개체 수를 유지하기 위해서는 참치의 지속 가능한 증가량 예측에 근거해 대서양 동부와 지중해 지역의 연간 참치 어획고를 1만 5,000톤 이하로 낮춰야 한다고 권고했다. 위원회는 이 권고를 무시하고 어획량을 2만 9,500톤으로 제한한다. 하지만 이 괴상망측한 상한선마저도 강제규정이 아니었다. 실제 어획량은 4만~5만 톤으로 추정된다. 과학자들이 지속 가능한 수준이라고 여기는 수준의 세 배다. 이런 코미디는 해마다 세계 곳곳에서 벌어진다. 사정이 이러니 아무리 훌륭한 정책을 펼친들 효과는 제한적일 수밖에 없다.

양도성개별할당제는 사라져가는 수산자원을 건강하게 회복시키는 데 크게 기여했다. 자국 연안에서 200해리까지 모든 자원에 독점적 권리를 행사할 수 있는 수역인 배타적 경제수역EEZ: Exclusive Economic Zone 내의 수산자원은 양도성개별할당제로 통제할 수 있으며 많은 주요 어종이 이 안에 포함된다. 그러나 참치 같은 물고기들이 평생을 보내는 깊은 바다로 나가면 어떤 나라도 법적으로 통제할 수 없다. 합의된 어획량을 초과하더라도 처벌할 방법이 없어 많은 어선이 일상적으로 남획을 저질러왔다. 이런 어선들은 임의로 선적을 보유할 수 있기 때문에 자국 어선에 국제법을 제대로 적용하지 않는 국가를 골라 선적을 등록하는 경우가 많다. 이러한 편의국적flags of convenience 때문에 어선의 실소유자들은 뒤로 숨어 버려 어업에 관한 국가 간 협정 위반의 책임 소재를 가리기가 어려워진 다. 나중에 다룰 참치협정Tuna Agreements 같은 원양조업에 대한 협정의 경우 불법조업 어선의 식별을 용이하게 하기 위해 해당 해역에서 조업권을 부여받은 어선의 목록을 만든다.[12]

어업 분야에서 벌어지는 최악의 낭비요소를 이해하려면 연안어업과 원양어업의 차이를 알아야 한다. 연안어업은 해안에서 몇 킬로미터 이내, 해당 국가가 관할하는 배타적 경제수역에서 바닷가재, 농어, 새우 등 연안 수산물을 잡는다. 반면 다랑어, 황새치 등 상업적으로 중요한 대부분 어종은 먼 바다에서 몇 주에 걸쳐 수천 킬로미터를 이동하며 살아간다. 이들 어종은 어느 나라도 관여하지 않는 바다에서 생애 대부분을 보내기 때문에 제도와 규정에 포함되지 않는다. 따라서 원양어업을 통제하려는 시도는 대부분 성공적이지 않았다.

참치의 경우가 가장 명확하고 재미있는 사례가 될 듯하다. 다섯 지역의 어장 관리기관이 각각 참치 어획에 대해 책임을 진다.[13] 그중 하나를 이미 소개했다. 대서양참치보호위원회, 어획량을 줄여야 한다는 과학자들의 조언을 무시했던 바로 그 위원회다. 더 나쁜 소식은 그들만 그런 짓을 하는 게 아니라는 것이다. 남방참다랑어보호위원회Commission for the Conservation of Southern Bluefin Tuna 역시 과학자들의 충고를 무시해왔다. 2004년과 2005년 두 차례에 걸쳐 이 위원회는 어획량을 줄여야 한다는 조언을 받았다. 현재의 조업 수준을 유지할 경우 어종이 멸종될 확률이 50퍼센트에 이른다는 경고였다. 하지만 이 위원회는 기존의 어획량을 유지했다. 2006년이 되어서야 겨우 20퍼센트 줄이기로 합의했다.[14] 그 이후로는 의미 있는 수준의 감축은 없었다.

나쁜 소식은 여기까지. 좋은 소식은 이런 위원회가 존재하고, 경우에 따라서는 어획량 감축 압박에 응할 때도 있다는 것이다. 규제대상인 어선이 대부분 원양에서 조업하기 때문에 다양한 위원회의 규정을 준수하려는 자발적 노력을 기대하는 수밖에 없다. 다만 세계시민의 관심은 그들 어선을 압박할 수 있는 유일한 수단이다. 환경운동단체들이 지속적으로 관심을 기울이고 있고, (해양관리협의회MSC: Marine Stewardship Council 같은 단체의 인증 등을 통해) 수산업 분야의 지속 가능성에 관심을 가진 소비자들도 늘어나면서 시간이 갈수록 관리기관에 가하는 압박도 강해지고, 조업 감축에 대한 협정이 좀더 효과적으로 작동할 수 있는 희망이 보인다.

원양어업 감축에 대한 협정이 시급한 상황이다. 세계 어업 경찰을 만들어 이를 강제하면 좋긴 하겠지만 더 간단한 방법이 있다. 경제협력개발기구OECD: Organization for Economic Co-operation and Development 소속의 정책연구팀에서 제안한 내용을 살펴보자. 국제어업협정을 어긴 어선을 기록하여 급유나 정비 혹은 생산물 판매 등을 위해 항구에 들어오는 것을 금지하자는 내용이다. 아주 가혹한 처벌임은 분명하지만 태도를 바꾸게 만들 수 있는 효과적인 방법일 수 있다.

마땅히 떠오르는 해결방법도 없고 합리적인 수준에서 어획량을 제한하려는 노력은 모두 실망스럽게 전개되는 상황에서, 2010년 환경보호운동가들은 핵폭탄 급의 방안을 강구하기 시작했다. '멸종위기에 처한 야생동식물 종의 국제거래에 관한 협약CITES: Convention on International Trade in Endangered Species'을 활용하자는 것이다. 이 협약은 멸종위기에 놓인 생물 종의 거래를 금지하는 국제협약으로, 막강한 효력을 발휘한다. 환경단체들은 남방참다랑어가 멸종위기 종이므로 이 협약에 따라 남방참다랑어의 거래를 금지해야 한다고 주장하고 있으며, 상당한 호응을 얻고 있다. 그러나 남방참다랑어를 멸종위기 종에 포함할지 여부는 회원국의 투표로 최종 결정된다. 그런데 세계 최악의 참치 남획국인 일본이 이 문제에 별 관심 없는 소규모 내륙 국가들을 규합해 환경단체들의 입장에 반대하는 데 성공했다. 환경단체들이 분명히 조만간 다시 이 문제를 제기할 것이다. 제대로 작동하는 어업협정이 없는 상황에서 '멸종위기에 처한 야생동식물 종의 국제거래에 관한 협약'은 이용할 수 있는 몇 안 되는 수단 중 하나다. 4장의 관점에서 본다면 이 협약은 분명히 규제를 이용한 접근방법이고 양도성개별할당제보다는 덜 효과적이지만, 국제어업협정이 강제성이 없는 권고규정일 뿐만 아니라 그마저도 일본 같은 나라들이 수시로 방해하는 상황에서는 세계적으로 이용할 수 있는 거의 유일한 방안일 듯하다.

또 다른 해법은 해양보호구역제도MPAs: Marine Protected Area의 이용이다. 육지의 자연보호구역처럼 일정 해역을 사람의 영향이 미치지 못하도록 지정하는 제도다. 하지만 해양보호구역이 별로 없다는 게 문제다. 미국의 배타적 경제수역 가운데 4퍼센트만이 이 방법으로 보호되고 있으며 그중 4분의 1, 즉 전체의 1퍼센트만이 어로금지구역으로 지정돼 있다. 호주와 뉴질랜드는 지난 30년간 해양보호구역을 관리해왔으며 세계에서 가장 선진적으로 해양을 보호하고 있다. 그러나 전 세계적인 규모로볼 때 아직 갈 길이 멀다. 세계적으로 5,000곳이 해양보호구역으로 지정돼 있지만 2008년에는 겨우 영해의 5.9퍼센트, 먼 바다의 경우는 0.5퍼센트만이 보호받고 있을 뿐이다. 해양보호구역에 대한 경험이 아직 부족해 얼마나 효과가 있을지는 정확히 파악하기 힘들지만, 현재까지 파악된 것만 보면 충분히 가치 있는 제도가 될 듯하다. 어로금지구역에서 물고기의 개체 수가 빠르게 증가하고 있고, 10년 안에 보호구역 주변으로 이런 추세가 확장될 것으로 보인다. 최근 해양보호구역에 관해 검토한 내용을 살펴보면, 해양보호구역 설정 이후 서식하는 생물 종은 21퍼센트 증가했고, 개체의 크기는 28퍼센트 커졌으며, 밀도(단위 면적당 개체 수)는 166퍼센트 높아졌다. 그리고 놀랍게도 인근의 비보호구역에 비해 446퍼센트, 4.5배에 달하는 생물자원이 존재한다.[15] 따라서 바다가 잃어버린 생산성의 일부라도 되살리는 또 다른 강력한 수단이 될 것으로 보인다.

지금까지 수산업을 관리하는 방안을 논의했다. 수요-공급 방정식에서 공급 측면을 살펴본 것이다. 하지만 수요 측면에서도 행동이 필요하다. 4장에서 다뤘듯, 소비자 행동주의가 외부효과에 대한 새로운 해결책으로 대두하고 있다는 점을 떠올리자. 소비자들도 물고기를 지키기 위해 행동할 수 있다. 해양관리협의회는 지속 가능한 어업에 대한 인증마크와 환경라벨운동을 전개하는 소비자단체다. 대형 마트의 어류 코너나 양심적인 소비자운동을 벌이는 가게에서 이들의 로고를 본 적이 있을 것이다. 도매업자부터 초밥식당 주인까지, 이들 기업은 해양관리협의회 로고가 새로운 사업성을 제공하고 소비자들의 관심을 끌어오고 있다고 말한다.[16] 소규모 생선가게 주인은 해양관리협의회 인증제품은 가격 프리미엄을 붙일 수 있다고 말하기도 한다. 예를 들면 태평양 북서연안에서 넙치를 잡고 있으며 지역 선주협회의 이사로 있는 밥 앨버슨Bob Alverson은 이렇게 말한다. "얼마를 더 받는지 구체적으로 이야기할 수는 없겠지만,

인증서 덕분에 제법 높은 가격을 받아온 것은 사실입니다. 하지만 그만큼 봉사활동도 많이 했어요. 몬터레이베이 수족관은 해양관리협의회를 홍보했고, 요리사가 텔레비전에 출연해 해양관리협의회에 대해 이야기하기도 했어요. 이러한 활동이 새로운 수요를 만들어낸 겁니다."

해양관리협의회 인증을 받기 위해서는 번식이 가능할 정도로 충분히 성장한 물고기만 잡는 등의 보호조치를 철저하게 준수해야 한다. 넙치잡이의 경우 인증을 받기 위해서는 부수어획에 대한 해양관리협의회의 규약을 철저하게 따라야 하며, 배 뒤편에 펄럭거리는 특수한 '날개장치 flapper'를 달아 의도치 않게 새들이 잡히지 않도록 방지해야 한다. 다음은 앨버슨의 말이다. "넙치잡이를 나갈 때 부수어획을 감시하는 감독관은 없습니다. 하지만 해안에서 대단히 철저하게 관리하고 있으며, 조업일지 체계가 잘 마련돼 있습니다." 결국 부수어획을 감시하는 감독관은 승선하지 않지만 상업적인 가치가 있는 부수어획물은 면밀하게 측정되고 항구에서 기록으로 남겨진다. 그럼에도 넙치잡이 업계에서는 독립적인 과학자들이 각 어선에 동행해 부수어획을 감시하는 방안을 마련하고 있다.

공유자원의 비극을 피하는 방법

물, 기름, 물고기, 숲과 같은 공유자원은 남용되기 쉽다. 버펄로, 나그네비둘기, 대구 등은 모두 비극적인 사례다. 그러나 남용되는 경향이 있다고 해서 그것이 당연한 운명은 아니다. 우리는 공유자원 문제를 깨닫고 현명하게 해결해왔다. 공동 시추로 유전을 보전하고, 수산자원에 양도성개별할당제를 도입하고, 해양보호구역을 지정해왔으며, 지역별로 다양한 제도와 협약을 이끌어내어 난제들을 해결해왔다. 그리고 정치적으로 의지가 있다면 남아 있는 문제들도 분명히 해결할 수 있을 것이다. 소비자들 역시 친환경적으로 생산된 제품을 고집스럽게 소비함으로써 문제해결에 참여하고 있다. 소비자들의 이러한 행동 덕에 생산자 역시 더욱 큰 그림을 보면서 제품을 생산할 수 있는 재정지원을 받을 수 있었다. 우리는 공유자원 문제를 해결할 도구들을 가지고 있다. 기본 도구로는 (양도성개별할당제나 석유기업의 연합과 같은) 소유권의 설정, (해양보호구역 지정이나 그물코의 크기를 제한하는 등 다양한 형태의) 규제, (로스앤젤레스의 지하수 분지의 경우) 과세, 그리고 (재산권을 분명하게 규정하기 위한) 해양재판소와 같은 다양한 제도적 혁신 등이 그것이다. 아직까지 지하수자원과 수산자원 등 해결해야 할 공유자원 문제가 남아 있기는 하지만 풀지 못할 문제는 아니라고 본다.

7장

자연자본

당연하게 여기면서 계산에는 넣지 않는……

잠시 한숨 돌려보자. 지금까지 외부비용과 공유자원 문제와 해결방안을 이야기했다. 그 과정에서 인류 역사상 가장 큰 외부효과라고 말하는 기후변화에 대해서도 장황하게 논했다. 1장에서 나열한 네 개의 큰 주제 중 남은 두 주제를 다루고자 한다. 자연자본이 무엇이며 어떻게 가치를 측정할지, 그리고 한 나라의 경제적 성공 여부를 어떻게 측정할지(GDP보다 나은 수단이 필요하다)에 관한 문제다.

숲, 초원, 강변, 폭포, 새, 곤충 등 자연을 자본이라고 여기게 된 것은 신의 계시가 아니었을까? 마지막 퍼즐 조각이 제자리를 찾듯 드디어 자연환경을 경제학에 끼워 맞출 방법을 찾아냈다. 외부비용이라는 개념을 통해 공해와 공유자원이 낭비되는 과정을 이해하게 되었고 해결방안까지도 어느 정도 찾았다. 지하수나 물고기를 공유자원으로 이해하면 문제를 해결할 실마리를 발견할 수 있다. 그러나 공유자원이라는 것이 적극적으로 보호할 가치가 있다거나, 보호를 위해 투자해야 하는 아주 중요한 자원으로 인식하고 있는 것은 아니었다. 자본이란 시간의 흐름에 따라 가치를 만들어내는 자산이고 그렇기 때문에 소중한 것이다. 수산자원과 지하대수층은 늘 일정한 가치를 만들어낸다. 고갈될까봐 염려하는 이유다. 외부효과 탓에 기후 시스템이 망가지고 있는 상황에서, 외부성이라는 개념을 이해하면 무엇이 잘못되고 있는지를 알게 된다. 하지만 기후 시스템을 우리가 가지고 있는 자연자본의 일부분으로 생각한다면 전혀 다른 그림이 보이기 시작한다. 자본은 투자 가능한 대상이다. 이런 맥락에서 환경보전을 자연자본에 투자하는 행위라고 보면 이해하기 더 쉽다. 곧이어 이야기하겠지만, 이 투자는 무척이나 매력적인 수익을 보장한다.

1990년대에 나는 이 사실을 처음 발견했지만, 아주 오래된 개념임을 알아채고는 깜짝 놀랐다. 1901년부터 1909년까지 미국의 26대 대통령을 지낸 시어도어 루스벨트Theodore Roosevelt는 이미 자연자본에 대한 핵심을 명확하게 파악하고 있었다. "국가 운영에서 발생하는 거의 모든 문제는 자연과 자원을 보호하고 과도하지 않게 적절히 활용할 때 해결된다." 그가 1907년 의회 연설에서 한 말이다. 또한 같은 해에 "천연자원은 국가가 다음 세대에게 온전히, 더 나은 상태로 물려주어야 할 자산이다"라고 강조하기도 했다. 루스벨트는 미국 대통령 중 가장 적극적인 친환경론자로 알려져 있으며, 이미 100년도 더 전에 자연자본에 투자한다는 개념을 가지고 있었다. 하지만 우리는 그의 통찰을 이어오지 못했다. 내가 핵심적으로 신의 계시라고 느낀 부분은, 우리가 수백 년 동안 온갖 방법으로 예찬해왔으며, 시인과 화가들에게 영감을 심어주었던 자연의 특징들을 자연자본이라는 또 다른 렌즈로 보게 된 점이다. 모든 생명의 어머니인 지구, 그리고 신속하고 경쾌하게 스스로를 복구하는 자연에 관한 모든 은유적 표현은 다른 측면에서 본다면 자연과 자원이 얼마나 중요한 기능을 하고 있으며, 경제적으로도 얼마나 중요한지를 보여주는 사실적 진술과 다르지 않다.

자연자본의 대체 불가능성

환경과학에서 나온 '생태계 서비스'라는 개념은 자연자본의 개념을 경제학적으로 풀어나가는 중요한 기반이다. 자연자본이 인류에게 가치를 제공하는 수단이 바로 생태계 서비스기 때문이다. 생태계는 다양한 서비스를 제공한다. 적절한 기후 덕분에 식량을 생산하고 물을 공급하며 온도를 유지한다. 또한 흙속의 미생물과 화학물질로부터 영양분을 공급받을 수도 있다. 좀더 복잡한 생태순환에는 하천의 식수 공급, 적절한 기후 조절 등이 있다. 자연자본이 제공하는 모든 경제적 혜택은 생태계 서비스에서 비롯된다. 흙에 공급되는 영양분이나 강물이 일정한 흐름을 유지하는 것도 자연 생태계 덕분이다. 생태학자들은 모든 생명이 존재하기 위해서는 생태계 서비스가 필수적이라는 점을 강조한다. 경제적 관점에서 본다면, 이러한 서비스들은 자연자본(생물지구화학biogeochemical 시스템을 기반으로 한다)의 산출물, 즉 자연자본이 창출하는 수익이다. 기초부터 살펴보면, 탄소가 순환해 숨 쉴 수 있는 공기가 만들어진다. 이 과정이 없다면 우리는 존재할 수 없다. 탄소의 생태순환은 식물과 조류藻類가 이산화탄소를 흡수한 뒤 광합성 작용을 통해 영양분을 만들고 부산물로 산소를 뿜어내면서 시작한다. 바다, 숲, 초원 등 지구에서 중요한 생태계의 대부분은 이러한 탄소 순환의 일부분이다.

자본자산capital assets이란 수익을 창출하거나 재화와 서비스를 지속적으로 발생시키는 요소를 말한다. 금융자산은 소득을, 도로·다리·공항 같은 사회간접자본은 교통 등의 서비스를 지속적으로 제공한다. 자연자본은 사회간접자본과 비슷한 비금전적 서비스를 제공한다. 루스벨트 대통령은 가치를 증식시킬 수 있는 자산으로 자연계를 인식했고, 이는 자연 자본의 핵심을 정확하게 간파한 것이었다.

건강한 정신세계를 만들어주는 아름다운 존재로 자연을 받아들이는 대신 필수불가결한 서비스를 제공하는 자산의 집합으로 바라보기 시작 하면 자연에 대한 인식은 급진적으로 바뀐다. 자연이 만들어낸 미학적·정신적 가치에는 공감하지 않을 수도 있겠지만, 경제적 가치는 구체적인 현실이다. 따라서 자연자본을 다른 경제적 자산과 동일선상에서 인식한 다면 자연은 무분별하게 파괴해버릴 수 없는, 당연히 보호하고 신중하게 관리해야 하는 대상이 된다. 자연을 이루는 모든 것은 대부분 사치재가 아닌 필수재다. 위에서 살펴본 산소만 해도 그렇다. 따라서 환경보전이 경제적 성공과 상충되는 사치라는 보편적 인식은 거짓이다.

이른바 '바이오스피어Bioshpere 2'라는 프로젝트는 천연자원이 필수적 이고 대체 불가능하다는 사실을 극적으로 입증한다. 마치 외계인 우주선 함대가 미국 남서부의 소노랜 사막의 선인장 사이로 내려앉은 모습을 하 고 있는 바이오스피어 2는 3.15에이커[약 1만 2,750제곱미터] 면적에 밀폐 된 돔과 사다리꼴 형태로 건설한 복합 생태계 구조물이다. 텍사스의 억 만장자가 무려 2억 달러를 들여 1991년에 건설했으며, 2년 동안 밀폐된 공간에서 자급자족으로 여덟 명이 살아나갈 수 있는지를 알아보는 것이 목적이었다. 가전제품을 위한 전기만 외부에서 공급받을 뿐, 여덟 명의 '바이오스피어인'들은 한정된 공기와 물을 지속적으로 재활용하고 순환 시켜 모든 식량을 재배할 계획이었다. 물론 가루받이를 위해 곤충의 도 움을 받기는 했다. 지구의 생태환경(바이오스피어 1)을 미니어처로 재현해 보겠다는 것이 애초의 아이디어였다. 한편으로는 달이나 다른 위성에 식민지를 건설할 경우를 대비한 실험모형이라고 생각해도 되겠다.

우울한 결론이지만 바이오스피어 실험은 실패로 돌아갔다. 실험이 진행된 1년 반 동안 산소 농도는 21퍼센트에서 14퍼센트로 낮아졌다. 해발 1만 7,500피트[약 5.3킬로미터]에 해당하는 농도로는 바이오스피어인들이 살아남기 힘들었다. 이산화탄소와 질소산화물의 농도가 극도로 증가해 가루받이를 해야 할 곤충이 모두 죽어버렸다.

산소의 감소와 이산화탄소의 증가로 바이오스피어 시스템은 인간의 생존에 필수적인 산소를 공급하는 탄소 순환을 재현하는 데 실패했다. 가루받이용 곤충의 전멸은 식량 생산의 급속한 감소를 의미한다. 엄청난 예산과 최고 수준의 정밀기술을 가지고도 바이오스피어 2의 설계자들은 자연이 제공하는 가장 기본적이고 필수적인 생태계 서비스를 재현하는 데 실패했다.

자연과 인간의 관계는 한층 더 심오하다. 자연을 흉내 내거나 대체하기가 불가능한 것은 물론이고 진화도 불가능했을 테니 말이다. 지구와 이웃하고 있는 다른 행성을 살펴보면 인간이 지구에서 살아가는 데 자연환경이 얼마나 중요한지 바로 알 수 있다.[1] 지구에서 가장 가까운 금성과 화성의 자연환경은 잔인할 정도로 험악하다. 대기는 이산화탄소로 가득 차 있으며 아주 미량의 질소 외에 산소는 흔적만 찾아볼 수 있을 뿐이다. 산소 호흡을 하는 생명체는 생존이 불가능한 환경이다.

기온 역시 우리에게는 맞지 않는다. 태양에 가까운 금성은 너무 뜨겁고(섭씨 462도), 지구보다 태양에서 멀리 떨어져 있는 화성은 너무 춥다(평균 섭씨 영하 55도). 지구 역시 생물권biosphere(지구상의 식물과 동물이 살아가는 좁은 영역)이 없었다면 생존이 불가능했을 것이다. 프랑스혁명 이후(3장에서 만났던 유명한 수학자 조제프 푸리에를 기억하시는지?) 과학자들은 '비생물적abiotic' 지구에서의 생명활동을 연구했다. 화성이나 금성과 비슷한(희박한 산소, 약간의 질소, 이산화탄소가 대부분인) 대기 구성, 기온은 영하 18도, 모든 물은 얼음상태로 존재하는 가상의 비생물적 지구환경에서는 우리가 알고 있는 생명체는 전혀 진화할 수 없었다. 생물권이 존재하지 않는 지구는 화성이나 금성 혹은 달과 마찬가지로 생명이 살 수 없는 곳이다. 아마도 바이오스피어 2처럼 밀폐된 식민지에서나 살아남을 수 있었을 테지만 바이오스피어 2의 결과는 이미 나와 있다.

반대로 '있는 그대로의 지구', 다시 말해 거주환경living environment이 갖춰진 지구는 우리에게 완벽한 조건을 제공해준다. 금성처럼 뜨겁지도 않고 화성처럼 춥지도 않은 아주 적당한 골디락스 행성[생명체가 살아갈 수 있는 환경을 갖춘 행성]이 바로 지구다. 왜 그럴까? 식물과 동물이 진화하면서 대기와 기후를 급격하게 바꿔놓았고, 그렇게 바뀐 상태에 딱 맞도록 우리가 진화해왔기 때문이다. 특히 식물이 이산화탄소를 대기로부터 흡수해 산소로 바꿔놓은 덕분에 산소를 호흡하는 동물이 나타날 수 있었고, 또한 식물들이 온실가스를 흡수해(지금은 우리가 화석연료를 태워 온실가스를 대기로 되돌리고 있는 중이다) 온도를 낮춰놓았기 때문이다. 따라서 우리가 속해 있는 생태환경이 없었다면 우리는 물론이고 우리의 조상들도 존재할 수 없었다.

여기서 우리가 직면한 위험에 대한 경고를 읽어내야 한다. 수억 년 동안 우리가 살아온 환경을 제공한 기본적인 지구 시스템이 인류의 활동으로 왜곡되고 있다. 우리가 살아올 수 있도록 '비생물적 지구'를 급격하게 '있는 그대로의 지구'로 만든 바로 그 시스템이 위험에 직면해 있다. 하버드 대학의 유명한 생물학자 에드워드 오즈번 윌슨Edward Osborne Wilson은 "인간의 마음속에는 자연의 모든 생명에 대한 애착이 자리 잡고 있다"는 의미로 '바이오필리아biophilia'라는 용어를 제시했다. 그리고 인류는 다른 생명체와 공진화共進化해온 동시에 다른 생명체에 의지해왔음을 의미한 다고 주장했다. 그는 우리의 잠재의식 깊은 곳에서는 자연이 필요하다는 것을 알고 있다고 말한다.

이 장의 나머지 부분에서 자연자본의 특징을 집중적으로 다루고자 한 다. 그리고 각각의 특징이 왜 중요한지, 얼마나 훌륭한 경제적 서비스를 제공하고 있는지, 어떻게 우리의 생명을 살리고 있는지를 심도 있게 살 펴볼 것이다. 그리고 자연자본을 위협하는 현재의 경향을 살펴보고, 지 금껏 우리가 검토해온 전략들을 어떻게 구사하면 자연자본을 구할 수 있 겠는지 함께 생각해보고자 한다.

하천 유역, 습지, 폭포

하천 유역과 습지에서 탐구를 시작해보자. 하천 유역과 습지는 자연자본 의 가장 보편적이고 중요한 구성요소다. 물을 저장하고 사용자에게 전달 하는 일뿐만 아니라 수십억 명의 삶을 지탱한다. 하천 유역은 토양이 물 을 정화하고 스펀지 역할을 해서 비가 내릴 때는 물을 흡수하고 시간이 흐르면서 천천히 흘려보내 흐름을 조절한다. 습지는 홍수가 일어났을 때 엄청난 양의 물을 흡수하고, 인구밀집지역으로 흐를 경우 위험할 수도 있는 물길을 멀찌감치 돌려놓기도 한다. 또한 습지 역시 불순물을 제거하는 정수기 역할을 한다. 우리는 과연 하천 유역과 습지를 대체할 장치를 만들 수 있을까?

정화기능을 대체하는 장치는 가능하다. 토양의 여과작용과 침강작용을 대신할 여과설비를 만들어서 작은 입자와 미생물을 제거하고, 염소나 기타 소독처리 몇 가지를 추가하면 정화기능을 수행할 수 있다. 그러나 이러한 인공 대체물은 하천 유역의 토양보다 비용효용이 떨어질 가능성이 높다. 뉴욕의 캣츠킬 유역의 사례를 살펴보자.

뉴욕에는 두 개의 하천 유역이 있다. 하나는 인근의 크로튼, 다른 하나는 캣츠킬이다. 캣츠킬은 뉴욕에서 북서쪽으로 120마일[약 193킬로미터] 떨어진 3,000피트[약 914미터] 높이의 산간지대로, 뉴욕 항으로 이어지는 허드슨 강과 맞닿아 있다. 초창기 뉴욕은 크로튼 저수지와 인근 유역을 별다른 여과설비나 화학처리 없이 식수원으로 이용했다. 이후 저수지 주변이 개발되면서 사정은 달라졌다. 오염물질이 저수지로 흘러들어왔고 물을 정화하는 데 필요한 토양이 줄어들었다. 이에 따라 뉴욕 시 당국은 캣츠킬 유역을 개발해 인구밀도가 낮은 지역에 저수시설을 건설함으로써 세계에서 가장 넓은 담수지를 조성했다. 이 덕분에 여러 해 동안 정수시설 없이 깨끗한 물을 공급받을 수 있었다. 실제로 뉴욕 시의 물은 미국 최고로 알려져서 1930년대와 1940년대에는 병에 담겨 다른 도시로 팔려나가기도 했다. 오늘날 에비앙이나 페리에 수준의 대접을 받아 좋은 식당은 뉴욕 물을 제공했다. 오늘날에도 뉴욕의 수돗물은 블라인드 테스트에서 늘 값비싼 생수를 이겨왔다. 영국으로 수출되어 차 끓이는 물로 쓰였고, 미국 내 다른 도시로 판매되어 피자와 베이글을 만드는 데 이용되기도 했다.

그러나 '최고의 식수'라는 찬사는 1990년대 들어 심각한 위기를 맞는다. 캣츠킬의 수질이 악화되자 미국 환경보호국은 신속하게 여과시설을 건설해야 한다며 시 정부에 경고를 보냈다. 투자규모는 60억~90억 달러에 달했고, 연간 운영비용은 3억 달러에 이른다. 아무리 부자 도시라고 해도 엄청난 금액이다. 뉴욕 시는 몇십 년 동안 잘 작동하던 캣츠킬 유역에 무슨 문제가 생긴 것인지 조사에 들어갔다.

답은 간단했다. 인근 지역의 개발로 오염이 심해졌고, 캣츠킬 지역의 농지 개발이 급증했기 때문이었다. 지역 거주민이 늘어난 데다 도시민들도 캣츠킬 지역에 여름 별장을 짓기 시작했다. 더러운 물이 하수도를 따라 하천으로 새어 나오고 있었고, 도로의 휘발유, 농토의 비료나 살충제 성분들이 빗물에 쓸려 들어오고 있었다. 주변 농장에서 길 잃은 가축들이 유역으로 들어와 개울을 오염시키기도 했다. 토양으로 스며든 물을 정화하는 미생물 군집보다 훨씬 많은 양의 오염물질이 다양한 곳에서 모여들었다. 결국 하천의 오염이 뉴욕 시 수돗물 수질 악화의 직접적 원인이었다. 이는 상류에 있는 토지 사용자가 하류의 물 사용자에게 부과하는 아주 고전적인 외부비용의 예다. 캣츠킬의 경우는 그다지 어렵지 않게 회복할 수 있는 정도의 피해만 입었을 뿐이다. 크르튼에서 일어났던 삼림 남벌이나 토양 침식은 없었으며 대부분의 유역 인프라는 여전히 건재했다.

뉴욕 시는 유역 복구냐 값비싼 정수시설이냐, 선택의 기로에 섰다. 복구작업에는 환경복원비용과 피해를 예방하고 이미 발생한 피해를 복구하는 비용이 포함된다. 하지만 정수시설에 들어가는 비용보다는 훨씬 저렴했다. 시 정부에서는 복구작업에는 10억~15억 달러가 소요되는 반면 정수시설에는 80억 달러가 들어간다고 예상했다. 복구작업의 비용이 두 배로 늘어난다 하더라도 선택은 분명했다. 유역을 복구하는 것이다. 뉴욕 시 환경보호국장의 이야기를 들어보자. "어떤 방법을 쓰든 문제는 해결할 수 있습니다. 다만 유역 보호를 통해 문제를 예방하는 것이 더 빠르고 더 저렴하며 또한 많은 이점을 수반합니다. 비용과 편익을 다 더해보았을 때 하천 유역을 보호하기로 어렵지 않게 결정 내릴 수 있었습니다."

1997년 뉴욕 시는 환경채권을 발행해 캣츠킬 유역 복원에 투입했다. 하수처리설비를 새로 설치하거나 오래된 설비를 손봐서 하수가 유역으로 흘러들어오지 않도록 하고, 유역 안팎으로 토지 10만 에이커[약 405제곱킬로미터]를 사서 개발이나 농지 이용을 제한했다. 여기에 더해 인근의 토지 소유자들에게서 토지를 일부 구입해 완충지대로 활용했다.

현재까지 뉴욕의 자연자본 보호전략은 훌륭하게 작동하고 있다. 정수시설을 건설했다면 연간 최소 80억에서 200억~300억 달러까지 지출할 뻔했던 정수비용을 고작 15억 달러로 해결했으니 말이다. 이를 보면 '환경보호에 들어가는 비용을 감당할 수 있을까?' 하는 질문은 틀렸으며 '환경을 보호하는 데 돈을 쓰지 않을 이유가 도대체 뭐지?'가 맞는 질문이다.

일반적으로 물을 공급받는 도시 스스로 수자원을 보호할 때 하천 유역의 보전과 복구가 가장 효율적이고 경제적으로 이루어진다. 이는 새로운 아이디어가 아니다. 수자원 관리의 전문가들이 이미 25년 전에 내린 결론이다. 1991년 『미국 수도협회지American Water Works Association Journal』가 보고한 내용을 보면, "장기간 안정적으로 물을 공급받는 가장 효과적인 방법은 수도 사업자와 관할 지방자치단체가 공동으로 토지 소유권을 갖는 것이다."[2] 다시 말하면 설비가 아닌 자연에 투자하라는 뜻이다. 뉴욕시 말고도 많은 도시가 이 길을 따르고 있다.

사람이 흉내 내기 훨씬 더 어려운 기능은 습지의 유량제어기능이다. 많은 사람이 습지에 대해서는 여전히 별 관심도 없고 가치를 인정하지도 않지만, 습지는 대단히 소중한 자연자본이다. 보유한 토지가 늪지대로 공인받으면 토지 소유자는 늪을 메우는 데 필요한 보조금을 받는다. 이 과정에서 생물학적 서비스부터 기능적 서비스까지 놀랍도록 다양한 범위의 서비스를 제공하는 귀중한 자연자본이 파괴된다. 일단 정책 입안자들은 습지가 가지고 있는 홍수조절기능에 관심을 기울여야 한다. 습지는 스펀지처럼 많은 양의 물을 흡수할 수 있다. 강에 인접한 홍수터의 습지는 강이 범람할 때 수십억 리터의 물을 빨아들여 홍수가 번지는 것을 막는다. 그런데 도시 외곽을 개발하는 가장 보편적인 행태를 살펴보면, 일단 홍수터의 습지를 메워 집을 지은 다음 강바닥을 파내거나 수로를 내거나 제방을 쌓거나 폭우에 대비한 유수지 등을 건설해 홍수에 대비한다.[3]

홍수를 대비하는 책임을 지고 있는 미 육군 공병대USACE: United States Army Corps of Engineers는 이러한 기계적 대비책은 거의 제대로 작동하지 않으며, 원래의 습지를 복원하는 것이 홍수를 막는 최선의 방법임을 실전을 통해 알고 있다. 과거에 강을 수로로 바꾸고 물길을 새로 내는 등 홍수 대비책에 엄청난 투자를 했지만, 수백만 달러가 들어간 홍수 대비책들은 대부분 적합하지 않았고, 심지어 비생산적인 것으로 드러나기도 했다. 홍수터에 건물을 지어도 안전하다고 설득한 경우도 있었지만, 침수의 위험이 상존하는 것이 사실이다. 공병대는 1977년 보호시설을 건설하는 대신 매사추세츠 찰스 강 상류의 홍수터 습지 7,000에이커[약 28제곱킬로미터]를 1,000만 달러에 구입했다.[4] 이 정도 면적이면 6,200만 세제곱미터의 물을 저장할 수 있을 것으로 추정했다. 비슷한 용량의 저수지를 건설하려면 1억 달러가 들어간다. 설비를 만들지 않고 자연으로 돌아감으로써 투자자본의 90퍼센트를 절감했으며, 1979년과 1982년의 심각한 홍수로부터 피해를 최소화하는 데 이 습지대가 큰 역할을 했다.[5]

캘리포니아 전 지역을 가로지르는 '나파 강-나파 계곡 홍수 방지 프로젝트Napa River-Napa Creek Flood Protection Project'는 공학적 접근과 자연적 접근을 조합해 계절 습지, 소택지, 갯벌 등 180에이커[약 0.7제곱킬로미터]를 재건하는 홍수통제방안을 마련하기로 결정했다. 전체 투자규모는 1억 5,500만 달러였고, 예상되는 홍수 피해 절감액은 16억 달러였다. 또한 공병대는 중서부 일리노이 주의 솔트 크릭 게이트웨이 주변 홍수터의 홍수 조절기능을 고려하지 않으면 1에이커당 8,177달러에 불과하지만 홍수 조절기능을 계산하면 지가가 6만 517달러로 상승한다고 평가했다. 개발되지 않은 토지가 가지고 있는 홍수조절기능이 얼마나 소중한지를 잘 보여준다.

그러나 홍수조절기능이 습지가 하는 역할의 전부는 아니다. 물을 정화하는 기능도 중요하다. 오염된 물이 습지를 통과하면서 깨끗한 물로 바뀐다. 습지에 살고 있는 세균이 대부분의 불순물을 분해한다. 이 때문에 미국은 '수질정화법Clean Water Act'으로 습지를 보호하고 있다. 2장에서 미국 중서부 농경지에 뿌린 질산염 비료가 흘러들어 멕시코 만이 대규모로 오염되고 엄청난 면적의 바다가 죽음의 바다로 변해버린 사례를 이야기했다. 습지를 조성해 농업용수가 강에 도달하기 전에 습지를 통과하게 한다면 이러한 난제들을 해결할 수 있다.

습지는 홍수 예방과 정수기능 외에 생물 다양성에도 기여한다. 서식지 제공이라는 독특하고도 중요한 기능을 수행하는 것이다. 예를 들어 조류 중 많은 종(특히 물새 종류)이 생존하기 위해서는 습지가 필요하다. 사실 습지를 보호하기 위해 가장 많은 노력을 한 단체 중 하나는 오리 사냥꾼 협회인 '덕스 언리미티드Ducks Unlimited'다. 오리가 없으면 오리 사냥도 불가능하고, 습지가 없으면 오리도 없다. 그래서 습지를 보호해야 한다는 생각만큼은 오리 사냥꾼들이 환경보호주의자들과 다르지 않다.

마지막으로 폭포에 대해 이야기할 차례다. 미국은 폭포를 이용한 수력발전으로 전력 수요의 7퍼센트를 충당하고 있다. 자본재로 자연을 활용하는 완벽한 사례다. 내가 사는 뉴욕에서 소비하는 대부분의 전력은 북쪽 국경지대에서 수력발전소를 운영하는 캐나다 회사 하이드로 퀘벡에서 공급한다. 일부는 나이아가라 폭포를 이용하기도 한다. 기존의 화력발전소는 대규모 인프라가 필요하다. 전형적인 대규모 화력발전소는 2억~5억 달러 정도가 건설비용으로 들어간다. 비교적 규모가 큰 수력발전소는 투자비도 저렴할뿐더러 연료비가 전혀 들어가지 않는 덕에 화석연료로 발생하는 오염을 막을 수 있다. 콜로라도 강의 후버 댐이나 컬럼비아 강의 그랜드쿨리 댐과 같은 대형 수력발전소는 2기가와트 이상의 발전 용량을 가지고 있으며, 이는 대형 석탄-화력발전소나 원자력발전소와 비슷한 수준이지만 비용은 훨씬 저렴하다. 수력발전은 시간당 1킬로와트의 전기를 만드는 데 2~5센트의 비용이 필요하지만 석탄발전은 6센트 이상, 원자력발전은 10센트 이상이 들어간다. 노르웨이에서는 99퍼센트 이상의 전기를 수력발전으로 생산하고 있고, 스웨덴 역시 노르웨이만큼은 아니지만 상당 부분의 전기를 수력발전으로 충당한다. 스칸디나비아 국가들은 소중한 자연자본의 뒷받침으로 깨끗한 환경과 경제적 번영을 누리고 있다. 이 역시 지구의 물 순환 시스템이 가지고 있는 어마어마한 경제적 가치의 한 측면이다.

가루받이를 해주는 소중한 존재들

형태는 다르지만 식물의 가루받이를 해주는 동물들 역시 필수적인 자연자본이다. 가루받이 외에도 새와 곤충들은 가장 믿음직스럽고 비용 대비 효과가 좋은 해충 방제 수단이기도 하다. 환경변화와 살충제 탓에 이런 생물들이 사라지고 있고, 작물의 수확량이 감소할 우려가 커지고 있다.

밀, 옥수수, 쌀, 콩 등 가장 널리 재배되는 곡물용 작물은 자가수분을 하지만 일반적인 식물은 성장하고 열매를 맺는 과정에서 가루받이가 필요하다. 과일과 채소도 마찬가지다. 사실 우리가 먹는 음식의 3분의 1, 그중에서도 가장 맛있는 식재료는 가루받이가 없으면 얻을 수 없다. 꿀벌과 박쥐는 가장 흔한 가루받이 동물이며, 새도 한몫한다. 특히 벌새와 태양새는 더더욱 중요하다. 『내셔널지오그래픽*National Geographic*』의 최근 기사를 보면, 최첨단 농업 시스템에서도 가루받이가 중요하다는 점을 강조하고 있다. 토마토를 수경으로 재배하는 애리조나 윌콕스의 유로프레시 농장을 예로 들었는데, 흙이 없어도 농사를 지을 수 있지만 가루받이는 그렇지 않다는 이야기다.

열매를 맺기 위해 대부분의 꽃식물들은 제3자에 의존해서 수술과 암술 사이에 꽃가루를 옮긴다. 꽃가루를 날리기 위해 도움이 필요한 식물들도 있다. 예를 들어 토마토 꽃은 지구 중력의 30배에 달하는 힘으로 흔들어주어야 한다고 애리조나 곤충학자 스티븐 버크먼Stephen Buchman은 설명했다. 농부들은 토마토 꽃에서 꽃가루를 털어주기 위해 여러 가지 방법을 시도해왔다. 그들은 진동 테이블, 송풍기, 음파충격장치, 손으로 힘들게 흔드는 진동장치 등을 활용했다. 그러나 결국 온실에서 선택한 도구는 무엇일까? 바로 꿀벌이었다.[6]

여기서 우리는 사람이 고안해낸 여러 가지 대안에 비해 자연자본이 갖는 미덕을 보여주는 또 다른 사례를 보았다. 그러나 지난 수십 년 동안 가루받이를 매개하는 동물의 개체 수, 특히 곤충과 박쥐의 개체 수가 급격히 줄어들고 있다. 한 가지 원인은 농경지와 거주지를 확보하기 위한 자연 서식지의 파괴고, 또 다른 원인은 광범위한 살충제 남용이다. 식물에 해로운 동물 대부분은 곤충이고, 따라서 곤충에 작용하는 살충제는 가루받이를 해주는 곤충까지 없애버린다. 이를 막기 위해서는 해충 방제 역시 자연에 맡겨서 자연에 존재하는 포식자들이 해충을 구제하도록 해야 한다. 일반적으로 새와 박쥐 한 마리가 하루에 먹어치우는 곤충은 수천 마리에 이른다. 꿀벌의 경우는 더욱 심각하다. 서식지 파괴와 살충제 남용 외에도 꿀벌에 병균을 옮기는 진드기가 세계적으로 확산되고 있기 때문일 수도 있다. 원인이 무엇이든 가루받이 동물의 개체 수가 급격하게 줄어들면서 농부들은 어려움을 겪고 있으며, 과일과 채소의 수확량이 떨어지기 시작했다.

요즘 들어 이 문제를 해결하기 위해 창의력과 기업가 정신이 부각되고 있다. 양봉가들은 수확 시기의 농부들에게 꿀벌이 들어 있는 벌통을 임대해준다. 세계에서 가장 큰 가루받이 행사는 캘리포니아의 아몬드 과수원에서 벌어진다. 해마다 봄이 되면 100만 개에 이르는 미국 꿀벌 벌통이 트럭에 실려 온다.[7] 뉴욕의 사과를 수확하는 데는 3만 개의 벌통이 필요하고, 메인 주의 블루베리 수확에는 해마다 5만 개의 벌통이 쓰인다. 그러나 전염병으로 토종 꿀벌의 개체 수가 감소한 지역에서 임대 꿀벌 역시 감염되어 죽어버리는 경우가 발생하기도 한다. 따라서 이러한 상업적인 형태의 가루받이도 미래가 확실한 것은 아니다. 풍부하고 값싼 노동력을 보유한 중국은 일부 작물의 경우 수작업으로 가루받이를 하기도 한다. 노동집약의 극단적인 형태다.

숲

하천 유역, 새, 곤충과 마찬가지로 숲도 평범해 보이지만 국지적으로 또는 지구 차원에서 기후를 조절하는 데 근원적인 역할을 수행한다. 숲은 태양을 에너지원으로 삼는다. 태양빛으로 전류를 만들어내고, 물 분자를 수소와 산소로 분리한다. 수소는 공기 중의 이산화탄소와 결합해 탄수화물을 만들어낸다. 사람을 포함한 모든 동물이 숨 쉬는 데 필요한 산소는 식물이 대기로 방출하는 부산물이다. 따라서 대기 중의 이산화탄소와 산소의 균형을 유지하고, 온실가스의 원천을 통제하며, 우리의 호흡을 보장하기 위해서는 나무의 역할이 필수적이다. 괜히 '지구의 허파'라고 부르는 게 아니다. 숲과 숲의 토양은 배출되는 이산화탄소의 4분의 1을 흡수한다. 지구에 우리 같은 동물이 살기 위해서는 식물이 모든 책임을 지고 있다고 해도 과언이 아니다. 대기 중 온실가스의 농도를 낮추는 방법 중 비용 대비 효과가 가장 높은 것이 바로 숲을 보호하고 키우는 것이다(REDD가 열대지역 국가들이 열대우림을 온전히 유지하는 데 큰 관심을 기울이는 이유가 여기에 있다).

나무 역시 대기 중에 수분을 방출해 국지적으로 기후에 영향을 준다. 열대우림지역에 비가 많은 이유기도 하다. 장기간의 관찰을 통해 숲을 없애면 습도와 강우량이 줄어든다는 것을 파악했다. 거대한 삼림과 농경지를 가지고 있는 브라질 같은 나라는 삼림 남벌로 강수량이 줄어들고, 그에 따라 농업지역의 생산성이 감소한다는 점에 주목한다. 일부 과학자들은 아마존의 남벌 때문에 북쪽으로 멀리 떨어져 있는 미국의 기후까지 건조해질 수 있다고 믿는다.

숲은 대기 중의 이산화탄소와 산소의 균형을 관리하고 인간 사회에 신선한 물을 지속적으로 공급하는 중요한 역할을 한다. 하천 유역의 상당수가 숲이며, 이 지역의 물의 흐름과 정화기능을 담당한다. 따라서 우리가 숨 쉬는 산소뿐 아니라 마시는 물도 숲이라는 자연자본에 의존하고 있다. 또한 경우에 따라 국제적인 규모의 상거래를 가능케 하는 수로 역시 자연자본의 기능이라고 볼 수 있다.

파나마 시에 있는 스미소니언 열대연구소Smithsonian Tropical Research Institute의 수석과학자 스탠리 헤카돈모레노Stanley Heckadon-Moreno는 "파나마는 차그레스의 선물이다"라고 이야기한다. '상류 유역'이라 불리는 차그레스 강은 열대 밀림으로 덮인 에스메랄다 산맥의 고지대에서 발원한다. 이 연약한 생태계에서 시작되어 알라후엘라 호수와 가툰 호수에 수십억 갤런의 물이 흘러들고, 결국 파나마 운하에 배를 띄우는 데 필요한 물을 공급한다. 헤카돈모레노에 따르면 차그레스 강이 없었다면 미국은 국제 해상 무역의 핵심 통로인 파나마 운하를 건설하기 어려웠을 것이라고 한다.

해마다 세계 무역량의 약 5퍼센트에 해당하는 물량이 파나마 운하의 갑문을 통과한다. 그러나 배를 띄우는 데 필요한 물을 차그레스 강에서 지속적으로 공급받기 위해서는 '상류 유역'을 둘러싼 숲을 보호해 토양 침식에 따른 미사微砂를 막아야 한다. 운하에는 미사가 최대의 적이다. 미사의 유입으로 댐과 호수가 막히고 결국 운하 자체도 막히게 된다. 상류 유역의 숲은 뿌리가 토양을 유지하고 빗물을 청정하게 유지하면서 100년 이상 미사를 막아왔다. 그러나 운하지역에 인구가 대규모로 유입됨에 따라 파나마는 해마다 14만 8,000에이커[약 567제곱킬로미터]에 달하는 숲을 개간하고 있다. 이는 위험한 수준이다. 이주한 파나마인들은 자급자족 농업을 위해 다시 숲을 개간하고 있다.

2010년 12월 11일, 삼림 남벌에 따른 결과로 파나마 운하가 폐쇄됐다. 1989년 미국의 파나마 침공 이후 처음 있는 일이다. 토양을 정착시킬 수 있는 숲이 충분하지 않아 큰 홍수로 산사태가 일어난 것이다. 무너져 내린 진흙으로 운하가 폐쇄되어 세계 경제가 혼란을 겪었음은 물론이다. 가툰 호수와 알라후엘라 호수의 기슭에서 씻겨 내린 수천 톤의 흙이 강물을 100배나 혼탁하게 만들어 칠리브레 정수장의 처리 용량을 넘어섰다. 비상급수 트럭이 파나마 시로 향했고, 성난 시민들에게는 정수되지 않은 물이나 끓이지 않은 물은 마시지 말라는 안내가 고작이었다. 파나마 운하가 폐쇄되고 동시에 도시의 상수도 체계가 오염된 파나마의 사례는, 자연자본이 하천 유역과 숲의 형태로 발현되어 세계경제와 하루하루의 생존에 필수적인 생태계 서비스를 제공하고 있음을 여실히 보여준다.[8]

생물 다양성

기후를 관리하고 산소와 물을 공급하는 것 말고도 숲은 대다수 식물, 포유류와 곤충의 삶의 터전이다(최소 포유류 2만 종과 그 이상의 곤충과 식물이 숲에 살고 있으며 모든 육상생물의 약 80퍼센트가 숲에 살고 있다).[9] 숲이 없어지면 이들은 모두 사라진다. 이 다양한 종류의 생물들은 심미적·문화적·정신적 가치뿐만 아니라 경제적으로도 우리에게 커다란 가치가 있다.

핵심 주제를 책 제목으로 쓰기를 좋아했던 어니스트 헤밍웨이Ernest Hemingway처럼 나도 17세기 영국의 형이상학 시인 존 던John Donne의 말에 항상 감명을 받았다. "그 누구도 온전한 섬으로 존재할 수 없나니 (……) 어느 누구의 죽음도 나 자신의 상실이니, 나 또한 인류의 일부이기 때문이라. 그러하니 누구를 위해 종이 울리는지 알려 하지 말라. 종은 당신을 위해 울고 있다."[10]

던의 유명한 문장에 운을 맞춰본다면 어떤 종도 온전한 섬으로 존재할 수 없으며, 그 자체로 전체다. 호모사피엔스조차도 그러하다. 모든 종의 멸종은 상실을 의미한다. 우리가 그들에게 의존하고 있기 때문이다. 아무리 보잘것없이 사소한 종의 집단이라도 사라져버리면 인류에게 필수적으로 제공되어야 할 생태계 서비스가 위태로워질 수 있다.

에드워드 오즈번 윌슨은 "우리에게는 미생물이 필요하지만 그들은 우리를 필요로 하지 않는다"라고 말했다. 많은 과학자가 현재 생물 종의 멸종 속도에 대해 심각하게 위험을 느끼는 이유기도 하다. 6,500만 년 전 공룡 대멸종 이후 역사적으로 확인된 멸종 속도에 비해 1,000배에서 1만 배까지 빨라졌기 때문이다.[11] 바이오스피어 2를 다시 떠올려보자. 시작하고 얼마 지나지 않아 가루받이 동물이 전멸해 농업이 불가능해졌다. 단지 몇 종류의 곤충이 사라지는 바람에 10억 달러 규모의 기업이 무너졌다. 지구라는 우주선에는 동료 여행자가 반드시 필요하다는 사실을 깨달아야 한다. 아무리 작고 무의미해 보이더라도 시스템이 유지되기 위해서는 반드시 필요한 요소들이다.

하천 유역, 습지, 폭포, 가루받이 동물들이 경제체제의 토대를 이루고 있음을 이제는 쉽게 이해하게 되었고, 핵심적인 서비스를 제공하고 있다는 것도 분명하다. 반면 다양한 생물 종의 존재가 과연 경제적으로 커다란 가치를 가지고 있는지는 의구심이 들지도 모르겠다. 지금 이야기하는 것은 생물학자들이 생물 다양성이라고 부르는 주제며, 지구상에 살아 있는 생물 종이 가지고 있는 생물학적·유전적 다양성을 의미한다. 이러한 다양성이 경제적 가치를 만들어낸다.

생물학적 다양성은 여러 층위로 드러난다. 다른 종(고양이는 개나 물고기 또는 토마토와 다르다) 간의 다양성인 종 다양성과 같은 종이지만 다른 개체(두 고양이 또는 두 사람 사이) 간의 유전적 다양성이 있다. 두 종류의 다양성 모두 경제적으로 중요하다.

동일한 종 안에 존재하는 개체 간의 다양성인 유전적 다양성에는 이미 익숙하다. 여러분의 유전자는 내 것과 다르며 나와는 다른 능력을 가지고 있다. 그러나 우리는 모두 호모사피엔스라는 종에 속한다. 한 종 내에는 유전자 저장소가 존재하며 그 저장소 안에서 유전적 다양성이 나타나게 된다. 식물을 키우는 농부든 개나 말 같은 동물을 키우는 사육사든 같은 종 안에서 서로 다른 특징을 갖는 개체들을 교배시켜 원하는 개체를 만들어낼 수 있다.

이러한 인위적 교배selective breeding를 통해 우리 삶을 지탱하는 작물과 가축을 얻는다. 농장에서 사육되는 동물, 농경지에서 수확되는 곡물, 애완동물에 이르는 동식물 대부분은 야생에서 살던 것들을 수세기, 경우에 따라 수천 년에 걸쳐 인위적으로 교배한 결과다. 소형 애완견과 늑대, 밀과 조상이 되는 들풀 사이에 직접적인 관계를 찾아내기는 어렵지만 이들 모두 야생에서 비롯됐다고 봐야 한다.

이처럼 가축과 농작물은 소중한 자연자본이다. 예를 들어 개는 지금까지 발명한 어떤 기계보다도 더 많은 일을 할 수 있다. 공항에서 마주치는 탐지견을 생각해보라. 개는 공기 중에 존재하는 극미량의 화학물질들을 탐지할 수 있다. 개와 흡사한 성능을 내기 위해서는 수백만 달러를 들여 어마어마한 최첨단장비를 만들어야 한다. 수색구조견 역시 여전히 기계로는 불가능한 임무를 수행하고 있다. 어느 경우라도 기술로 만들어낼 수 있는 최고의 기계보다 개가 낫다(게다가 훨씬 저렴하다).

집에 보안설비를 달기 위해 아내와 함께 경찰을 찾아 도움을 요청한 적이 있다. 우리는 경찰관이 동작감지기, 적외선 열감지기, 유리창 파손감지기 등 최첨단장비들을 소개해주리라 기대했다. 하지만 전혀 다른 이야기를 듣고 왔다. 경찰은 몇 가지 품종의 대형견을 추천했다. 경찰은 큰 개를 키우는 집에는 여간해서는 괴한들이 침입하지 않는다고 장담했다. 다시 한번 자연자본이 기술을 이긴 셈이다. 전기가 끊어져도 개는 일을 멈추지 않는다. 그리고 침입자가 몇 미터나 떨어져 있더라도 개는 냄새를 맡을 수 있다. 그리고 무엇보다도 늘 당신 곁을 지켜준다.

내가 키우는 아프간하운드는 60파운드[약 27킬로그램], 테리어는 15파운드[약 7킬로그램]에 불과하지만 모두 90파운드[약 41킬로그램] 넘는 늑대에서 시작된 인위적 교배의 결과물이다. 늑대가 가지고 있던 사교성이나 무리에서의 서열의식 등 심리적인 요소들은 아직 남아 있지만 생김새는 완전히 다르다. 2,000년에 걸쳐 사육되는 과정에서(아마도 100~150세대쯤 내려왔을 것이다) 원래의 개체군이 가지고 있던 유전적 다양성이 이러한 변화를 가져왔다. 개는 이제는 우리 사회의 구성원이다. 법적으로 소유권의 개념이 명확하지 않은 인도네시아의 발리 섬에서 땅주인을 어떻게 구분하느냐는 질문에 페루의 경제학자 에르난도 데 소토Hernando de Soto 는 이렇게 답한다. "짖는 개가 달라지면 땅주인이 다른 사람이라는 걸 알 수 있어요. 인도네시아에서는 개 짖는 소리만 유심히 들으면 돼요. 개들이 다 알고 있으니까요."

늑대와 달리 치타는 유전적으로 단일종이다. 개체별로 유전적 변이가 거의 없는데, 아마도 머지않은 과거에 멸종의 위기를 겪었고, 그 때문에 개체 수가 급격히 감소했던 적이 있었던 모양이다. 얼마 되지 않는 개체로부터 지금의 모든 치타가 유래한 것으로 보인다. 따라서 치타를 사육해서 다양한 생김새와 크기의 가축으로 만드는 일은 불가능하다. 유전적 다양성이 부족하기 때문이다.

경제적 관점에서 볼 때 유전적 다양성은 개발·활용할 수 있는 자원이다. 특정한 상황이나 목적에 맞는 다양한 변종을 개발해 새로운 가치를 만들어낼 수 있는 자연자본이다.

병충해에 강한 작물 품종을 개발하는 것은 유전적 다양성을 활용한 또 다른 사례다. 같은 종이라도 서식지나 환경에 따라 저항성이 다르기 때문에 특정한 질병에 강한 변종이나 가뭄이나 열기 등 특정한 환경에 강한 품종으로 개량할 수 있다. 한 종류의 곡물만 키우는 농부의 경우, 그 곡물이 잘 걸리는 질병이 퍼지면 아무것도 수확할 수 없게 된다. 반면, 서로 다른 질병 감수성을 갖는 식물들을 다양하게 재배한다면 전체를 잃는 위험은 어느 정도 막을 수 있다. 19세기에 아일랜드에서 발생했던 감자 기근사건은 그 당시 유럽에서 흔한 질병인 감자마름병에 취약한 한 종류의 감자만을 재배한 탓에 벌어진 재앙이었다.

인류 역사에서 농·축산업의 거의 모든 진보는 유전적 다양성을 이용해서 이루어졌다. 수렵과 채집을 벗어나 농경문화로 발전할 수 있었고, 20세기에 들어서는 10억 명에서 70억 명으로 늘어난 인구를 먹여 살릴 수 있었다.

그러나 오늘날 전 세계적으로 재배되는 주요 식용작물은 유전적으로는 차이가 없는 동일한 품종이다. 오랫동안 형성된 유전적 다양성은 사라지고 있다. 국제미작연구소IRRI: International Rice Research Institute 같은 곳에서는 인류가 확보해온 종자의 다양성을 보존하기 위해 종자은행을 운영한다. 그래시 스턴트 바이러스가 창궐해 아시아 지역의 벼농사 대부분이 망가졌음에도 대책이 전혀 없던 상황에서 국제미작연구소는 결정적인 역할을 했다. 국제미작연구소의 종자은행에서 그래시 스턴트 바이러스에 저항성이 있는, 이미 야생에서는 멸종된 품종을 찾아내 상업적으로 재배되고 있는 품종과 교배시켰다. 그 결과 다행히 그 이상의 심각한 작물 피해는 막을 수 있었다. 이는 재앙에 가까운 새로운 질병으로부터 우리를 보호해줄 수 있는 유일한 방법이 종의 다양성일 수도 있음을 여실히 보여준다. 어느 한 종의 개체 수가 줄어들면 유전적 다양성도 줄어든다. 개체 수가 적을수록 다양성이 떨어지고, 혁신적인 새로운 품종이 등장할 가능성이 낮아지며, 근친교배의 위험이 더 커진다. 따라서 이미 멸종위기에 처해 있는 종의 개체 수 감소가 경제적 비용을 발생시킬 수 있다.

유전적 다양성은 그 자체로 아주 중요한 자산이다. 한편 종 다양성(예를 들면 사람과 쥐 사이의 다양성) 역시 중요하다. 이제 생물 다양성의 관점에서 멸종이라는 현상을 살펴보자. 하나의 생물 종이 멸종하면 그 생물의 유전적·기능적 특성은 물론 그 생물 종과 관련된 미학적·문화적 독창성도 모두 사라진다. 멸종이라는 것은 전체적인 규모에서 생물 다양성을 파괴하며, 모든 유전적 다양성과 그 종을 다른 종과 구별하는 모든 특성을 지워버린다.

종 다양성이 경제적으로 중요한 이유는 무엇일까? 생태계의 생산성을 유지하고 안전망을 확보하기 위해서는 종 다양성이 필요한데, 이를 이해하려면 유전학을 알아봐야 한다. 미네소타 대학의 생태학자 데이비드 틸면David Tilman의 유명한 2001년 실험[12]이 있다. 그는 다양한 종류의 초원 식물을 여러 가지 방식으로 비슷한 토양 여러 곳에 심었다. 어떤 지역에는 많은 종류를, 어떤 지역에는 비교적 적은 종류의 식물을 심었다. 각 지역에는 매년 같은 조합으로 식물을 심었고, 해마다 식물이 흡수할 수 있는 양분과 생물자원의 양을 기록했다. 식물은 광합성을 통해 탄소를 탄수화물로 바꾼다. 이 때문에 그 건조중량, 즉 생물자원은 대기 중 탄소량을 측정하는 데도 활용된다. 약 20년에 걸친 실험기간 동안, 다양한 종을 심었던 지역이 270퍼센트나 많은 생물자원을 생산했다. 일정한 면적의 농지에서 재배하는 식물이 다양해질수록 생물자원의 연간 평균 생산량은 증가하는 추세를 보였지만 특정한 지점을 지나면서 증가 추세는 멈추었다. 식물을 다양하게 재배한다고 해서 생산량이 더 늘어나지는 않았다. 다만 다양성이 높은 경작지가 좀더 건강하게 날씨 변화를 견뎌내는 것을 확인했다. 후속연구를 통해 이런 발견들이 자연계 기능의 일부며, 그 중심에는 생물 다양성이 있다는 점이 확인되었다.

결론을 내려보자면, 자연 생태계의 생산성과 건강을 보장하기 위해서는 다양성이 중요하며, 따라서 자연 생태계에 전적으로 의존하고 있는 지구의 생명 유지 시스템 역시 다양성 덕분에 환경의 변화에 적절하게 대처할 수 있다. 『파이낸셜 타임스Financial Times』의 최근 기사를 살펴보자. "생물 다양성은 생태계를 안정시킨다. 생태계는 기업이 필요로 하는 다양한 범위의 이른바 '서비스'를 제공하고 있지만 대가를 요구하지는 않는다. 이러한 서비스를 공짜로 이용하기 때문에 마치 아무런 가치가 없는 양 취급해왔다. 이로 말미암아 생태계를 파괴하고, 생물 다양성을 해치며, 기업이 의존하는 자원을 위협하는 방향으로 기업의 의사결정이 이루어져왔다."[13]

틸먼의 연구에 따르면, 생물 다양성은 생산성을 높이고 탄력적으로 문제에 대처할 수 있는 능력을 높이기 때문에 생물 종 자체를 위해 중요할 뿐 아니라 지구적 문제를 해결하고 신기술을 개발하는 다양하고도 효과적인 도구를 제공하므로 인류에게도 필수적이다. 범죄수사를 위한 법의

학과 생명공학 연구에서 DNA 표본을 증폭하기 위해 활용하는 중합효소연쇄반응PCR: Polymerase Chain Reaction의 사례를 살펴보자.

중합효소연쇄반응은 미량의 DNA 샘플을 추출해 다양한 화학적 검사를 수행하는 데 필요한 만큼 늘리는 기술로, 효율을 높이기 위해서는 고온에서 견딜 수 있는 효소가 필요했다. 그러한 효소를 함유한 세균인 고도호열균Thermus aquaticus은 옐로스톤 국립공원의 로어 간헐천 분지Lower Geyser Basin에서 최초로 발견된 이후 비슷한 환경의 다른 지역에서도 존재가 확인되었다. 이 세균에서 추출한 효소는 생명공학산업의 급성장을 이끈 핵심이 되었다. 극히 일부 지역의 온천에서만 발견되는 미세한 세균이 없었다면 생명공학산업은 출발조차 하지 못했다고 해도 과언이 아니다. 어떤 미생물이 미래에 얼마나 가치를 발휘할지 미리 알아차릴 방법은 없다. 그렇기 때문에 최대한 생물자원의 다양성을 확보하는 것이 중요하다. 고도호열균은 예외적인 사례가 아니다. 미국에서 판매되는 의약품의 37퍼센트(매출액 기준)는 식물이나 다른 생명체에서 비롯한 것이다.

예를 들어 아스피린을 살펴보자. 아스피린은 그야말로 만병통치약이다. 제약업계가 수십 년에 걸쳐 수십억 달러를 들여 연구한 끝에 아스피린보다 나은 진통제와 소염제는 없다는 결론을 내렸다. 또한 심장발작과 뇌졸중의 위험을 줄여주며 최근의 연구결과 아스피린을 정기적으로 복용하면 일반적인 암의 위험도 줄일 수 있다고 한다. 고통을 가라앉히고, 염증을 줄이고, 심장마비와 뇌졸중, 암의 위험을 줄이는 이 약의 발명자는 반드시 노벨의학상을 받아야 마땅하다.

그러나 아스피린의 발명자는 바로 자연이다. 버드나무 껍질에서 자연적으로 만들어진다. 인간은 수천 년 동안 버드나무 껍질로 통증과 발열을 조절할 수 있음을 알고 있었으며, 많은 문화권에서 전통적인 의약품으로 써왔다. 그리스의 경우 기원전 500년경부터 아스피린이 문헌에 등장한다. 인간만이 이 지식을 알고 있었던 것은 아니다. 야생 고릴라들도 버드나무 껍질로 스스로를 치료해왔다. 아스피린의 명성은 이미 종의 장벽을 넘어선 지 오래다.

아스피린은 애초에는 버드나무 껍질에서 추출했지만, 19세기 독일의 제약회사 바이엘이 아스피린의 놀라운 효능을 일으키는 성분인 아세틸살리실산을 합성하는 방법을 찾아내면서 비로소 아스피린이 탄생했다. 제1차 세계대전이 끝날 때까지 아스피린에 대한 특허는 바이엘이 보유하고 있었지만 전후 배상에 관한 '베르사유 조약'에 따라 영국, 프랑스, 미국에서 특허가 해제되었다. 그 당시 인류 역사상 가장 큰 전쟁에서 이긴 자들에게 아스피린은 승리의 상금으로 충분할 정도로 중요했다. 지금에야 버드나무 없이 아스피린을 만들 수 있지만, 버드나무가 없었더라면 결코 아스피린을 발명할 수 없었을 것이다. 또 다른 이야기를 해보자. 예를 들어 다양한 암(특히 난치성 난소암) 치료과정에서 화학요법 약물로 쓰이는 택솔은 태평양 북서연안에서 자라는 주목나무의 껍질에서 추출한 화합물로 만든다. 또한 장밋빛 페리윙클 꽃의 추출물은 소아백혈병 치료에 이용된다.

식물과 동물은 자연선택 과정에서 화학적 방어 수단을 만들어 포식자를 물리쳐왔고, 화학무기를 개발해 먹이를 잡아왔다. 이러한 장치들은 약리학적으로 대단히 가치가 높다. 곤충이 들끓는 지역의 어떤 식물은 곤충에 유해한 물질을 생산하며, 뱀과 심지어 달팽이까지도 신경계의 일부를 마비시키는 독소를 가지고 있는 경우가 있다. 식물이 만들어내는 이러한 물질은 살충제의 원료로, 뱀과 달팽이 독은 오랜 세월 동안 전통적인 민간요법으로 쓰여왔으며, 최근에는 제약회사가 약품으로 개발해 상업적으로도 성공을 거두었다.

최근의 사례로는 로라 맥매너스Laura McManus의 이야기를 들 수 있다. 로라는 열네 살에 아버지를 도와 허리케인으로 부러진 나무를 치우다 허리를 심하게 다쳤다. 의사들은 로라가 척추 밑에 여분의 척추 뼈를 가지고 있고, 무리하게 나뭇가지를 잡아당기는 바람에 척추 뼈가 움직이며 인접한 신경을 끊어버렸음을 발견했다. 로라는 10년 동안 극심한 고통을 겪었다. 수술을 다섯 번이나 하고, 진통제 펌프를 몸 안에 이식해 지속적으로 척추에 진통제를 주입했지만 고통을 멈출 수는 없었다. 로라는 "너무 우울해서 죽건 살건 관심이 없었다"고 토로한다. 그러나 스물여섯 살이 되었을 즈음, 로라는 필리핀 해안에 사는 청자고둥 독을 모방해서 제조한 액상 진통제 실험에 참여했다. 길이 5센티미터에 불과한 이 고둥은 침샘에 독을 모아두었다가 침으로 뱉어낸다. 한 방울도 안 되는 독이라도 한 시간 안에 사람을 죽일 수 있다. 과학자들은 독에서 통증을 완화하는 화학물질을 분리해 신경계에는 영향을 미치지 않으면서 통증을 없애는 물질을 만들어내는 데 성공했다. 제약회사는 청자고둥을 잡지 않아도 약을 생산할 수 있도록 그 화학물질을 합성하고, 지코노타이드(SNX-111)라는 이름을 붙였다. 의사는 로라의 척추에 이 물질을 직접 주사했고, 다른 신경신호는 유지한 채 척추에서 두뇌로 연결된 통증신경만 차단하는 데 성공했다. 로라는 아무런 부작용 없이 커다란 효과를 얻었고, 삶의 의지를 회복했다.[14]

제약업계가 처음으로 생물 다양성에 관심을 갖기 시작한 사례 중 하나는 독일의 바이엘 헬스 케어로, 당뇨병 환자의 혈중 포도당 농도를 낮추는 글루코바이를 개발했다. 당뇨병의 위협이 증가하고 있는 상황에서 글루코바이의 수요는 대단히 많다. 아카보스라는 천연설탕을 주성분으로 하는 이 약품은 혈액으로 흡수되는 포도당의 양을 감소시킨다. 미국에서 특허를 출원하는 과정에서, 바이엘은 케냐의 루이루 호수에서 채취한 균주가 아카보스를 합성하는 유전자를 보유하고 있으며 이 균주를 이용해 아카보스를 제조한다고 밝혔다. 1990년 이후 20년간 바이엘은 40억 유로 이상의 글루코바이를 판매했다.[15]

이처럼 수익성이 보장되는 사업에 자극을 받은 제약회사들은 이제 적극적으로 식물이나 동물에서 신약을 추출하는 생물탐사bioprospecting에 몰두하고 있다. 제약회사들은 상당한 금액을 지불하면서 생물 다양성이 풍부한 지역을 확보하기 위해 나서고 있으며, 신약이 개발될 경우 해당 국가에 로열티를 지불하는 계약을 맺고 있다. 예를 들어 미국 최대의 제약회사 중 하나인 머크는 코스타리카의 생물자원 감독기관인 국립생물다양성연구소INBio: Instituto Nacional de Biodiversidad와 계약을 맺고 코스타리카에서의 생물탐사권을 확보했다. 머크는 연구소가 수집하는 샘플들을 확보할 수 있는 권리를 얻기 위해, 삼림보호기금으로 135만 달러를 일시불로 지불했다. 이 샘플 중 하나라도 상업적으로 성공하면 머크는 발생한 수익의 일부를 로열티로 지급하게 된다. 미국의 다른 제약업체들도 중남미 국가들과 비슷한 계약을 진행하고 있다.

너무나 소중하고 인류의 생존에 반드시 필요한데도 경제활동 때문에 위협받고 있는 자연자본에 대해 정확히 측정하고 기록해서 그 존재를 명확하게 인식해야 한다. 그래야만 부주의하게 자연자본을 파괴하는 일을 막을 수 있다. 다음 장에서는 자연자본의 엄청난 경제적 가치를 평가하는 방법을 더 깊이 알아보고자 한다. 대부분의 경우 자연자본의 경제가치는 전혀 계산에 넣지 않는 것이 당연했다. 우리가 존재하기 위해서는 반드시 필요한 것인데도 하천, 생물 종, 가루받이 동물, 생태계 전체에 대해 아무런 가치도 부여하지 않는다. 어렵지 않은데도 아직 바뀐 것은 없다. 관건은 우리가 경제적 성과를 판단하는 방법과 우리가 무엇을 측정해야 하는지에 관한 문제다. 두 가지 문제 모두 개선할 가능성은 열려 있으며, 그것도 획기적으로 개선할 수 있다. 가장 먼저 해야 할 필수작업은 기존의 자본을 측정하는 것과 같은 수준으로 철저하게 자연자본을 측정하는 것이다.

8장

자연자본의
가치평가

자연자본은 소중하다. 그러나 얼마나 소중한가? 자연이 제공하는 서비스에 대해 경제적 가치를 부여할 수 있을까? 그리고 그렇게 하는 것이 유용할까?

몇 년 전, 미국 국립과학학술원의 한 위원회 의장을 맡는 동안 내가 내린 결론은 '어느 정도 한계는 있겠지만 충분히 가능하다'는 것이었다. 구체적인 금액으로 경제적 가치를 평가하는 것은 유용할 뿐만 아니라 자연자본의 중요성을 인식하고 보전하고자 한다면 필수적이다. 오늘날의 정치적 환경에서는 경제적인 잣대로 기여도를 보여줘야만 가치를 인정받을 수 있다. 바람직하다고는 볼 수 없지만 우리의 상황이 그러하다.

국립과학학술원의 한 연구위원회 의장으로서 내가 경험한 것 자체가 자연자본이 가지고 있는 통섭적인 특징을 잘 보여준다. 국립과학학술원은 미국 정부가 정책 결정과정에서 과학 분야의 자문을 얻기 위해 링컨 대통령 때 설립되어 오랫동안 명성을 이어왔다. 정부기관 스스로 해결하기에는 너무나 복잡하거나 논쟁의 여지가 있는 주요 안건에 대해 국립과학학술원이 위탁받아 보고서를 작성한다. 미 육군 공병대는 자연자본을 보충·대체하는 프로젝트에 대한 보고서를 환경보호국(외부효과에 대한 규정을 만들고 집행하는 부서)과 농무부, 국립과학학술원에 위임했다. 이들 기관 모두 자연자본에 경제적 가치를 부여하는 방법을 이해하기 위해 국립과학학술원 소속인 국립연구회의National Research Council에 보고서 작성을 요청했다. 연구회의에서는 나에게 의장을 맡아줄 것을 부탁했고, 보고서를 작성하기 위해 공동으로 대단히 훌륭한 위원회를 구성했다.

위원회는 경제학자, 생물학자, 철학자로 구성되었다. 우선 자본의 역할과 가치에 대한 경제학적 관점과 환경의 역할과 작용에 대한 생물학적 관점을 정리한 후 단순히 경제적 관점이 아닌 좀더 포괄적인 가치 개념을 정립했다. 환경문제의 원인과 해결방안에 대해 입장에 따라 서로 다른 인식을 가지고 있는 상황이기에 최대한 다양한 관점들을 종합해야 정책적 함의를 도출할 수 있기 때문이다.[1]

자연자본의 경제적 가치를 평가할 때, 대부분의 전통적 자본설비와 마찬가지로 시장가격을 알아보는 것도 한 방법이다. 자연자본의 핵심인 흙을 생각해보자. 토양이 얼마나 비옥한지를 따져보고 농지를 거래하므로 농지의 가치에는 토양의 가치가 포함되어 있다고 봐야 한다. 하지만 농지의 가치가 토양의 생산성으로만 결정되지는 않는다. 시장과의 접근성, 도로나 물류환경, 지역의 기후, 농업용수 상황 등에 따라 결정된다. 통계자료들을 신중하게 분석해서 모든 요인이 갖는 가치들을 종합적으로 판단하는 것이다. 숲을 거래할 때도 대개 마찬가지다. 이처럼 가격을 통해서 가치를 추정할 수 있다. 하지만 여기서도 사정은 복잡하다. 왜냐하면 이미 살펴본 것처럼 숲은 주로 목재의 가치로만 거래될 뿐이고 숲이 제공하는 다른 외부편익은 거의 계산에 들어가지 않기 때문이다.

불완전하게나마 시장을 통해 자연자본의 가치를 추정해볼 수도 있지만 대부분 쉽지는 않다. 생물 다양성의 가치를 어떻게 추산할 수 있을까? 유전정보의 가치 역시 쉽게 추산하기 힘들다. 앞으로 살펴보겠지만, 생물 다양성이나 유전정보 등의 가치에 대해 아주 제한적으로는 시장을 통해 추산할 수 있겠으나 제대로 판단하기에는 너무나 부족한 정보일 뿐이다. 유전정보라 함은 유용한 속성을 갖는 새로운 유전적 변종을 생산하는 능력을 말한다. 이는 가치를 매기지 않으면 안 되는 대단히 중요한 요소다. 아직 시장이 만들어지지 않은 상황에서 가치를 알아내는 방법이 필요하다. 이를 위해 가치가 무엇인지 좀더 체계적으로 고민해볼 필요가 있다.

가치를 계산하기

가치란 철학, 종교, 경제학 등 다양한 관점에 따라 기준이 다른 복잡한 개념이다. 경제학자들은 인간 중심의 실용주의적 접근법을 기반으로 가치의 개념을 정의한다. 즉 인간의 삶을 개선시킬 수 있는 물건에 가치를 부여한다. 이 관점에 의하면 자연계의 가치란 인간이 더 나은 삶을 영위하는 데 국한된다. 하지만 자연계가 또 다른 형태의 가치를 가지고 있다고 믿을 수도 있다. 다른 생물 종이 존재하는 데는 실용성과는 무관한 본질적인 가치가 있으며, 인간을 위한 유·무익에 관계없이 독립적으로 존재할 권리가 있다. 어찌 됐든 경제학적 가치 개념에는 포함되지 않는 것은 분명하다.

경제학자들은 실용주의적 사고방식 안에서 자연계를 사용가치use values와 비사용가치nonuse values로 구분한다(〈표 8-1〉). 인간과 천연자원 간에 어떤 형태의 상호작용이 일어나는 것, 다시 말해 먹거나 어떤 형태로든 소비하거나 아니면 그냥 즐기는 것을 사용가치라고 한다. 비사용가치

〈표 8-1〉 사용가치와 비사용가치의 예

사용가치		비사용가치
직접적인 사용가치	간접적인 사용가치	존재가치·유산가치
상업적·비상업적 낚시	영양의 유지·공급	생물 다양성
양식	홍수 통제	문화적 유산
수송 수단	태풍 방재	다음 세대를 위한 자원
야생 자원	생물 서식 기능	
식수	해안선·강둑의 안정	
휴양		
유전물질		
과학·교육의 기회		

는 이용 여부와는 무관하게 천연자원이 존재하는 그 자체로 가치를 갖는 것을 의미한다. 좀 더 명확하게 구분을 짓기 위해 2010년 멕시코 만에서 일어난 대규모 석유 유출사건을 떠올려보자. 해수욕은 금지되었고, 생선도 먹지 못하게 되었다. 사고가 없었더라면 해수욕을 즐기고 생선요리를 즐겼을 사람들은 사용가치를 빼앗긴 셈이다.

흘러나온 석유에 새와 해양포유류, 바다거북 등이 죽었다. 이들 동물의 생존과 번영에 관심을 갖는 사람들에게는 이 역시 손실이다. 이 동물들을 이용할 생각은 전혀 없었더라도 말이다. 따라서 석유 유출에 해양포유류와 새가 입은 피해는 비사용가치의 사례로 볼 수 있다. 비사용가치는 자연계에서 흔히 찾아볼 수 있다. 많은 사람이 고래, 사자, 호랑이 같은 동물의 생존에 가치를 부여하고 있으며, 이들을 보호하기 위해서라면 언제든 현금을 기부할 의사를 가지고 있다. 심지어 기부한 본인이 이들 동물을 직접 만날 기회가 전혀 없다 해도 말이다. 이는 비사용가치를 가장 순수하게 드러내는 행동이며, 아마도 윌슨이 설명한 생명 사랑의 구체적 형태일 것이다.

일반적으로 두 가지 비사용가치를 생각할 수 있다. 존재가치existence value와 유산가치bequest value가 그것이다. 존재가치는 사용 여부와는 무관하게 '무엇이 거기에 있기 때문에' 가치를 부여하는 것이다. 고래, 사자, 호랑이 등 멸종위기 동물을 보호하기 위한 기금에 기부하는 사람들이 있다. 이들의 기부금이 바로 이 동물들의 존재에 대해 그들이 평가하는 가치의 척도가 된다. 유산가치는 동일한 자원을 후손들도 접할 수 있고, 그들에게도 가치가 있을 것이라는 사실을 인식하는 데서 발생한다. 사용가치는 직접적인 것과 간접적인 것으로 구분할 수 있다. 직접적인 사용가치는 우리가 실제로 무엇을 적극적으로 이용할 때 발생한다. 어업, 식수, 운송이나 수력발전을 위해 강을 활용하는 것, 종자 개량을 위해 유전적 다양성을 활용하는 것, 자연적으로 만들어진 물질로 약품을 만드는 것 등은 자연자본을 직접적으로 이용하는 경우다. 간접적인 사용가치는 인간이 직접 사용한다고 말하기는 어렵지만 자연자본이 우리에게 서비스를 제공하는 경우에 발생한다. 습지는 홍수를 조절하고, 숲을 조성하며, 온실가스를 저장한다. 인간이 능동적인 행위를 통해 자연자본을 이용하는 것은 아니지만 수동적으로 받는 혜택만으로도 대단히 중요한 가치를 갖는다.

이제 약간이나마 가치의 개념과 자연자본에 적용하는 방법에 대해 설명했으니, 가치를 측정하는 방법(자연자본을 화폐의 형태로 나타내는 작업)을 좀더 자세히 설명하고자 한다. 경제학자들은 현시선호revealed preference와 진술선호stated preference라는 두 가지 접근법을 활용한다. 재화나 서비스의 경제적 가치는 사람들이 지불할 의사가 있는 금액이 어느 정도인지에 달려 있으며, 결국 여러 물건 중에서 특정한 물건을 선택해 돈을 주고 구매하는 행위로 나타난다. 어떤 물건을 구입하는 행위는 구매자의 선호(해당 제품에 대한 지불의사금액willingness to pay)를 직접적으로 드러낸다. 내가 탐조여행을 위해 1,000달러를 지불하는 경우 나는 이 여행의 가치를 1,000달러 이상으로 여기고 있기 때문이다. 여기서 시장에서 구매할 수 있는 자연자본의 서비스에 대한 나의 선호, 즉 나의 지불의사금액이 드러난다.

내가 지불하고자 하는 비용은 내가 낼 수 있는 수준이 한계인지라 수입이 늘어나면 지불의사금액도 높아진다. 그렇기 때문에 지불의사금액만으로는 경제적 가치를 정확히 측정할 불변의 척도로 삼기 어렵다. 경제가 성장하고 모든 이의 소득이 늘어나면, 모두에게 좀더 지불할 의사가 생길 것이고, 자연자본의 가치는 올라갈 것이기 때문이다. 즉 동일한 자연자본이라도 인도보다는 미국에서 더 가치가 있다는 이야기가 된다. 미국인들의 소득이 인도인들보다 높으므로 지불할 의사도 높기 때문이다. 근본적인 문제는 아니지만 염두에 두어야 할 내용이다. 1995년의 IPCC 2차 보고서가 엄청난 비난을 받은 이유도 여기에 있다. 보고서는 열사병, 태풍, 홍수, 그 밖에 열대 질병의 유행 등으로 말미암은 사망자 수를 가지고 기후변화에 따른 비용을 추산했다. 사망자 1인당 사회적 비용을 추산하기 위해 안전에 대한 지불의사금액을 조사했다. 미국과 인도에서 각각 연구가 이루어졌고 당연하게도 그 금액은 미국이 훨씬 높았다. 미국인들의 소득이 인도인들보다 높은 만큼 안전에 좀더 많은 비용을 지불하고자 했기 때문이다. 보고서가 발표되자마자 언론에서는 "범정부기구가 평가한 미국인 한 명의 가치는 인도인 세 명과 맞먹는다"라는 머리기사를 내보냈다. 실제 요지는 인도인 스스로 평가한 인도인의 가치가 미국인들이 스스로 평가한 미국인의 가치보다 훨씬 낮다는 것이다. 물론 미국과 인도 어느 쪽에서도 '미국인이 인도인보다 더 가치가 있다고 생각하는가?' 하는 질문은 없었다.

소득에 기인한 편향이 반영되지 않으면서 가치를 측정할 수 있는 다른 방법으로 수용의사금액willingness to accept이 있다. 자연자본을 추가적으로 더 얻기 위해, 혹은 가지고 있는 무언가의 품질을 높이기 위해 당신이 얼마까지 지불할 의사가 있는지를 묻는 대신, 이미 가지고 있는 자연자본을 잃어버리고 보상을 원하는 사람에게 우리가 얼마를 보상해주어야 하는지를 물어보는 방법이다. 다시 말하면 '아프리카의 사자를 위해 얼마를 낼 생각입니까?'라고 물어보는 대신, '아프리카에서 사자가 사라진다면 당신에게 얼마를 보상해주어야 할까요?'라고 물어보는 것이다. 내가 지불하는 게 아니므로 가진 돈과는 무관하게, 따라서 부유하건 가난하건 관계없이 대답할 수 있게 된다. 지불의사금액보다 아주 이상적인 개념이지만 측정하기가 훨씬 어렵다. 다양한 사례를 볼 때 지불의사금액은 거의 즉각적으로 측정할 수 있기 때문이다. 이에 대해서는 추후에 더 자세히 설명할 생각이다. 아무튼 그래서 지불의사금액이 가치를 측정하는 기본적인 수단이다. 자연자본의 변화에 대한 사람들의 지불의사금액은 언제나 수용의사금액과 같거나 그보다 적다는 것을 입증할 수 있으므로, 지불의사금액은 수용의사금액이 저평가된 결과로 생각할 수 있다.

1,000달러짜리 탐조여행보다 좀더 섬세하게 지불의사금액을 간접적으로 파악하는 방법도 있다. 예를 들어 깨끗한 공기의 가치가 집을 선택하는 데 어떤 영향을 미치는지 생각해보자. 집을 사려면 매우 복잡한 절차가 필요하고, 구매자가 자기 예산에 딱 들어맞는 물건을 찾는 경우는 거의 없다. 대부분 취사선택이 필요하다. 좀더 멀리 출퇴근하는 대신 넓은 집을 산다거나 마당은 좁지만 부엌이 넓은 집을 고른다거나 하는 식이다. 집을 고르는 데 고려하는 요소 중 하나는 동네의 공기가 얼마나 깨끗한지도 포함된다. 여러분과 가족의 건강을 위해 직장에서는 멀지만 공기 좋은 곳을 선택하는 경우가 있을 수 있다. 캘리포니아에서 지역별로 측정해 공개하는 대기오염도 데이터를 활용한 연구가 있다. 애리조나 주립대 케리 스미스Kerry Smith가 홀거 시그Holger Sieg, 스펜서 반자프Spencer Banzhaf, 랜디 월시Randy Walsh와 함께 진행했던 유명한 연구를 살펴보자. 캘리포니아의 주택 구입 자료를 가지고 주택 선택에 미치는 다양한 요소의 영향을 통계적 기법으로 연구한 것이다. 대기 질에 따라서도 거주지 선택이 달라질 텐데, 지불의사금액이 많을수록 더 깨끗한 지역을 고르게 된다. 이러한 아이디어를 기반으로 연구자들은 상품(여기서는 주택)의 전체 가치를 다양한 속성(집의 크기, 대지 면적, 집의 구조, 건축 연도, 학군, 공기의 청정도 등)으로 분리했다. 그리고 각각의 속성이 전체 지불의사금액에 어느 정도씩 기여했는지를 살펴보았다.

구입한 주택, 거래가격, 주택의 특성 등 광범위한 데이터를 활용해 캘리포니아 남부지역에서 1990년에서 1995년 사이에 이루어진 대기 질

개선에 대한 소비자의 지불의사금액의 평균값을 계산했다. 그 결과 캘리포니아 사람들은 깨끗한 공기에 가치를 부여하고 있는 것으로 확인되었고, 가구당 지불의사금액은 가계소득에 의존하는 것으로 밝혀졌다. 가계소득이 3만 7,000달러인 경우 지불의사금액은 500달러였으며, 소득이 4만 2,000달러인 경우는 좀더 깨끗한 공기를 위해 무려 3,000달러를 더 지불할 의사가 있는 것으로 밝혀졌다. 공기 질이 개선된 지역은 단지 그 이유만으로 주택가격이 7.8퍼센트 상승한 것으로 나타났다. 이 결과를 볼 때 일반적으로 자연자본의 개선에 대한 지불의사금액의 수준은 상당히 높다고 이야기할 수 있다. 공기 질의 개선은 곧 공해의 감소를 의미하기 때문이다.

산업국보다도 개발도상국에서 자연자본은 더욱 중요한 위치를 차지한다. 중국의 끔찍한 대기오염이 건강에 미치는 영향에 대한 데이터를 통해 자연자본의 손실에 관한 비용을 살펴본 적이 있다. 2002년에 와이오밍 대학 에드 바비어Ed Barbier 교수는 동료 이바 스트랜드Ivar Strand와 수타완 사티라타이Suthawan Sathirathai와 함께 개발도상국이 많은 열대지역에서 자연자본의 중요한 구성요소인 맹그로브나무의 가치를 살펴보는 연구를 진행했다. 그들의 연구결과는 눈에 쉽게 드러나지 않는 자연의 가치를 명백하게 밝혀냈다. 맹그로브나무는 물에서 소금을 제거하는 독특한 능력을 가지고 있다. 그래서 소금기가 있는 해안지대나 바닷물에서도 살아남을 수 있으며 열대와 아열대 지역에서 대규모로 번식할 수 있다. 모래밭에 뿌리를 내린 맹그로브나무는 뿌리로 흙과 모래를 붙잡고 있으며, 열대와 아열대 지역에서는 흔한 대형 태풍이 오더라도 휩쓸려나가지 않도록 막아준다. 더 나아가면, 물속으로 뻗어나간 뿌리는 작은 물고기의 쉼터이기도 하고 먹이가 되기도 한다.

불행하게도 많은 개발도상국이 맹그로브 숲을 파괴하고 그 자리에 수출용 새우 양식장을 만들었다. 자본설비를 자연자본과 맞바꾼 전형적인 사례다. 맹그로브와는 달리 새우 양식은 현금을 만들어내기 때문에 단기적인 현금 흐름은 개선되었다. 그러나 장기적으로는 밑지는 거래였다. 새우 양식장은 이내 전염성 세균으로 오염되었고, 더는 돈을 만들어내지 못했다. 그리고 숲이 사라진 해안은 침식돼갔으며, 지역 어업의 생산성은 낮아졌다. 맹그로브나무의 벌목 때문에 떨어진 현금 흐름은 즉각 드러나지는 않았다. 그리고 어업의 수익성이 낮아진 이유와 맹그로브 숲의 연관성도 명확하지 않았다.

이런 문제를 인식한 바비어와 그의 동료 교수들은 맹그로브 숲을 그대로 유지하는 것의 현금가치를 연구했다. 멕시코 캄페체 만에서 그들은 해안가의 맹그로브 숲 1제곱킬로미터가 없어지면 그 지역의 새우잡이 수확이 연간 15만 달러씩 감소한다고 결론 내렸다. 즉 1제곱킬로미터의 맹그로브 숲이 새우잡이 어업에 기여하는 평생가치는 무려 150만 달러에 이른다는 의미다. 이 계산은 숲이 유지되는 동안 해마다 제공하는 서비스의 가치를 더해서 나온 것이다. 매년 발생하는 가치는 1보다 작은 비율로 가중치를 계산했고 미래로 갈수록 가중치가 낮아지도록 했다. 미래로 갈수록 떨어지는 비율을 할인율이라고 한다. 이러한 과정을 통해 지속적인 서비스의 현재가치를 계산할 수 있으며, 뒷부분에서 더 자세히 다루겠다. 아무튼 이 수치는 맹그로브 숲이 갖는 전체 가치에 비해 저평가된 수치다. 새우잡이에 미치는 영향만을 다뤘기 때문이다. 맹그로브 숲은 다른 연안어업에도 도움이 될 것이 분명하고, 해안선을 유지하는 데 크게 기여하고 있으며, 열대지방의 천재지변인 강력한 태풍으로부터 해변을 보호하고 있다. 1제곱킬로미터의 맹그로브 숲이 갖는 전체 가치는 적어도 바비어의 연구에서 제시했던 150만 달러의 두 배 가까이, 즉 200만~300만 달러로 보아야 한다.

바비어와 그의 동료들은 어떻게 1제곱킬로미터의 맹그로브 숲이 제공하는 편익을 연간 15만 달러라고 계산했을까? 그들은 고전적 방법인 간접현시선호분석indirect revealed preference method을 활용했다. 맹그로브 숲을 유지할 경우 얻을 수 있는 재화와 (새우의 수확 같은 경제적 가치가 있는) 서비스 간의 관계를 수학적 모델로 만들었다. 이렇게 맹그로브 숲의 면적 변화에 따른 어업의 생산성 변화를 계산해서 숲의 가치를 추산했다.

간접현시선호분석의 마지막 예로 '회피행동모형averting behavior models'의 사례를 살펴보자. 여기서 기본적으로 우리는 좀더 건강해지는 쪽으로, 즉 건강이 나빠지는 것을 피하는 쪽으로 비용을 지불할 용의가 있는 것으로 가정한다. 마실 물이 오염되었거나 어떤 방법으로든 위험해졌다는 것을 대중이 알았다면 그들은 위험을 회피하기 위한 조치들을 취할 것이다. 생수를 사거나 물을 끓여 마시거나 정수기를 설치하는 등의 조치를 통해 사람들이 공해를 피하고자 지불하려는 금액을 파악할 수 있다. 결국 부족한 자연자본과 자연자본의 서비스를 극복하기 위해 지불하고자 하는 금액이라고 할 수도 있겠다.

이런 접근법을 활용한 연구는 많다. 그중 1983년 펜실베이니아 주 루체른 지역에서 9개월간 지속된 지아르디아 발병에 관한 연구는 흥미롭다. 지아르디아는 수인성 질병으로 원인균 지아르디아 람블리아Giardia lamblia가 동물의 배설물에서 물로 옮겨가면서 발생한다. 저수지로 흘러들어가는 지류에서 소나 돼지가 돌아다니도록 내버려두면 지아르디아가 발생할 위험이 커지는데, 루체른 지역이 이런 경우다(지아르디아의 위험을 막기 위해 뉴욕 시는 캣츠킬 유역의 농부들이 키우는 모든 동물을 수변으로부터 30피트[약 9미터] 이내로는 접근하지 못하도록 보조금을 지불할 정도였다). 전염병이 유행하는 동안 가정에서는 끓인 물을 마시거나 생수를 구입하거나 시에서 제공하는 무료 급수시설에서 물을 받아간다. 윈스턴 해링턴Winston Harrington, 앨런 크룹닉Alan Krupnick, 월터 스포퍼드Walter Spofford는 전염병이 발병했던 9개월 동안 가정에서 수질을 개선하기 위해 지불한 비용을 이용해 수질 개선의 지불의사금액을 추산했다.[2] 485달러에서 1,540달러 범위로 결론이 나왔고 하루에 1.13달러에서 3.59달러 사이였다.

현시선호 연구는 언제나 시장에서 나오는 자료를 기반으로 한다. 집을 구매한다거나 낚시를 간다거나 혹은 깨끗한 물을 얻기 위해 가정에서 지불하는 금액을 기초로 연구하는 것이다(대안으로 제시했던 수용의사금액을 파악할 수 있는 데이터는 구하기 쉽지 않다). 그러나 시장에서 데이터를 구하기가 불가능한 경우도 있다. 우리가 관심을 두고 있는 자연자본은 시장에서 거래되는 상품이 아니기 때문이다. 이런 경우 경제학자들은 종종 진술선호분석을 활용하기도 한다. 공개돼 있는 시장에서는 파악할 방법이 없는 선호에 대해 사람들에게 직접적으로 물어보는 방식으로, 경제학자들은 신중하게 설계한 설문과 인터뷰를 통해 진술선호를 확보한다.

엑손 밸디즈 호 원유 유출사건의 결과를 평가한 연구가 아마도 가장 유명한 진술선호 연구가 아닐까 싶다. 원유 유출로 생계를 잃어버린 주민들이 엑손을 상대로 집단소송을 제기하면서 피해액을 추산해야 했다. 피해 양상은 다양하게 나타났다. 바다에서 살던 10만~25만 마리에 이르는 조류가 죽었고 수달 2,000마리, 대머리독수리 247마리, 바다사자 300마리, 범고래 22마리가 죽어나갔다. 게다가 바닷속에 남아 있는 독성물질은 지금도 이후 세대의 동물들과 해양생태계를 망가뜨리고 있다.[3] 유출사고로 파괴된 자연자본은 주민들의 생계에 대한 위협과는 완전히 별개로 추가해야 한다.

다른 생물 종들이 입은 피해를 현시선호분석으로 파악할 수는 없기 때문에 원고 측 자문단은 대규모의 진술선호 연구가 필요하다는 결론을 내렸다.[4] 하지만 연구자들은 원유 유출사고를 예방하고 모든 피해와 죽음을 되돌리기 위해 얼마를 지불할 용의가 있느냐는 질문을 소송 당사자들에게 물어볼 수는 없었다. 이미 발생한 사고를 되돌릴 수는 없기 때문이다. 그리고 이런 분석을 할 때 반드시 지켜야 하는 원칙 중 하나는 당사자들이 실제로 일어날 수 있다고 믿는 상황에 대해서만 질문을 해야 한다는 것이다. 그래야만 앞으로 벌어질 일에 얼마나 지불할 용의가 있는지를 제대로 판단할 수 있다. 연구자들은 엑손 밸디즈 호 같은 원유 유출사고가 다시 발생하지 않도록 하기 위해 얼마나 지불할 용의가 있는지를 묻는 질문지를 작성한 뒤 무작위로 추출한 미국 가정을 대상으로 설문을 진행했다. 결과는 평균적인 미국 가정은 이런 사고를 예방하는 데 33달러를 지불할 용의가 있는 것으로 나왔다. 대수롭지 않은 금액으로 보일 수도 있겠지만 1990년대 초반, 1억에 달하는 미국의 가구 수를 놓고 볼 때 미국인들이 원유 유출사고를 막기 위해 지불하고자 하는 금액은 총 30억 달러가 넘는다. 이후 이 숫자를 기반으로 유출사고의 피해를 추산했다. 여러분이 자연자본의 피해를 막기 위해 30억 달러 이상을 지불할 용의가 있다는 의미는 이미 발생한 피해가 30억 달러 이상이라고 평가할 수 있기 때문이다.

법원은 엑손에 대해 약 5억 달러의 보상적 손해배상과 50억 달러의 징벌적 손해배상을 판결했다. 엑손은 징벌적 손해배상금에 대해 최고법원에 상고하여 2008년에 5억 달러로 경감받았다. 1989년에서 2008년까지 거의 20년 동안 벌어진 이 사건의 처리과정은 법적 책임을 통해 외부효과 문제를 해결하는 데는 한계가 있을 수밖에 없음을 보여준다.

지금까지 살펴본 사례들은 특정한 사건과 지역에 대해 미시적으로 가치를 평가하는 방식이다. 자연자본 각각의 가치를 측정하고 하나씩 더해나가는, 부분에서 전체로 접근하는 가치평가 방법도 있다. 지금부터는 특정한 상황이 아닌 전체를 다루는 방안에 대해 살펴보자.

가루받이의 가치

가루받이를 서비스로 본다면 어느 정도의 가치를 매길 수 있을까? 우리가 소비하는 식량의 3분의 1을 생산해주는 가루받이 곤충이나 동물들이 사라진다고 생각해보자. 두 가지 질문을 해볼 수 있겠다. 사라진 곤충과 동물을 대신해 가루받이를 하게 될 경우 그 비용은 얼마나 될까? 그리고 가루받이를 하지 않을 경우 우리가 포기해야 하는 음식의 가치는 얼마나 될까?

처음 질문에 대답하기 전에 과연 가루받이 곤충이나 동물을 대체할 수 있는지에 대해 바로 의문을 제기할 수 있겠다. 우리는 가루받이를 위해 벌을 키우는 등 야생의 가루받이 동물을 가축화해왔다. 하지만 그들조차도 야생의 가루받이 동물과 마찬가지로 서식지 파괴나 살충제 등으로 사라질 위험에 처해 있다. 현재로서는 대체할 수 있는 방법이 마땅치 않기 때문에 가루받이 동물이 사라진다면 식량 생산도 감소할 수밖에 없다.

두 번째 질문은 아마도 가루받이 동물이 없어지면 식량 생산은 얼마나 줄어들지가 될 것이다. 가루받이를 통해 생산되는 식량의 총량은 그리 어렵지 않게 계산할 수 있다. 독일과 프랑스 연구자들은 최근에 가루받이 동물이 사라지면 농업 생산은 세계적으로 2,170억 달러가 감소할 것이라는 연구결과를 발표했다.[5]

엄청난 숫자지만 이조차도 저평가됐을 가능성이 높다. 농작물뿐만 아니라 야생의 식물들도 가루받이가 필요하므로 가루받이 동물이 없으면 야생의 생태계도 영향을 받고 이 영향은 결국에는 경제적인 형태로 나타난다. 좀더 깊이 들어가보면, 가루받이 동물의 부재로 2,170억 달러어치의 식량이 사라지면 우리는 그 금액보다 훨씬 큰 충격을 겪어야 한다.

사과 생산이 현재 우리가 지불하는 가치로 100만 달러 감소했다고 해보자. 그리고 다른 과일(배, 포도, 오렌지, 레몬 등)의 생산이 감소한 총가치는 500만 달러라고 하자. 그러면 우리가 겪어야 하는 생산 감소분은 600만 달러라고 생각하면 되는 것일까? 아마도 그렇지 않을 것이다. 왜냐하면 현재 거래되는 가격으로 계산했을 때 600만 달러어치가 사라진 것일 뿐, 생산량이 줄면 더 비싸게라도 구입할 용의가 있을 것이기 때문이다. 가격이 오른다고 해도 사과에 대한 수요는 여전히 존재한다. 사람들은 구매량을 줄이더라도 지속적으로 과일을 구매하고자 할 것이다. 그러니 우리가 실제로 지불하는 금액이 아니라 지불의사금액의 최고치를 가지고 사라져버린 사과의 경제적 가치를 측정해야 한다. 식량의 경우 특히 지불의사금액과 실제 지불금액의 차이가 크다. 가격이 조금만 오르면 굳이 살 필요 없는 물건들도 많이 있지만 식량은 그렇지 않다. 앞에서 언급한 프랑스와 독일의 연구에서 가루받이 동물이 사라진 이후 감소한 식량에 대한 지불의사금액은 연간 5억 달러 이상으로 추정했다. 현재가치로 할인해서 계산하면 무려 14조 달러에 달한다. 미국 국가 수입의 70퍼센트에 달하는 금액이다. 가루받이 동물을 자산으로 본다면 무려 14조 달러의 가치를 지닌 자산인 셈이다.

이 연구에서는 곤충이 가루받이를 해주는 비식량 작물의 가치에 대해서도 재미있는 결론을 도출하고 있다. 미국에서는 가루받이 서비스의 전체 가치 중 약 80퍼센트가 알파파 같은 사료작물에서 발생한다. 사료작물은 소에게 공급되고 소고기와 우유 같은 유제품 생산으로 이어지는데, 가루받이 동물이 없다면 소고기나 유제품도 사라져버린다. 따라서 5억 달러라는 엄청난 금액조차도 지구상에 존재하는 곤충의 아주 일부분의 가치만을, 그것도 낮게 평가한 것이다. 그리고 수용의사금액이 아닌 지불의사금액이라는 것을 잊지 말자. 수용의사금액으로 계산하면 금액은 더욱더 올라간다. 아주 작은 가루받이 곤충이지만 경제적으로는 엄청난 가치를 만들어내고 있다.

가루받이 동물과 같은 자연자본의 중요한 일부분이 사라졌을 때 그 효과를 밝혀낸 연구의 결과는 신중하게 받아들여야 한다. 만약 정말로 모든 가루받이 동물이 사라진다면, 경제와 사회 체제의 많은 부분이 바뀔 정도로 대규모 식량 손실이 발생할 것이다. 가루받이에 의존하는 식료품의 가격은 급등할 것이고, 해당 작물을 재배하던 농지가격은 떨어질 것이며, 해당 농업 분야에서 일하던 농부들은 직업을 잃게 될 것이다. 지역과 국가 간의 교역도 변화가 불가피하다(캘리포니아는 아몬드를 수출할 수 없게 된다). 전 세계의 경제활동 양상도 달라진다. 이러한 변화가 생긴다면 필연적으로 가루받이의 가치는 지금보다도 훨씬 높은 금액으로 추산될 것이다.

숲의 가치

자연자본은 상향식bottom-up이나 하향식top-down 어느 방식으로든 측정할 수 있다. 앞에서 살펴본 가루받이의 가치는 모든 가루받이 동물이 일시에 사라진다고 가정했던 하향식인데, 특정한 지역의 특정한 가루받이 동물을 하나씩 관찰하고 더해나가는 방식도 생각해볼 수 있다. 에드 바비어와 그의 동료들이 맹그로브나무에 관해 진행했던 연구는 반대로 특정한 맹그로브 숲에서 출발한다. 전체 맹그로브 숲의 가치를 구하기 위해서는 지역마다 맹그로브 숲을 복제해놓고 가치를 더해야 한다. 즉 상향식이다. 숲의 가치에 대해 생각해보면, 상향식이나 하향식 모두 유용하다. 전자의 방식으로 우리가 탄소 포획과 저장, 산소 생산과정에서 숲이 갖는 가치를 정량화해보자. 유럽연합의 온실가스 배출권거래제와 청정개발체제, 그리고 캘리포니아 탄소시장California Carbon Market에서 형성되는 가격으로 탄소 포획과 저장 기능의 가치에 대해서는 어렴풋하게나마 짐작할 수 있다. 이러한 시장을 통해 중요한 생태계 서비스에 대한 지불의사금액을 추산해볼 수 있다. 그러나 총량제한 배출권거래제 때문에 정확한 금액을 추산하는 데는 한계가 있다. 시장에서 가격은 수요와 공급에 따라 결정되는 데 반해 이런 제도에서 형성되는 가격은 대부분 설정된 배출권 총량에 따라 공급과 가격이 정해지기 때문이다.

미국 환경보호국과 에너지국Department of Energy이 공동으로 탄소 배출의 외부비용에 관해 연구한 내용[6]을 보면 좀더 정밀한 추산이 나와 있다. '탄소의 사회적 비용'은 화석연료에서 배출되는 온실가스의 외부비용에 화폐적인 가치를 부여하는 복잡한 방법으로 추산한다. 이를 위해서는 온실가스가 환경변화에 얼마나 영향을 미칠지를 예측하고 그것을 일련의 숫자로 나타내야 한다. 다양한 영역에서 발생하는 영향들을 모두 더해야 한다고 생각할 수도 있다. 예를 들면 해수면 상승으로 사라지는 토지, 온도 상승에 따른 농업 생산 감소와 동물들의 폐사 같은 현상들의 비용을 각각 계산해 합쳐야 하며, 게다가 시간에 따른 영향까지 고려해 계산에 넣어야 한다. 시간의 경과에 따른 손실을 계산하려면 할인율과 현재가치를 계산해야 하기 때문에 더욱 복잡하고 다급한 문제가 된다.

비용이든 편익이든 시간에 따른 흐름을 계산하는 것은 그냥 하나씩 더하거나 빼면 되는 문제가 아니다. 미래에 발생할 일에 대해서는 '할인율'을 적용해 현재 일어나고 있는 일에 비해 낮은 가중치를 매기게 된다. 다른 표현으로는 현재할인가치present discounted value라고 한다. 장기간에 걸친 문제들을 경제학적으로 파악하는 과정에서 할인이라는 개념은 중요하면서도 어딘가 모순적인 개념이다. 자세히 살펴보자.

할인이라는 개념이 과연 합리적인지 기후변화 문제를 가지고 생각해보자. 현재를 살아가는 사람들이 기후변화를 멈추기 위해 많은 비용을 지불하고 있지만, 그에 따른 대부분의 효과는 다음 세대에게 돌아간다. 경제학자들은 기후변화에 대한 이 같은 시차문제에 관해 많은 논쟁을 벌였다. 핵심은 이런 질문들이다. 다음 세대가 얻는 이득이 우리가 얻는 이득만큼이나 중요한가? 달리 질문해보자면, 후손들은 어떤 가치를 지니는가? 후손들이 우리만큼이나 중요하고 가치 있는 존재인가? 후손들이 아직 태어나지 않았고 시간적으로 멀리 떨어져 있다는 이유 때문에 본질적으로 가치가 떨어지고 덜 중요한 존재인가? 상당수 경제학자는 후손들의 운명은 근본적으로 우리보다 중요하지 않다고 주장하면서, 그들이 받게 될 혜택의 할인율을 연간 5퍼센트로 책정해 계산하기도 한다. 이 계산대로라면 지금 당장은 자신을 위해 100달러를 지불할 용의가 있지만, 1년 후에 혜택이 돌아온다면 95달러만 지불할 것이다. 이런 식으로 2년 후에 혜택이 돌아온다면 90달러만, 10년 후에 돌아오는 혜택이라면 겨우 60달러만 지불하려 한다는 계산이 나온다. 100년 후에 벌어질 일에 대해서는 신경 쓸 이유가 없어진다. 고작 59센트에 불과하기 때문이다.

대접받고 싶은 만큼 대접하라는 것, 그리고 다른 사람에게 정당하다고 인정되어야 나에게도 정당하다는 보편성에 관한 도덕적 원칙을 적용한다면 다른 시간대에 있는 사람들도 우리와 동등하게 대해야 한다. 케임브리지 대학의 뛰어난 철학자·수학자이자 경제학자인 프랭크 램지Frank Ramsey가 이에 대해 언급한 내용을 살펴보자. "미래의 혜택에 할인율을 적용하는 것은 변명의 여지없이 상상력의 빈곤에서 비롯된다." 루트비히 비트겐슈타인Ludwig Wittgenstein, 버트런드 러셀Bertrand Russell, 존 케인스John Keynes와 함께 연구했던 램지는 비통하게도 스물여섯이라는 젊은 나이에 사망했다(그의 동생은 형의 철학적 관심사는 공유했지만 무신론은 공유하지 않았다. 결국 캔터베리 대주교, 즉 영국교회의 수장이 된다). 아무튼 직관적으로 볼 때 보편주의는 설득력이 있지만 한계도 있다. 보편주의에 따르자면 현재를 사는 사람들은 후손을 위해 엄청나게 많은 것을 남겨두어야 하며, 그렇기에 상대적으로 후손들보다 가난하게 살아야 한다.[7]

대부분의 경제학자는 부자들에게 1달러를 주는 것보다는 가난한 사람들에게 1달러를 주는 것이 사회적으로 가치가 크다는 점에 동의한다. 또바로 그 점이 소득 수준에 따라 평균 세율이 높아지는 누진세에 대부분의 경제학자가 찬성하는 이유기도 하다. 100달러의 세금을 부과할 경우부자보다는 가난한 사람들이 더 부담스러워하는 것은 당연하다. 이 부분을 자세히 관찰해보면 현재와 미래 세대 간의 논쟁과 각 세대가 갖는 가치에 대한 암시를 찾아볼 수 있다. 지난 수세기에 걸쳐, 언제나 현재 세대는 이전 세대에 비해 부유해졌다. 이런 상황이 지속된다면 다음 세기를살아갈 내 후손들은 평균적으로 나보다 부유할 것이고, 1달러가 갖는 가치는 그들보다는 나에게 더 중요할 것이다. 따라서 할인율을 적용해야할 이유, 기후변화가 후손들에게 끼치는 영향에 대해 가중치를 낮출 수있는 이유가 된다.

'이런 추세가 계속된다면, 즉 내 후손들이 정말로 나보다 부유해진다면'이라는 전제에는 가정이 포함돼 있다. 지금까지는 당연했던 흐름이 바뀌는 시기가 올 수도 있다. 그리고 실제로 미국의 평균적인 가정에서 변화가 일어나고 있는 듯하다. 지금의 어린이들이 부모보다 잘살 것이라고더는 보장할 수 없다. 중위소득(소득 순위로 가구를 나눌 때 가운데 값, 즉 중위소득보다 낮은 소득의 가정이 반이고 이보다 높은 소득의 가정이 반인 소득 수준)에속하는 미국 가정의 삶의 수준은 몇십 년 동안 정체돼 있다. 기후변화 탓에 이 현상은 더욱 가중될 것이다. 또 다른 증거도 있다. 우리 후손들이 우리보다 월급을 더 받고 더 많은 물건을 소비할 수도 있겠지만 접근할 수 있는 생태계의 범위는 훨씬 좁아질 것이다. IPCC에서 제시했던 멸종률이 30~40퍼센트에 달한다는 점을 생각해보라. 생태계가 갈수록 축소되면서 후손들은 생태계에 대한 가치를 우리보다 훨씬 높게 평가할 것이고, 우리가 살아 있는 동안 파괴된 숲과 멸종된 생물 종에 상심할 수도 있다.

미래에 대한 불확실성을 인정한다면 가장 중요한 질문은 이렇게 바뀔 것이다. 후손들에 대한 가치를 얼마로 평가해야 할까? 그리고 그들을 위해 현재 우리가 지불해야 할 금액은 얼마가 되어야 하는가? 여기서 '얼마'라는 금액은 할인율이 고려된 금액이다. 후손들이 우리보다 훨씬 잘 살게 된다면 걱정을 줄여도 된다. 자기 스스로를 챙기기에 충분한 자원을 확보할 수 있을 테니까. 따라서 할인율은 높아질 것이다. 반대로 후손들이 우리보다 가난할 것으로 예상한다면 그들이 처하게 될 상황에 대해 꼼꼼하게 챙겨봐야 하며, 할인율은 낮아져야 할 것이다. 그리고 후손들이 환경적으로 빈곤해질 가능성이 높은 상황에서 우리보다도 후손들이 자연자본을 더욱더 가치 있게 여길 것으로 예상하고 할인율을 낮춰서 미래의 자연자본에 상당히 많은 가치를 부여해야 한다.

탄소의 사회적 비용에 관한 보고서에서는 할인율이 중요한 역할을 한다. 탄소 배출에 따른 비용과 편익은 수백 년 후까지 이어지기 때문에 사회적 비용의 합을 구하는 데 할인율을 어떻게 정할지는 아주 중요한 문제다. 할인율이 약간만 달라져도 결과는 엄청나게 달라진다. 위에서 보았듯이, 연간 할인율을 5퍼센트로 잡을 경우 현재의 100달러를 100년 후의 가치로 계산하면 고작 59센트에 불과하다. 현재의 100만 달러라고 해봐야 100년 후(아마도 증손자가 살고 있을 시기)에는 겨우 5,900달러밖에 되지 않는다. 탄소의 사회적 비용을 계산하는 데 할인율을 어떻게 정해야 할지 확실하지 않았던 미국 정부는 몇 가지 할인율을 각각 적용한 비용을 계산하는 방법으로 비켜갔다. 가장 낮은 할인율은 2.5퍼센트(선택했던 숫자 중에서는 가장 정확하다고 보지만 그래도 내 생각보다는 높은 숫자다. 기후변화를 연구하는 대부분의 경제학자는 이보다 낮은 할인율을 권한다)였고, 이산화탄소 1톤당 2010년에는 35.1달러에서 시작해 2050년이 되면 65달러가 될 것으로 추산했다. 이후 2013년 5월, 52달러로 시작해 98달러까지 상승할 것으로 수정했다.[8] 이 추정치는 핵심적인 변수에 어느 정도의 불확실성을 허용해서 계산한 값이다. 온실가스가 기후에 미치는 영향에 관해 좀더 비관적인 쪽으로 비중을 높일 경우 탄소의 사회적 비용이 현재는 최고 90달러에 이를 수 있으며 2050년에는 221달러까지 오를 수 있다고 결론 내렸다. 할인율을 5퍼센트로 높일 경우 현재 11달러에서 2050년에는 27달러로 추산되었다. 이를 보면 할인율이 얼마나 계산에 큰 영향을 미치는지를 알 수 있다.

탄소 배출의 비용에 관한 몇 가지 숫자를 이용하면 숲이 갖는 탄소 포집기능에 대한 가치를 추산해볼 수 있다. 이를 위해 해마다 숲이 포집하는 탄소의 양을 알아야 하고, 여기에 탄소의 가격을 곱하면 연간 서비스 흐름에 대한 현재가치를 알아낼 수 있다. 복잡한 계산 대신 여기서는 숲의 탄소 포집기능의 가치에 대한 일반적인 의견을 제시하는 것으로 간단히 답해보고자 한다.

미국의 경우 숲 1헥타르[1만 제곱미터]는 연간 1톤에서 4톤가량의 이산화탄소를 포집한다. 평균적으로는 2.5톤이다. 기온이 올라가면 화학작용이 활발해지기 때문에 열대지방에서는 훨씬 더 많은 이산화탄소를 포집한다. 1헥타르의 열대우림은 해마다 50톤까지 이산화탄소를 흡수한다.[9] 미국 정부가 2013년에 계산한 가격에 2.5퍼센트의 할인율을 적용하면 2013년 52달러에서 2050년에는 98달러로 올라간다. 이는 미국에서만 헥타르당 7,700달러에 이르는 서비스다. 다시 말하면 미국 정부가 탄소가격에 대해 추정한 중간값으로 계산해도 보통의 미국 숲 1헥타르당 탄소 포집기능의 가치는 3,000달러다. 열대지방의 경우 숲의 가치는 엄청나게 올라가서 헥타르당 15만 4,000달러에 이른다. 탄소의 사회적 비용이 상승한다면 이 금액은 더욱더 증가할 것이다. 사실, 정부가 추산한 탄소의 사회적 비용은 훌륭한 연구결과기는 하지만 내가 느끼기에는 여전히 너무 낮다. 너무 높은 할인율에 익숙해져서 기후변화와 관련된 일부 비용을 저평가해버린 것이 아닐까 싶다. 특히 열대지역의 식량 생산에 미치는 기후변화의 영향(그들이 활용하는 수학적 모델에는 최신의 연구결과는 반영되어 있지 않다)이나 기후변화가 생물 다양성에 미치는 영향에 대해서는 전혀 고려하지 않고 있다.

이미 언급했듯이, 숲이 갖는 탄소 포집기능의 가치평가는 상향식이 아닌 하향식으로도 가능하다. 앞에서 살펴본 계산은 일정한 면적의 숲이 얼마나 많은 양의 탄소를 포집하는지를 알아내고 이에 대한 가치를 평가하는 방법이었다. 숲 1헥타르의 가치는 계산했지만 숲 전체의 가치는 계산하지 않았다. 하향식에서는 지구 차원에서 탄소 포집에 관한 몇 가지 사실을 가지고 이야기를 풀어나가 보자. 지구 전체적으로 연간 300억 톤의 탄소가 배출된다. 이 중 25퍼센트인 75억 톤의 탄소를 숲이 흡수한다. 이산화탄소 제거비용이 톤당 35달러라고 한다면 이는 연간 2,620억 달러에 이르는 금액이다. 따라서 탄소 포집기능만 놓고 볼 때, 미국 정부가 추산한 탄소의 사회적 비용을 기준으로 전 세계의 숲은 2,620억 달러의 가치를 갖게 된다. 온실가스 가격으로 계산하면 두 배 이상으로 뛴다.

미국 정부의 보고서가 제시한 탄소의 사회적 비용 상승치를 적용한다면 전 세계의 숲이 제공하는 서비스 흐름의 현재가치는 9조 5,000억 달러에 이른다. 미국 국민소득의 절반이 넘는 금액이다. 게다가 이 계산에 적용된 탄소의 사회적 비용 자체가 너무 낮게 평가됐기 때문에 숲의 가치는 훨씬 더 크다고 봐야 한다.

이는 숲의 가치 중에서 일부분일 뿐이다. 탄소를 포집하고 저장하는 기능은 숲이 제공하는 다양한 서비스 중 하나에 불과하다. 숲은 지역의 기후를 조절하고 물을 공급함으로써 농업에 중요한 역할을 한다. 숲은 대량으로 산소를 생산하며 많은 생물 종에게 거주지를 마련해준다. 가루받이 동물들은 물론 멸종위기에 처해 있는 많은 종이 숲에 의존해 살아가고 있다. 이는 숲이 갖는 가치의 상당 부분이 숲에 의존하는 생물 다양성과 밀접하게 연관된다는 뜻이다. 이제 이 부분에 대해 좀더 자세히 살펴보자.

생물 다양성의 가치

생물 다양성은 자연자본 중에서 아마도 가치를 평가하기 가장 힘든 형태일 것이다. 생물 다양성 덕분에 농업의 기반이 되는 인위적 교배가 가능해지고, 생태계의 생산성을 개선하며, 유전적인 지식을 얻고, 질병이나 위기 상황에서 보험 역할을 하기도 한다. 인간은 생물 다양성의 다양한 기능에 의존해 살아가고 있다고 볼 수도 있다. 여기서 잠깐 사자, 호랑이,

독수리, 고래, 돌고래, 코끼리, 고릴라, 오랑우탄, 그 외에 수많은 개성 넘치는 동물을 떠올려보자. 이 친구들이 없다면 얼마나 따분한 세상일지.

가축과 곡물의 공급을 통해 농·축산업 전체를 지탱하는 이런 서비스가 없었다면 70억 인구 중 대부분은 존재할 수 없었을 것이다. 없어서는 안 될 서비스인 것은 분명한데 그 가치는 얼마나 될까? 1997년 권위 있는 과학 잡지 『네이처Nature』가 전 세계의 생태계 서비스와 자연자본의 가치를 평가한다며 실었던 기사[10]는 바로 이 점에서 비판을 받고 있다. 기사는 자연자본과 생태계 서비스가 없다면 인간은 존재할 수 없기 때문에 이들의 가치를 평가하기 위해서는 우리 존재의 가치를 평가해야 한다고 주장한다. 이에 대해 세계은행의 개발연구그룹Development Research Group에서 기후변화에 관한 책임 경제학자로 일하고 있는 마이클 토먼Michael Toman은 "영속성이라는 개념은 거의 반영하지 않은 심각한 저평가"[11]라고 비판한다.

이 문제를 '현재 존재하는 생물 다양성의 일부분이 사라지면 얼마나 손해를 볼까?'로 바꾸면 훨씬 본질에 가깝고, 우리가 직면한 현실과 직결된다. 수천 에이커 면적이 개간될 때마다 생물 다양성의 일부가 사라진다. 이에 따른 손실을 비용으로 계산하면 얼마가 될까?

몇몇 학자와 마찬가지로 나 역시 이 질문에 대한 답을 연구해왔다. 솔직히 말하자면, 아직 정확한 추정이 나오지는 않았다. 하지만 부분적으로 나눠 연구하면서 몇 가지 구성요소를 확인하고 있으며, 생물 다양성이 제공하는 일부 서비스의 가치는 파악이 가능해졌다. 나무를 가지고 숲을 평가하는 식이라 완전한 가치평가는 아니지만 말이다.

열대지방의 곤충과 식물에서 새로운 약리학적 활성물질을 찾는 권리를 얻기 위해 비용을 지불하는 제약회사를 생각해보자. 아직까지는 규모가 아주 작지만 그 지불의사금액은 신약 개발에서 생물 다양성이 차지하는 가치를 확인하는 지표다. 다만 신약에 대한 지적 재산권을 원천국가가 갖는지 개발업체가 갖는지에 대한 법적 기준이 모호하기 때문에 아직까지는 몇백만 달러 수준에 머물고 있는 상태다. 이런 모호성은 한편으로는 (적어도 현재까지는) 상업적으로 가치를 지닌 동식물 샘플이 많지 않다는 의미기도 하다. 또한 상업적 가치는 있다 하더라도 10년 이상의 시간과 수억 달러의 연구개발비가 필요하며, 게다가 임상실험까지 해야 한다. 생물탐사는 관련 비즈니스 모델이 개발되면 따라서 성장하겠지만 대규모의 현금 흐름을 만들어낼 수 있을 것 같지는 않다. 기껏해야 10만 종에서 하나 정도가 실제로 수익을 낼 테니까. 그렇더라도 가치가 확인된다면 결과는 엄청나다. 아스피린은 연간 15억 달러에 가까운 판매량을 기록하고 있다. 게다가 연쇄반응을 일으키는 효소를 발견한다면 훨씬 더 큰 수익을 거둘 수도 있다. 신약 개발에 필요한 유전적 아이디어의 원천이 되는 열대 숲의 가치를 측정하기 위해 몇몇 학자가 노력하고 있지만 아직까지 합의를 도출하지는 못하고 있다. 평균적인 지역은 헥타르당 21달러 정도며 생물 다양성이 풍부한 지역은 헥타르당 9,000달러에 이르기도 한다. 생물탐사를 통해 어마어마한 가치를 갖는 의약품을 만들어낼 가능성이 무척 높은 것은 사실이지만 다른 방법으로도 같은 결과를 얻을 수 있다.

생물 다양성의 또 다른 가치는 '보험'의 기능이다. 즉 주요 곡물에 재해가 발생했을 때를 대비하는 기능이다. 그래시 스턴트 바이러스가 아시아 지역의 쌀농사에 미친 영향을 이야기할 때 잠깐 설명한 적이 있다. 대부분의 사람은 위험에 대비하기 위해 보험에 가입한다. 마찬가지로 생물 다양성을 보호하는 활동을 아직 알려지지 않은 병원균에 대비한 보험에 가입하는 것으로 생각하면 유용하다. 두 가지 원인으로 그래시 스턴트 바이러스처럼 예고 없이 전염병이 발생할 가능성은 과거보다 높아지고 있다. 우선, 국가 간의 무역과 여행이 활발해짐에 따라 한 지역에서 발생한 전염병이 다른 지역으로 확산될 가능성은 과거 어느 때보다 높아졌다. 다음으로 엄청난 면적의 농경지에 유전적으로 동일한 작물을 재배하기 때문에 해당 작물에 치명적인 병원균이 침입할 경우 아무것도 남아날 수 없다는 점이다. 역사적으로 볼 때, 재배하는 곡물의 유전적 다양성 덕분에 전염병이 짧은 시간에 광범위하게 퍼지는 것을 막아왔다. 하지만 이제는 전 세계적으로 한정된 종류의 곡물만을 이용하기 때문에 이러한 방어효과를 기대할 수는 없다. 이는 현실적인 위험요인이다. 이에 대한 보험은 어떻게 마련할 것인가?

실제로 보험회사에서 보험료를 책정할 때 쓰는 계산법을 이용해 생물 다양성의 보험기능이 갖는 가치를 추산해보았다. 유엔 식량농업기구FAO: Food and Agriculture Organization의 주요 곡물 수확량 자료[12]와 해마다 (생물 다양성으로만 극복할 수 있는) 질병으로 주요 곡물 생산이 반으로 줄어들 확률은 30분의 1(30년에 한 번꼴로 피해가 발생한다는 의미)로 잡았다. 그 결과 추산된 가치는 연간 35억 달러 정도였다. 어느 정도 편차는 있겠지만 터무니없는 숫자는 아니다. 생물 다양성이 갖는 보험기능이 해마다 수십억 달러에 이르는 것은 확실하다. 해마다 35억 달러의 수익을 창출하는 자산의 가치는 대략 900억 달러쯤 되며, 이 금액이 대략적인 장기보험기능의 가치라고 볼 수 있겠다.

현실에서는 우리가 식량을 위해 지불하는 금액보다 훨씬 높은 수준에서 지불의사금액이 결정될 것이다. 식량은 없어서는 안 되는 상품이기 때문이다. 따라서 우리가 추산한 숫자는 대단히 저평가된 숫자다.

생물 다양성에 또 다른 가치를 부여하는 요소가 있다. 개성 넘치는 생물 종들이 주는 즐거움이 그것이다. 야생동물을 다루는 텔레비전 프로그램의 인기를 생각한다면 이 즐거움은 설명하지 않아도 될 것 같다. 굳이 직접 대면하지 않는 간접 경험이라도 사람들은 열광한다. 누구라도 쉽게 이 즐거움의 가치는 인정할 수 있을 것이다. 개성 있는 동물들을 보기 위해 사람들이 지불하고자 하는 금액이 얼마나 될지 알아보자. 자연과 야생의 세계를 경험하는 상품을 판매하는 생태관광업계의 매출액을 살펴보면 부분적으로나마 파악할 수 있다. 관광업은 5,000억 달러에 이르는 소득을 창출하며, 전 세계적으로 합법적인 일자리 중 10분의 1을 차지할 정도로 거대한 산업이다. 이 중 (자연의 아름다움을 감상하고 즐기는) 자연관광nature tourism의 비중은 40퍼센트 정도다. 특정한 생태계에 집중하고자 하는 관광객을 위한 생태관광ecotourism은 연간 50억~100억 달러 규모로 자연관광의 일부분을 차지하고 있다.

이제 생물 다양성의 가치 중 일부를 어느 정도 측정했다. 기초 자원·보험·관광적 가치 말이다. 그러나 여기에는 생물 다양성이 주는 가장 큰 두 가지 가치가 빠져 있다. 첫 번째는 데이비드 틸먼이 연구한 자연 생태계의 생산성을 높이는 기능이며, 두 번째는 현재와 미래의 인류를 먹여 살리는 식량의 역할이다.

지금까지 확인한 숫자들은 놀랄 정도로 크지만 아직 고려하지 않은 것들을 생각한다면 한참 저평가돼 있다. 결국 자연이 우리에게 주는 가치는 적어도 우리가 스스로 만들어온 자산들 이상의 가치를 지닌다는 사실을 알 수 있다. 자연자본의 중요성에 대한 사례를 살펴볼 때마다 늘 새롭다. 이런 사례와 숫자들에 흥미를 느낀다면 자연자본과 그것에서 파생되는 서비스의 거래를 추적하기 위해 만들어진 에코시스템 마켓 플레이스 닷컴(www.ecosystemmarketplace.com)에서 이와 비슷한 사례들을 훨씬 더 많이 접할 수 있다. 자연계의 「로이터」나 「블룸버그」라고 생각하면 된다(최근 들어 「블룸버그」는 고객에게 제공하는 정보의 영역을 탄소 거래가격과 자연자본을 거래하는 여러 시장으로 확장했다. 스마트머니[고수익의 단기차익을 노리고 빠른 속도로 움직이는 자금]가 자연자본에 배팅하기 시작한 것이다).

자연자본의 가치평가

생물 다양성의 다양한 편익을 합산해 가치를 계산한 것과 마찬가지로, 자연자본의 전체 가치 역시 각각의 가치를 더해 계산할 수 있다. 자연자본의 가장 흥미로운 가치총액aggregate value은 세계은행에서 제공한다. 세계은행은 개발도상국에서 자연자본이 차지하는 중요성을 일찌감치 파악하고, 수십 년 동안 자연자본과 경제개발 간의 관계를 연구해왔다. 세계은행의 커크 해밀턴Kirk Hamilton과 글렌마리 랭Glenn-Marie Lange은 자연자본 경제학의 최고 권위자다.

세계은행은 최근 120개국 이상의 국가별 자산의 구성요소에 대한 연구결과를 발표했다.[13] 〈표 8-2〉는 자연자본의 역할을 확인하기 위해 세계은행이 조사한 결과 중 몇몇 나라의 수치를 다시 정리한 것이다. 세계

<표 8-2> 국가의 자산에서 자연자본이 차지하는 역할

국가	자연자본(A)	총자산(B)	퍼센트(A/B)
보츠와나	5,420	58,895	9
중국	4,013	19,234	20
인도	2,704	10,539	26
나미비아	5,191	59,557	9
노르웨이	110,162	861,797	13
파푸아뉴기니	8,569	8,989	95
사우디아라비아	97,012	146,105	66
미국	13,822	724,195	2

참고: 국민 1인당으로 환산한 숫자임.

은행은 모든 형태의 자연자본을 전부 다루지는 않았다. 대개 자연자본에 관한 기초적인 자료만 다루었으며, 대상 국가들 간의 일관성을 유지해야 한다는 제약 때문에 다룰 수 있는 데이터는 더욱 한정적일 수밖에 없었다. 하지만 그럼에도 결과는 아주 흥미롭다.

이 표에 등장하는 국가들을 보면, 국가의 전체 자산에서 자연자본이 차지하는 비중은 2퍼센트(미국)에서 95퍼센트(파푸아뉴기니)까지 다양하다. 역시 저평가된 수치임이 분명하다. 생물 다양성, 하천 유역, 수력발전, 가루받이 등 우리가 이미 살펴본 자연자본의 많은 역할 중 상당 부분이 반영되지 않기 때문이다. 그럼에도 조사대상국에서 자연자본이 차지하는 비중은 평균 30퍼센트로, 기업이나 국가를 통틀어 찾아보기 어려운 대차대조표임은 분명하다.

자연자본이 경제적으로 가치가 있다는 것과 자연자본으로 돈을 벌 수 있다는 것은 별개의 이야기다. 경제적 가치와 상업적 가치가 일치하는 것은 아니기 때문이다. 경제적으로는 물이 다이아몬드보다 훨씬 가치가 있지만 둘 중 하나를 가져가라면 어느 쪽을 선택하겠는가? 다이아몬드-물의 역설을 통해 자연자본이 상업적으로 낮은 가치를 가질 수밖에 없는 까닭을 알 수 있다. 수백 년 동안 경제학자들은 보편적으로 중요한 가치를 갖는 물은 공짜인데, 쓸모라고는 찾아보기 힘든 다이아몬드는 왜 그리도 비싼지 곤혹스러워했다. 19세기 케임브리지 대학의 경제학자였던 앨프리드 마셜Alfred Marchall이 내린 대답은 이러하다. 물은 우리가 필요로 하는 것보다 많지만 다이아몬드는 원하는 만큼 존재하지 않기 때문이다. 따라서 물을 더 얻기 위해 돈을 지불할 의사가 없기 때문에 물은 공짜다. 반면, 다이아몬드는 얼마든지 더 높은 비용을 지불할 의사가 있는 사람들이 존재하기 때문에 시장에서 가치가 있다. 무슨 물건이든 가격이란 본질적 가치와는 무관하며 수요에 대한 공급으로 결정된다.

21세기 미국의 경우 대부분의 지역에서 물 공급량은 수요를 초과하고 있다. 다이아몬드는 그 반대다. 그러나 세계적으로 본다면 상황은 달라진다. 물 공급이 수요를 따라가지 못하는 지역이 늘어나고 있으며, 이런 지역의 경우 물을 공급하는 자연자본의 가치를 인정할 수도 있을 듯하다. 그러나 여기에는 함정이 있다. 물 부족에 시달리는 대부분의 지역은 극심한 가난으로 돈을 주고 물을 사서 마실 처지가 아니다. 너무 가난해서 자연자본의 가치가 드러날 기회조차 없는 상황이다. 미국에서의 산소 역시 비슷한 상황이다. 산소가 없다면 살아갈 수조차 없는데도 공급이 수요를 초과하고 있어 가격은 0이다.

자연자본이 경제적으로는 가치가 있으면서도 상업적으로는 가치를 인정받지 못하는 다른 이유가 있다. 자연자본은 적어도 공동체 안에서는 한 사람이 향유하면 모두가 같이 향유할 수 있는 공공재이기 때문이다. 맨해튼의 대기 질에 대해 생각해보자. 나를 위해 대기가 좋아진다면 모두에게도 마찬가지로 좋아지게 된다. 깨끗한 공기를 위해 돈을 지불한 사람들에게만 혜택을 주는 방법은 없다. 즉 깨끗한 공기를 위한 시장을 만들 수 없다는 의미다. 시장이 형성되기 위해서는 비용을 지불한 사람에게만 물건을 팔 수 있어야 하지만 공공재는 불가능하다. 그리고 대부분의 자연자본은 공공재기도 하다. 따라서 다시 강조하지만, 경제적 가치가 상업적으로도 가치 있음을 의미하지는 않는다. 이는 자연자본을 공급해 돈을 버는 기업이 없는 까닭이기도 하다.

자연자본에 대한 시장의 한계를 강조했지만 다른 한편으로는 상업적으로 자연자본에 투자해 수익을 창출하는 경우도 있다. 남아프리카와 동아프리카, 중앙아메리카와 남아메리카 일부 지역, 미국 일부 지역에서 중요한 수익원으로 자리 잡고 있는 생태관광을 살펴보자. 남아프리카와 동아프리카는 사자, 표범, 코뿔소, 코끼리, 버펄로 등 '5대 대형 동물'과 형형색색의 다양한 조류가 살고 있는 축복받은 곳이다. 이 지역의 사파리 관광은 부유한 사람들에게 인기가 있으며, 지역 주민과 지주들도 그 덕에 제법 괜찮은 수익을 올리고 있다. 남아프리카에서는 농부들이 농장이나 경작지를 '게임 농장game farming'으로 바꿔 야생동물들에게 개방하고 사파리회사들에 운영권을 맡기는 일이 늘고 있다. 여기서 발생하는 짭짤한 소득이 바로 자연자본에 투자한 결과다. 야생동물에게 토지를 돌려준 것이다. 그 결과 남아프리카에서는 멸종위기에 놓여 있던 동물들의 개체 수가 느는 효과마저 나타났다. 수십 년간 감소하던 이 지역의 코끼리 개체 수가 늘기 시작해 2000년대 초반에는 수용 가능한 한계까지 증가했다. 모두 상업적인 보호운동 덕분이다. 최근에는 밀렵이 증가해 개체 수가 감소하고 있기는 하지만 말이다. 이전에는 소가 먹을 풀을 축내거나 경작지를 파괴하는 유해동물로 취급했던 코끼리를 비롯한 모든 야생동물을 이제는 관광객을 끌어모으는 자산으로 인식하기 시작했다. 이처럼 보호운동을 통해 수익을 만드는 작업은 아프리카 남부지역, 특히 남아프리카공화국·보츠와나·나미비아에서 대표적으로 성공을 거두고 있으며, 다른 많은 지역에서도 비슷한 성과를 볼 수 있을 것으로 기대하고 있다.

3장에서 사회책임투자 펀드에 대해 논의한 적이 있다. 보유하고 있는 주식을 활용하거나 또는 투자를 선별하는 등의 방법으로 기업이 환경이나 사회적 문제에 올바르게 대처하도록 압력을 행사하는 펀드를 말한다. 환경을 회복하거나 자연자본을 복구하는 일에 직접적으로 투자하는 또 다른 형태의 펀드가 있다. 특히 미국에서는 자연자본의 개선작업에 직접적으로 투자할 수 있는 시장이 법률로 만들어졌고, 잠재적으로 수익도 기대해볼 수 있을 듯하다.

1972년 습지 간척을 금지하는 수질정화법이 시행되면서 환경에 직접 투자하는 상품에 대한 가능성이 제시되기 시작했다. 습지는 이미 살펴본 것처럼 물을 정화하고 유량을 조절하며 다양한 생물, 특히 물새들에게 서식처를 제공한다. 습지를 보호해야 하는 이유는 이처럼 다양하다. 습지에 주택과 쇼핑몰을 지으려고 경쟁하던 개발업체들이 수질정화법으로 심각한 타격을 받았다. 이 법은 이후 동일한 하천 유역에 비슷한 면적으로 비슷한 기능을 수행하는 습지를 별도로 조성하는 보상 혹은 완화 조치를 이행할 경우 개발이 가능하도록 개정되었다. 따라서 개발업체들은 인근에 또 다른 습지를 만들고 새로 조성된 습지가 영구적으로 자리 잡았음을 입증하는 조건으로 습지를 메울 수 있게 되었다.

다음 단계는 '습지은행mitigation banking'의 등장이었다. 습지은행이란 미리 습지를 조성한 후 대체 습지가 필요한 개발업자에게 판매하는 방식이다. 습지은행은 이미 해마다 수십억 달러의 수익을 내는 적당한 규모의 사업으로 자리 잡았다. 습지은행의 사업 영역도 습지를 벗어나 강과 멸종위기 종의 서식지로 확장되고 있다. 강이 가로질러 흐르는 토지를 개발하려는 개발업자의 경우 강을 우회시키거나 이미 말라버린 강을 생태적으로 복원시켜야 개발사업을 진행할 수 있다. 멸종위기 종 서식지를 개발하고자 할 때는 인근에 충분히 많은 개체가 살아가고 보호받을 수 있는 규모의 서식지를 조성해야 한다. 개발지역과 대체조성지역이 상응하는지 여부와 인접지역인지를 판단하는 역할은 미국의 동물보호국Fish and Wildlife Service과 육군 공병대의 책임이다.

요컨대 자연자본을 측정하면서 습지, 강, 멸종위기 종 서식지 등의 개발과 관련한 비즈니스 모델들이 생겨났다. 개발로 위협받는 습지, 강, 서식지 등을 파악하고 습지은행이 관심을 가질 만한(직접 조성하거나 구매하거나 임대하거나 등) 지역을 찾아내 보상용 습지, 강, 서식지를 조성한 후 필요로 하는 개발업자들에게 판매하는 것이다. 즉 투자 목적으로 자연자본을 '조성'하는 이런 비즈니스 모델은 연금이나 기부금으로 조성된 기관 투자자의 자금으로 운영된다.

나는 몇 년간 이런 형태의 펀드 관련 일을 한 적이 있는데, 투자성과는 나쁘지 않았다. 내가 관여한 펀드는 습지은행뿐만 아니라 탄소 상쇄권을 확보하기 위해 숲에도 투자했다. 이산화탄소를 통제하기 위해 탄소 배출권거래제를 시행 중인 캘리포니아는 숲을 조성해 탄소 발생을 상쇄시키고 이를 판매하는 상쇄권 시장도 함께 운영하고 있다. 앞서 설명했듯 기업은 배출권이나 상쇄권을 구입해 배출권 거래에 이용할 수 있으며, 또한 직접 숲을 조성해 상쇄권을 만들어낼 수도 있다. 탄소 상쇄권을 판매할 목적으로 숲 조성에 투자하는 펀드들도 생겨나고 있다.

이상의 논의에서 내릴 수 있는 결론은 자연자본은 필수라는 것이다. 자연자본 없이는 우리는 존재할 수 없으며, 최첨단 기술로 운영되는 사회에서도 자연자본은 여전히 핵심적인 역할을 하고 있다. 자연자본에 대한 투자는 높은 수익으로 돌아온다. 이상하게도 많은 사람이 이 사실을 모르고 있으며, 자연자본이 가지고 있는 치명적인 중요성을 여전히 비밀스럽게 다룬다. 자연자본의 중요성이 사회적으로 명확하게 인식되지 않으면 보호는 불가능하다. 또한 우리가 원하는 만큼은 아니더라도 자연자본의 가치를 측정해보기도 했다. 이 정도면 우리의 복지를 위해 자연자본이 수행하는 임무에 대해서는 충분히 기술한 것 같다. 다음 장에서는 자연자본에 영향을 미치는 요소를 파악하고 GDP의 대안을 찾아보기 위해 자연자본의 변화량을 측정하고자 한다.

9장

자연자본의
증감요인 측정

지속 가능한 발전sustainable development이라는 개념은 노르웨이 수상 그로 할렘 브룬틀란Gro Harlem Brundtland 박사가 세계환경개발위원회WCED: World Commission on Environment and Development 의장 시절 유엔에 제출한 「브룬틀란 보고서Brundtland Report」에서 처음 등장했다. 브룬틀란 위원회라 불리던 당시 세계환경개발위원회는 환경과 발전 관련 의문점들을 해결하기 위해 1983년에 설립되어 4년 후에 보고서를 완성했다. 제기되었던 문제들은 10여 년 전 파르타 다스굽타와 내가 저술한 『경제 이론과 자원 고갈』을 비롯해 많은 곳에서 이미 다루고 있는 문제였다. 브룬틀란 위원회는 세대 간의 공정성과 미래 세대에 대한 환경(자연자본)의 중요성을 추가했다. 「브룬틀란 보고서」는 이러한 문제들을 설명하고 공론화하는 데 큰 역할을 했고, 전 지구 차원의 주제로 끌어올렸다. 그전까지는 아무도 하지 못했던 일이다.

30년 후, 프랑스의 니콜라 사르코지 대통령은 좀더 기술적인 연구를 위한 위원회를 구성했고, 2009년에 보고서가 발간되었다. 이 보고서는 지속 가능성보다 한층 더 확장된 주제를 다루고 있다. 즉 GDP 대신 사회에 영향을 끼치는 문제들을 좀더 정확하게 반영하는 다른 지표로 대체하자는 것이다. 최종 보고서는 GDP의 구성요소를 더 정확히 측정하는 방법, 소비를 통해 유추하지 않고 직접적으로 복지 수준을 관찰하는 방법, 한 국가의 지속 가능성을 측정하는 방법 등 세 부분으로 구성되어 있다.

이 위원회에는 조지프 스티글리츠Joseph Stiglitz와 노벨경제학상 수상자이자 1960년대 케임브리지 대학에서 교수로 있었고 지금은 하버드 대학 교수로 재직 중인 아마티아 센Amartya Sen이 공동의장으로 참여했다. 나는 지속 가능성에 대해 보고서를 작성하는 하위 위원회를 맡았다.

사르코지 대통령에게 제출한 보고서는 여러 보고서에서 이미 지적한 대로 경제적 성과를 측정하기 위해 활용하고 있는 지표에는 여러 가지 부족한 점이 많다는 결론을 내렸다. 많은 결점 중 특히 중요한 두 가지를 언급하고자 한다. 첫째로 국가의 부가 증가하더라도 이것이 전적으로 부자들에게 돌아가는지(미국의 상황이 이렇다), 아니면 좀더 평등하게 분배가 되는지를 구분할 수 없다는 점이다. 둘째, 측정지표는 파괴되고 있는 자연자본을 전혀 반영하지 않으며 마찬가지로 자연자본의 편익도 반영하지 않는다는 것이다. GDP가 증가했다 하더라도 국민 대다수의 복지가 증가했다고 판단할 수 있는 개연성은 전혀 없다. 솔직히 경제지표는 어렵고 경제체제는 엄청나게 복잡하다. 예를 들어 미국 경제는 수천만 개의 기업과 3억 명의 소비자로 구성되어 있다. 기업과 소비자 간에는 양방향으로 거래가 이루어진다. 소비자는 기업으로부터 상품과 서비스를 구매하고 기업에 노동력을 판매한다. 그리고 소비자는 기업에 투자한다. 직접 투자를 하기도 하고, 가입한 연금상품을 통해 간접적으로 투자하기도 한다. 수천, 수억 건에 달하는 이 모든 거래가 50개 주와 전 세계에 걸쳐 이루어진다. 이처럼 복잡다단하게 이루어지는 일을 제대로 요약하는 일이 가능할까?

우리에게 좀더 익숙한 사례인 자동차 운전에 대해 생각해보자. 자동차의 계기판을 통해 속도, 엔진 온도와 회전수, 각종 경고 등 기본적인 정보와 함께 남은 주행 가능 거리도 파악할 수 있다. 최근의 자동차에는 위성항법 시스템의 도움을 받아 정확하게 목적지까지 도달할 수 있는 경로도 얻을 수 있다. 경제관료, 중앙은행 임원, 그리고 그 밑에서 일하는 많은 사람을 포함해 경제를 운용하는 이들도 자동차와 비슷한 수준의 경제정보를 얻고 싶겠지만 대체로 쉽지 않다. 엄청나게 많은 숫자를 다루고 있음에도 그중 많은 숫자는 이제는 쓸모없어졌거나 정확하지 않은 정보들이다. 그들이 갖고 있는 정보는 평균적인 운전자가 자동차에 대해 파악하는 정보보다 훨씬 신뢰하기 어렵다.

속도계처럼 우리가 경제적으로 얼마나 빨리 달리고 있는지를 알려주는 지표가 있다. GDP 성장률이 그것인데, 이에 대해서는 잠시 후에 상세히 다룰 예정이다. 속도계라고 했지만 GDP 성장률에는 심각한 오류가 있다. 우리가 몇 달 전에 얼마나 빨리 성장했는지만 알려주기 때문이다. 위험을 알려주는 경고등이 몇 개 없을뿐더러 그나마 있는 경고등도 엉뚱하게 해석하기 일쑤다. 주식가격이나 주택가격이 급격히 상승하는 것은 일반적으로는 경고등으로 여겨야 하지만, 이렇게 생각하는 경제운용자들은 거의 없다. 투입된 자본의 수익에만 관심을 가질 뿐, 모든 폭등은 폭락으로 이어진다는 사실을 망각하고 있다. 1990년 벤처 붐과 21세기 초의 주택가격 폭등과정에서 이런 결말을 보아오지 않았던가. 실업과 인플레이션에 대한 정보가 경고등 역할을 하기는 하지만, 위성 내비게이션처럼 방향을 제시해주는 도구는 존재하지 않는다. 정보를 수집하는 데 시간이 많이 걸리기 때문에 우리 경제에 무슨 일이 벌어지고 있는지 제때 파악하지 못하는 경우가 많다. 때로는 분기 혹은 그 이상의 시간이 지나야 알게 되는 경우도 있다. 심지어 우리가 어디로 가고자 하는지를 알 수 있는 방법도 없다.

아마도 가장 놀라운 것은 연료계 역할을 하는 지표가 아무것도 없다는 사실이다. 우리가 지금 하고 있는 일을 얼마나 더 지속할 수 있는지를 알 수 있는 방법이 없다. 경제에서 연료계라고 한다면 지금의 경제구조가 멈추지 않고 얼마나 유지될 수 있는지를 알려주는 지속 가능성에 대한 지표일 것이다.

GDP

현재까지 속도계처럼 가장 중요한 경제지표는 GDP 성장률이다. GDP 수치는 분기마다 발표되고, 종종 떠들썩한 반응을 불러일으키기도 한다. GDP가 늘어나면 좋은 일로 받아들이고, 정체 혹은 감소는 좋지 않은 상황으로 받아들인다. 한 나라의 경제적 성과는 대부분 GDP 수치로 평가된다. 그렇다면 이 수치는 무엇이며 왜 이 수치에 관심을 기울이는지 살펴보자. GDP는 한 경제체제에서 생산된 모든 가치(전체 경제활동)를 측정하기 위한 지표로 활용된다(그러나 앞으로 입증하겠지만 엉성하다). 한 해 동안 생산된 모든 재화와 서비스의 시장가치를 더하면 GDP를 구할 수 있다. GDP는 소비, 투자, 정부지출, 무역수지를 더한 숫자와 일치한다. 모든 경제학 개론서에 등장하는 공식으로 표현하면 다음과 같다.

$$GDP = C + I + G + X - M$$

이 수식에서 C는 가계 소비지출이며 I는 투자, G는 정부지출, X는 수출, M은 수입을 나타낸다. 따라서 GDP는 몇 가지 다른 방법으로 측정할 수 있다. 하나는 산출물의 총합을 구하는 방법, 다른 하나는 소비·투자·정부지출·무역수지(수출액에서 수입액을 뺀 것)를 더하는 방법이다. GDP는 그 경제가 구성원에게 제공한 재화와 서비스의 가치를 측정하기 위한 지표다.

GDP는 제2차 세계대전 이후 개발된 비교적 새로운 개념이다. GDP의 개념이 탄생한 데는 영국의 유명한 경제학자 존 케인스의 공이 크다. 케인스는 제2차 세계대전 기간 동안 영국 재무부에서 전쟁에 필요한 자원을 동원하는 업무를 맡았다. 영국 경제가 가동할 수 있는 전체 생산규모에 얼마나 근접해 있는지, 추가로 생산할 수 있는 규모는 얼마나 되는지를 정확하게 파악하고자 두 제자와 함께 개발한 것이 GDP였다. 당시 학생이었던 제임스 미드와 리처드 스톤Richard Stone(두 사람 모두 노벨상 수상자다)은 훗날 케임브리지 대학에서 내게 GDP를 가르쳤다.

GDP가 가장 많이 알려진 지표기는 하지만, 한 경제를 평가하는 유일한 지표는 아니다. 경제적 성과를 이야기할 때 거의 언제나 등장하는 또 다른 지표가 바로 실업률과 물가상승률이다. 경제체제는 원하는 사람 누구에게나 일자리와 소득을 제공해야 하기 때문에 높은 실업률은 바람직하지 않다. 저축한 금액이 시간이 지나더라도 가치를 유지하길 원하므로 높은 물가상승률 역시 바람직하지 않다. 결국 실업률과 물가상승률은 국가의 계기판에 자리 잡고 있는 두 개의 경고등인 셈이다. 또한 실업률과 물가상승률의 합은 종종 '고통지수misery index'라고 칭하기도 한다. 높은 실업률과 높은 물가상승률이 겹친 사회는 구성원에 대한 책임을 이행하는 데 실패했음이 분명하기 때문이다.

현재의 경제상황을 나타내는 계기판에는 단점이 많다. GDP로 측정되는 생산 수준으로는 전형적인 가정이 어떻게 살아가는지 알 수 없다. 대부분의 산출물을 해외로 수출하고 저축과 투자가 많다면 소비 수준이 낮다는 의미며, 일반적인 가정의 살림살이는 이런 지표들에 좌우된다. 놀라울 정도로 빠르게 GDP가 증가하고 있는 중국의 경우, 투자규모도 엄청날뿐더러(GDP의 30퍼센트 이상이다) 생산품 중 상당 부분이 수출되어 다른 나라의 국민들에 의해 소비된다. 전형적인 중국 가정의 복지는 이례적인 GDP 증가율을 따라가지 못하고 있다. 생산량이 눈에 띄게 증가한 것은 분명하지만 수출과 투자에 집중되어 일반 가정의 소비 증가율은 미미한 수준이다. 최근 들어 중국 정부는 투자와 수출을 줄이고, 민간의 소비를 늘리는 방향으로 경제기조를 재조정하는 데 몰두하고 있다.

중요한 문제 중 하나는 소득과 부의 분배에 관한 것이다. 지난 30년 동안 미국 경제는 성장해왔지만 늘어난 소득의 대부분을 가장 부유한 사회 구성원들이 차지했다. 이 기간 동안 중위소득 구간에 속하는 세대의 소득은 전혀 증가하지 않았다. 그렇기 때문에 미국 경제는 성장했음에도 대부분의 사람은 삶이 나아졌다고 느끼지 않고 있으며, 실제로 좋아진 것도 전혀 없다.

GDP는 시장에서 판매된 재화와 서비스의 가치와 정부가 생산한 재화와 서비스의 가치를 더해서 측정한다. 가족이 아이를 돌보거나 집에서 요리를 하는 경우처럼 시장 밖에서 만들어진 재화와 서비스는 GDP에 포함되지 않는다. 그러나 아이를 어린이집에 맡기듯 시장을 거치면 GDP에 반영된다. 마찬가지로 같은 음식이라도 식당에서 먹으면 GDP에 계산된다. 생각해보면 GDP는 가정에서 벌어지는 일상적인 노동을 인정하지 않는다. 가족끼리 이루어지는 서비스에 대해서는 가치를 전혀 부여하지 않기 때문이다. 가족끼리 서로 돕고 보살피는 건강한 가정을 유지하는 나라와 가족관계가 빈약해 가정이 제공해야 할 서비스를 정부나 민간기관이 대신 제공하는 나라를 비교해본다면 후자가 훨씬 GDP가 높게 나타날 테고, 생산성도 더 높아 보일 것이다. 만약 한 나라에서 가족제도가 흐트러지고 약해진다면 GDP의 증가로 귀결될 수도 있다. 또 다른 단점은, 외벌이로 가족 중 한 명이 8만 달러를 벌고 다른 한 명은 돈을 벌지 않는 대신 가사와 육아를 맡는 가정과 맞벌이를 하면서 각자 4만 달러를 버는 가정이 동일하게 취급된다는 점이다. 두 가정 모두 수입은 동일하지만 실제로는 첫 번째 가정이 훨씬 유리하다. 가사를 담당하는 가족의 재화와 서비스로부터 편익이 발생하기 때문이다.

실업률과 물가상승률, 그 밖에 경제적 성과를 측정하기 위해 일반적으로 활용하는 지표들 역시 한계가 있다. 실업률 10퍼센트가 일자리를 잃은 많은 사람이 잠시의 실업기간을 거친 후 바로 새로운 직업을 얻는 상황을 의미할까? 아니면 일할 의사가 있는 사람 중 10분의 1이 취업에 대한 보장도 없이 놀고 있는 상황일까? 같은 숫자라도 전혀 다른 상황일 수 있다. 물가상승률이 높은 건 분명히 위험하지만, 최근 들어(2015년 현재) 정책 입안자들 사이에서는 물가상승률이 너무 낮아 걱정하는 분위기가 확산되고 있다. 실제로 『이코노미스트Economist』는 "오늘날 부유한 국가의 중앙은행들이 직면한 가장 큰 문제는 낮은 물가상승률이다"라고 보도할 정도다.[1]

GDP, 실업률, 물가상승률은 경제 운영 성과를 측정하는 수단으로 활용하기에는 많은 단점을 가지고 있다. 이제 대안을 생각해야 한다. GDP, 실업률, 물가상승률 중 어느 것도 자연자본의 변화에 대해 알려주지 않는다. 오히려 엉뚱한 정보를 제공한다. 1장에서 언급했듯이, 인도의 일부 지역은 물이 부족한 상황이다. 지하수 수위가 낮아지면서 농부들은 더 깊이 우물을 파야 한다. 노동과 에너지에 대한 추가 지출은 GDP를 증가시킨다. 결국 물 부족으로 인도의 GDP는 성장하는 것처럼 보인다. 하지만 이 성장은 위험하다. 물을 더 퍼 올릴 수 없는 상황까지 간다면 농업생산은 붕괴할 것이고, 복지 수준 역시 하락할 것이기 때문이다.

이미 살펴본 뉴욕의 캣츠킬 유역은 또 다른 사례다. 뉴욕이 유역을 보전하는 대신 80억 달러를 들여 정수장을 지었다고 가정해보자. 경제적으로 잘못된 선택임을 앞에서 확인했지만 정수장에 투자한 80억 달러는 '투자'로 반영되어 GDP가 증가한 것처럼 보인다. 유역을 보전함으로써 증가한 유역의 가치는 공식적인 경제통계 어디에도 집계되지 않는다. 자연자본의 가치는 반영하지 않기 때문이다. 현재의 경제상황 계기판만 보아서는 뉴욕이 유역을 보전하는 데 경제적으로 올바른 일을 했다는 사실을 전혀 알 수 없다. 실제로는 뉴욕이 잘못했다고 판단할 수밖에 없는 경제지표가 대부분이다. 우리가 가지고 있는 지표들은 환경을 포함한 많은 분야에서 경제적으로 잘못된 방향으로 우리를 이끌고 있다.

환경에 대한 우리의 노력을 정확히 알려주는, GDP보다 나은 경제지표를 만들 수는 없을까? 비교적 간단한 방법은 비록 개념적이기는 하지만 GDP 대신 국내순생산NDP: Net Domestic Product을 이용하는 것이다. GDP에서 자본의 감가상각을 제외했다는 것이 차이점이다. 현재 우리가 활용하는 국민계정은 자본으로 측정할 수 있는 유일한 형태인 물적 자본(기계류, 건물, 컴퓨터 같은)의 감가상각만 기록하고 있다. 따라서 GDP에서 물적 자본의 감가상각을 빼면 NDP로 바꿀 수 있으며, 경제가 생산한 총량과 구성원들이 쓸 수 있는 총량을 좀더 정확히 측정할 수 있게 된다. 감가상각, 즉 이미 소진된 자본은 노동이나 자재와 마찬가지로 생산과정에 투입된 것으로 보아 총산출물에서 제외해야 한다. NDP보다 GDP를 활용하는 이유는 다분히 실용적인 측면이 크다. 즉 자본에 대한 감가상각을 정확하게 측정하기가 쉽지 않기 때문이다. 1년 동안 자동차, 컴퓨터 또는 주택의 가치는 얼마나 변했을까? 대부분의 감가상각 자료는 세금 기록에서 얻는다. 기업은 세금 계산 시 자신의 이익에서 자산 감가상각을 공제할 수 있다. 그러나 조세를 목적으로 감가상각을 계산하는 관습은 임의적이며 경제적인 측면에서는 아무런 의미가 없다. 어떤 자산은 1년에 걸쳐, 어떤 자산은 5년에서 10년에 걸쳐 감가상각이 이루어진다. 이 수치는 자산의 실제 가치 변화를 반영한다기보다는 로비와 정치적 계산에 좌우되는 경향이 다분하다.

GDP와 NDP의 차이는 중요한 환경적 함의를 갖는다. 인간의 활동이 자연자본에 끼치는 영향의 대부분이 자연자본의 총량이나 가치를 떨어뜨려 자연자본에 대한 감가상각을 일으키는 것으로 볼 수 있기 때문이다. 자연자본의 일종인 석유에 의존해 살아가는 사우디아라비아의 경우를 살펴보자. 석유 매장량은 해마다 감소하고 있고, 이 감소분은 그들이 보유하고 있는 자연자본의 감가상각인 셈이다. 이 감가상각은 그들이 판매하는 석유의 가치이기 때문에 GDP에서 자연자본의 감가상각을 제외한 NDP를 계산한다면 석유 판매로 발생한 수입을 대부분 상쇄할 것이고, 사우디아라비아는 부자 나라라고 볼 수 없다. 자연자본의 감가상각을 계산에 넣을 수 있다면 상황은 정말 달라진다. 석유는 손쉽게 매장량 감소를 측정하고 그에 대한 가치를 평가할 수 있는 예외적인 사례다. 일반적으로 자연자본의 손실을 측정하고 가치를 평가하는 일은 쉽지 않다. 수산자원은 어느 정도 석유처럼 측정할 수 있으므로 가치평가가 가능하지만 반대로 하천 유역이나 생물 다양성은 감가상각을 측정하고 평가하는 것이 대단히 어렵다. 마지막 장에서 살펴보겠지만 어려운 작업이기는 해도 불가능하지는 않다.

결론은 NDP가 GDP보다 산출물을 측정하는 유용한 지표일 수 있으며, 특히 자연자본의 변화를 측정하고 가치를 평가해서 감가상각을 측정해낼 수 있다면 더욱더 NDP가 바람직한 지표라는 것이다. 그러기 위해서는 인간의 행동이 환경에 미치는 영향을 파악해 소득 측정에 반영해야 한다. 제대로만 한다면 녹색국민소득Green National Income[2]이라는 지표를 얻을 수 있다. 현재 활용하고 있는 지표들의 문제를 해결할 수 있을 뿐 아니라 우리가 무엇을 측정해야 하는지에 대한 진정한 답을 줄 것이 틀림없다. 나중에 자세히 설명하겠지만, 투입과 산출에만 기초해서 측정한다면 경제의 장기적인 생산 잠재력을 포착할 수 없다. 이를 위해서는 자본 총량에 대한 분석이 필요하다.

인간개발지수

'무엇을 측정할 것인가?'라는 질문에 대한 답을 찾고자 하는 학자들이 있다. 화폐로 측정하는 소득이 아닌 좀더 직접적으로 복지 수준을 측정하는 기준을 만들려는 것이다. 이러한 노력 중 유엔개발계획UNDP: United Nations Development Program에서 발표한 인간개발지수HDI: Human Development Index가 가장 널리 알려져 있다. HDI는 UNDP에서 복지에 필요한 세 축으로 규정한 건강, 교육, 소득과 관련한 일련의 데이터로 구성된다. 구체적으로 보면, 태어날 시점에서의 기대수명, 교육기간의 중위값, 그리고 국민 1인당 평균소득이다. 이 세 가지 수치를 조합해 하나의 숫자로 만든 것이 한 국가의 HDI다. 이 숫자만으로는 특별한 의미를 갖지 않는다. 소득 수준도 아니고 기대수명이나 교육기간 그 자체도 아니면서 각각의 일부분을 포함한다. 다만 이 숫자가 시간에 따라 어떻게 변하는지, 그리고 국가별로 어떻게 달라지는지를 비교할 때 비로소 의미를 갖는다. 경제적 성과를 측정하는 서로 다른 지표를 이해할 수 있도록 6개국의 1인당 GDP와 HDI를 각각 보여주는 〈그림 9-1〉과 〈그림 9-2〉를 살펴보자. 산업국가로 미국과 독일, 브릭BRIC: Brazil·Russia·India·China을 대표하는 중국과 인도, 그리고 앞에서 다루었던 작은 국가 보츠와나와 파푸아뉴기니의 현황을 보여준다.

〈그림 9-1〉을 보면 모든 국가에서 지난 30년 동안 1인당 GDP는 꾸준히 상승해왔다. 미국과 독일은 나머지 국가에 비해 훨씬 부유하며, 보츠와나 역시 최소한 GDP만으로 볼 때 중국과 인도에 비하면 훨씬 부유한 편이다. 이 기준으로 본다면 파푸아뉴기니는 가장 가난한 나라로 보인다. 그러나 위에서도 언급했듯이, 이것만으로는 각 나라의 평균적인 시민들이 어느 정도로 복지를 누리고 있는지는 파악하기 힘들다.

〈그림 9-2〉의 HDI 그래프를 살펴보자. 비슷해 보이지만 GDP와는 전혀 다른 측정값으로 만든 그래프다. GDP와 마찬가지로 모든 국가의 성

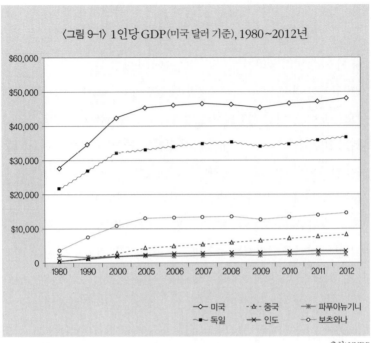

〈그림 9–1〉 1인당 GDP(미국 달러 기준), 1980~2012년

출처: UNDP

적은 지난 30년 동안 좋아지고 있다. 부유한 두 나라가 여전히 앞서 있지만 〈그림 9-1〉에서보다 격차는 줄어들었다. 이제 중국과 보츠와나는 비슷한 수준을 보이고 있고, 인도와 파푸아뉴기니가 하위권을 이루고 있다. 이를 통해 GDP와 HDI가 개념적으로는 상당히 달라 보이는데도 이 국가들의 경우 비슷한 양상을 띤다는 것을 알 수 있다. 보이는 모습은 다르지만 결국 비슷한 경제적 성과를 표시하는 것처럼 비친다. 정말로 뚜렷하게 차이를 보려면 좀더 혁신적인 방법을 찾아야 한다. 이를 위해 질문을 바꿔 던져보자.

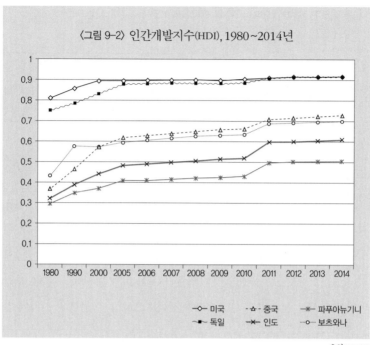

〈그림 9-2〉 인간개발지수(HDI), 1980~2014년

명확히 다른 두 질문으로 인간의 복지를 측정해볼 수 있다. 첫째로 사람들은 현재 얼마나 잘살고 있고 이 수준은 어떻게 변화해왔는가? 두 번째는 현재의 복지 수준이 미래에도 지속될 수 있는가? 그리고 우리의 후손들도 우리와 마찬가지로 살아갈 수 있을 것인가? GDP를 비롯한 유사한 측정치는 물론이고 HDI 역시 (〈그림 9-1〉과 〈그림 9-2〉에서 본 것처럼) 첫 번째 질문이 요구하는 복지 수준과 현재의 경향을 말해주기에는 부족하다. 그리고 지속 가능성에 관한 두 번째 질문에도 두 가지 모두 답을 제시해주지 못한다.

보츠와나, 나미비아, 사우디아라비아

보츠와나, 나미비아, 사우디아라비아는 지속 가능성을 이해하는 데 좋은 사례가 되는 국가들이다. 보츠와나와 나미비아는 긴 국경을 맞댄 서로 무척이나 닮아 있는 나라다. 두 나라 모두 건조기후와 반건조기후 지대인 아프리카 남부에 있다. 보츠와나의 인구는 180만 명이며 면적은 60만 제곱킬로미터로 텍사스보다 조금 작다. 나미비아는 인구는 200만 명이며 면적은 조금 넓은 82만 5,000제곱킬로미터다. 두 나라 모두 인구밀도는 매우 낮다. 나미비아는 대서양에 면한 긴 해안선을 가지고 있어 수산업이 주산업인 반면 보츠와나는 내륙 국가다. 보츠와나는 칼라하리 사막, 나미비아는 나미브 사막이라는 넓은 사막을 가지고 있다. 보츠와나 북쪽으로 오카방고 삼각주라는 지리적으로 아주 독특한 지역이 자리 잡고 있다. 오카방고 강은 바다로 흐르지 않는 세계에서 유일한 강이며, 대신 보츠와나의 북쪽에 자리 잡은 칼라하리 사막으로 흘러들어간다. 한때는 짐바브웨의 잠베지 강을 거쳐 인도양으로 흘러나간 적도 있었지만 수백만 년 전의 지각변동으로 칼라하리 사막으로 물길을 돌리게 되었다. 중앙아프리카 고원지대에서 발원해 지구상에서 가장 뜨거운 사막을 거쳐 흘러가는 거대한 강에는 놀랍도록 다양한 생물 종이 살아가는 독특한 환경이 조성되어 있다. 강과 사막이 처음 만나는 곳에서는 악어와 하마, 다양한 물새가 살아가는 수중 생태계가 만들어지며, 반건조 지역에서는 강 유역으로 관목지대가 펼쳐지는 등 다양한 생태계가 강을 따라 형성되어 있다. 유인원을 제외한 아프리카에서 살고 있는 거의 모든 동물 종을 만날 수 있으며, 독특한 수생환경에 적응한 고유종도 서식하고 있다. 보츠와나는 오카방고 삼각주를 기반으로 생태관광업을 대단히 성공적으로 운영하고 있다. 해마다 수천 명의 관광객들이 몰려와 돈을 지불하는 자연자본인 셈이다. 나미비아에는 북쪽 해안의 스켈레톤 해변공원을 비롯해 주목할 만한 멋진 풍경을 가지고 있으며 생태관광업 역시 성장하고 있다. 두 나라 모두 방문해볼 만한 곳이다.

생태관광이 이루어지는 자연환경 외에도 두 나라 모두 풍부한 광물자원을 보유하고 있다. 보츠와나에는 보석으로 가공되는 다이아몬드가 대량으로 매장되어 있다. 다이아몬드 반지를 가지고 있다면 보츠와나에서 생산되었을 가능성이 높다. 이곳의 다이아몬드 광업은 드비어스[다이아몬드 채광·유통·가공·도매 회사]와 남아프리카의 다이아몬드 광산업체, 보츠와나 정부가 공동으로 소유하고 있는 데브스와나라는 회사가 운영한다. 나미비아 역시 보츠와나에는 미치지 못하지만 다이아몬드가 매장되어 있으며 우라늄, 납, 주석, 아연, 은, 텅스텐 등의 광물이 풍부하게 매장되어 있다. 대서양을 마주하고 있는 긴 해안선 덕분에 수산업도 발달해 있다.

두 나라 모두 자연자본의 한 요소인 생물 다양성을 이용한 관광산업과 다이아몬드, 우라늄, 납 등 지하의 자연자본을 소진하면서 수익을 만들어낸다. 소진된 자본에 버금가는 다른 형태의 자본을 조달해 자본의 총량을 보전하든지 자본의 총량이 감소하도록 내버려둘 수도 있다. 보츠와나는 전자의 길을, 나미비아는 후자의 길을 택했다. 보츠와나는 다이아몬드 광산에서 나온 수입의 상당 부분을 물적·인적 자본을 확충하는 데 적극적으로 재투자했다. 그 결과 1980년대에서 20세기 말에 이르는 기간 동안 개인의 복지와 소득은 거의 세 배로 늘어났고, 가난한 나라의 대열에서 벗어나 중간소득국middle-income country으로 도약했다. 그러나 같은 기간 나미비아의 소득과 복지 수준은 오히려 감소했다. 보츠와나는 개발도상국의 성공 사례 중 하나며(높은 에이즈 발병률은 제외하고), 아프리카의 모든 국가가 간절히 원하는 성공모델이 되었다. 반면 나미비아의 경우 자연자본으로 벌어들인 수익으로 다른 형태의 자본을 창출하고자 하는 명확한 정책이 없었던 탓에 전체 자본보유량, 전체 자산의 가치, 1인당 소득 모두 감소하는 결과를 맞았다. 두 나라의 가장 큰 차이점이라면 나미비아는 1988년까지 남아프리카공화국의 지배하에 있었고, 남아프리카공화국은 나미비아를 자국의 이익을 위해 자연자본을 수탈하는 식민지로 활용했다는 점이다. 또한 1966년에서 1988년에 이르는 12년 동안 독립전쟁을 치르는 통에 경제적 자원을 축적할 수 있는 기회조차 없었다는 것도 양국의 격차를 벌리는 요인이었다.

지속 가능성

대다수 세계 인구가 심각한 문제없이 장기간 유지할 수 있는 생활방식, 일하는 방식이 있다면 지속 가능하다고 이야기할 수 있을 것이다. 지금까지 살펴본 내용으로 판단한다면 현재의 에너지 이용 패턴은 지속 가능하다고 보기 힘들다. 기후변화를 야기하고 생활방식뿐만 아니라 우리의 문명 자체를 위협하는 온실가스를 만들어내고 있기 때문이다. 현재의 농업 생산방식도 지속 가능하지 않을 것이다. 비료 탓에 토양과 수자원이 대규모로 오염되고 있기 때문이다. 지하수 남용과 지표수 오염으로 물의 이용 패턴 역시 지속 가능하지 않다. 현재의 어획고도 지속 가능하지 않다. 이대로 간다면 수십 년 안에 주요 어종들이 모두 사라져버릴 것이기 때문이다.

「브룬틀란 보고서」는 "지속 가능한 개발이란 미래 세대가 스스로의 필요를 충족시킬 수 있는 능력을 손상시키지 않으면서 현재의 요구를 충족시키는 개발"이라고 정의했다. 지속 가능성이 가지고 있는 세대 간의 문제를 강조한 언급이다. 지구를 상처투성이로 후손에게 물려주고자 한다면 지금 이대로 살아도 괜찮다. 그렇지 않다면 이제라도 살아가는 방법을 바꿔서 조금이라도 덜 고갈된 상태로 후손에게 자연자본을 물려주어야 할 것이다. 7장에서 언급했던 루스벨트 대통령의 1907년 연설을 기억하는가? "천연자원은 국가가 다음 세대에게 온전히, 더 나은 상태로 물려주어야 할 자산이다."

「브룬틀란 보고서」에는 명시적으로 언급되지는 않았지만 우리는 지속 가능성을 단지 환경보전과 관련한 문제로만 생각하는 경향이 있다. 이미 지적한 것처럼 자연환경(자연자본)은 인간 사회에 막대한 가치를 제공한다. 우리는 환경뿐만 아니라 여러 측면에서 자연자본에 의존하고 있으며, 대체 불가능한 서비스를 공급받고 있다. 그러나 우리는 아직도 자연자본을 고갈시키고 있다. 이대로 간다면 우리가 현재 보유하고 있는 것보다 훨씬 적은 양을 후손에게 물려주게 될 것이다. 환경이 손상되고 자연자본이 고갈되어 우리의 활동은 지속 불가능해질 수도 있다. 우리 후손을 자연자본이 부족한 세상에서 살게 한다는 것은 한마디로 그들을 열악한 환경으로 내모는 일이다. 불안정하고 혹독한 기후 상황을 맞이할 수도 있으며, 생물 다양성도 떨어지고, 수자원도 부족해질 것이기 때문이다. 이로 말미암아 그들은 가난하고 불행한 삶을 살아야만 할지도 모른다.

그러나 환경보호가 지속 가능성을 확보하는 유일한 수단은 아니다. 우리 세대에 대한 변명을 해보자면, 자연자본을 고갈시키고 있는 대신 후손들에게 고속도로, 공항, 건물이나 기타 기반시설 등 우리가 받은 것보다 더 많은 사회간접자본을 남겨주고 있다. 또한 다양한 연구개발을 통해 질병 치료, 신제품, 신기술 등 더 많은 지적 자본도 남겨주고 있다. 지난 20년 동안 느닷없이 등장한 인터넷과 무선통신은 우리 삶을 지배해버렸다. 아직 발명되지 않은 새로운 기술을 포함해 이 모든 것 또한 고갈시킨 환경에 대한 보상으로 우리 후손에게 전해지게 될 것이다.

이러한 보상은 적절한 것일까? 고갈된 자연환경을 인간의 노동과 창의력으로 되돌릴 수 있을까? 현시점에서 우리가 확신할 수 있는 것은 이렇다. 상황에 대한 인식은 적어도 100년 전보다는 훨씬 나아졌다. 그동안 자연자본을 소모하기는 했지만 대량으로 지적·물적 자본을 축적해왔다. 숲, 벌판, 숱한 종류의 생명을 잃었지만 많은 질병을 치료할 수 있게 되었고, 중앙 냉난방 설비를 확보했다. 또한 온갖 가정용품과 휴대전화, 노트북, 인터넷 등을 얻었다. 스픽스마코앵무, 양쯔강돌고래, 그 밖에 멸종된 많은 생물 종을 대가로 치르긴 했지만 말이다. 우리 대부분은 아마 이 거래에 불만이 없을 것이다. 그런 식으로 인간의 노동과 지혜의 열매가 쌓여가는 것에 위안을 얻고, 자연자본이 감소하는 것에 대해 보상을 받았다고 생각한다. 언제까지 더 나은 기술과 사회기반시설을 위해 자연환경과 위기의 생물 종들을 희생하는 거래를 지속할 수 있을까? 바로 이 부분이 지속 가능성 문제의 핵심이다.

세상은 변하고 있다. 자연자본을 희생한들 미래를 보장받을 수는 없다. 기후변화는 새로운 국면으로 접어들고 있다. 100년 전에는 전혀 알지 못했던 현상이다. 20세기에는 화석연료를 대규모로 태워 눈에 띄게 성장할 수 있었지만, 그 결과 질적으로 전혀 다른 변화를 초래할 상황에 빠져 있다. 앞으로 수십 년이라는 비교적 짧은 기간 안에 세계는 상당한 비용을 지불해야 할 상황에 처할 수도 있다. 멸종의 속도도 역사적으로 선례가 없다. 과거에도 인간 때문에 생물 종이 멸종하는 경우는 있었지만 요즘처럼 대규모로 벌어진 적은 없었다. 나무를 주 연료로 쓰던 산업혁명 시기조차도 요즘처럼 빠른 속도로 숲이 사라지지는 않았다. 바다 역시 극도로 부정적인 영향을 받고 있다. 6장에서 바다에 서식하는 대형 식용 어류의 개체 수가 불과 50년 사이에 10퍼센트 수준으로 줄어들었다고 언급한 것을 기억하는가? 게다가 포획량은 더욱더 급속하게 증가하고 있다.

결론은 자연자본의 고갈 속도가 가속되고 있다는 것이다. 우리는 자연자본에 의존하고 있으며, 자연자본을 필요로 하고 있다. 그리고 자연자본이 없으면 우리는 살아남을 수 없고 생활방식도 유지할 수 없다. 자연자본과 문명을 맞바꿔왔던 과거의 방식이 결코 지속 가능하지 않다는 것은 분명하다. 특정한 나라의 경험을 살펴보면 서로 다른 유형의 자본을 맞바꾸는 과정을 이해할 수 있을 것이다. 사우디아라비아가 좋은 예다.

사우디아라비아는 지속 불가능한 전형적인 경우다. 부유한 것은 확실하지만 지속 가능하지는 않다. 이 두 가지의 개념이 어떻게 다른지 자세히 살펴보자. 사우디아라비아는 매장되어 있는 석유와 가스를 팔아 살아간다. 집 안에 있는 은쟁반을 내다 파는 것과 비슷하다. 사우디아라비아가 수출하는 공산품은 거의 없다고 봐도 된다. 하는 일이라고는 땅속에 있는 석유와 가스를 파내어 유조선이나 파이프라인으로 다른 나라에 파는 게 전부다. 결국 언젠가는 석유와 가스가 고갈돼버릴 것이다(매장량이 엄청나서 가까운 미래에 고갈되지는 않겠지만). 내다 팔 것이 말라버린 상황에서 사우디아라비아가 다른 형태의 자본을 확보하지 않는다면 삶은 어느 순간 붕괴될 것이다. 보츠와나같이 천연자원을 다른 가치를 갖는 자산으로 대체하려는 장기적이고 적극적인 정책이 없다면 현재의 생활수준은 지속 가능하지 않다.

이해를 돕기 위해 숫자를 몇 개 찾아보자. 사우디아라비아는 하루에 대략 1,000만 배럴[약 15억 9,000리터]의 석유를 생산하며, 인구는 대략 2,500만 명 정도다. 한참 비쌀 때는 배럴당 130달러에도 팔려나갔지만 2016년에는 약 30달러까지 떨어졌다. 배럴당 130달러라는 비싼 가격에 석유를 팔아도 1인당 돌아오는 연간 수입은 1만 9,000달러에 불과했다. 다시 말해 석유로 벌어들인 수입을 사우디아라비아 사람들이 똑같이 나눌 경우 한 사람당 1만 9,000달러를 받는다는 뜻이며, 4인 가족이라고 해도 8만 달러가 채 되지 않는 돈이다. 부유하진 않지만 그럭저럭 괜찮게 살아갈 수 있는 수준이다. 석유 거래가격이 배럴당 60달러로 떨어지면 1인당 8,700달러를 벌고 4인 가족이라면 3만 5,000달러를 벌게 된다. 미국 정부가 규정하는 빈곤 수준을 가까스로 벗어나는 수입이다. 그리고 배럴당 30달러가 되면(2016년 초에 이 수준까지 떨어졌다) 1인당 4,350달러, 4인 가구로는 1만 7,000달러를 가까스로 넘는 금액으로 떨어진다. 미국 기준으로는 빈곤을 벗어날 수 없는 수준이다. 게다가 당연하게도 사우디아라비아의 소득은 균등하지 않다. 소득분포는 미국보다도 훨씬 부유한 사람에게 치중되어 있다. 벌어들이는 소득의 대부분은 권력을 가진 왕족에게 돌아간다. 따라서 평균적인 일반 가정은 위에서 제시한 금액에 훨씬 못 미치는 소득을 얻을 뿐이다.

사우디아라비아와 같은 형편의 (소진되는 자원에 의존하고 있는) 국가들은 종종 자원이 고갈된 이후의 수익원을 확보하기 위해 국부펀드SWF: Sovereign Wealth Fund 형태로 투자기금을 조성하는 경우도 있다. 노르웨이, 아랍에미리트, 사우디아라비아, 쿠웨이트, 카타르 모두 이런 기금을 운영하고 있으며, 알래스카도 여기에 해당한다. 사우디아라비아의 기금은 7,000억 달러에 이른다고 한다. 이 기금이 매년 5퍼센트의 수익을 낸다면 사우디아라비아 국민 1인당 1,400달러를 받을 수 있다. 배럴당 30달러일 때보다도 훨씬 낮은 소득이다.

사우디아라비아의 석유가 고갈되면 석유 판매로 거둔 수입은 끊어진다. 석유 수입의 일부를 대체수단에 투자하지 않는 한 이를 만회할 방안도 없다. 석유 수입을 대체하는 데 충분히 투자한다면 경제는 지속 가능할 것이고, 투자가 부족하다면 지속 불가능할 것이다. 물론 공장을 건설하거나 국민들의 교육과 같은 생산적인 자산에 소득을 투자하는 대안도 있다. 이를 통해 석유 수입을 대체할 수 있는 수입원을 창출할 수 있다. 사우디아라비아가 구체적인 투자규모를 밝히고 있지는 않지만 석유가 고갈되는 시점에 석유 수입을 대체하기에는 충분치 않다는 것은 누구나 알 수 있을 정도다.

사우디아라비아와는 달리 지속 가능한 경제를 만들기 위해 애쓰는 국가와 지역도 있다. 노르웨이와 알래스카가 좋은 예다. 노르웨이는 노르웨이석유기금Norwegian State Petroleum Fund(노르웨이 국부펀드라고도 한다)을, 알래스카는 알래스카영구기금Alaska Permanent Fund(정부기관과는 무관하다)

을 각각 운영하고 있다. 이 두 가지 펀드는 모두 석유 판매로 얻은 수익을 또 다른 수익원에 투자한다. 석유 매장량이 고갈된 후에도 수익을 창출할 수 있는 장기 수익원을 확보하기 위해서다. 노르웨이석유기금은 북해 유전을 개발하는 노르웨이의 석유회사인 스타트오일의 정부 보유 지분 80퍼센트를 활용해 조성한다. 이 기금의 투자규모는 8,000억 달러에 이른다(수익률이 5퍼센트라면 노르웨이 국민 480만 명에게 매년 약 9,000달러를 지급할 수 있는 규모다). 알래스카영구기금은 석유와 가스 매출의 25퍼센트를 로열티로 걷어서 현재 280억 달러를 조성해놓고 있다. 모든 알래스카 거주민에게 평균 1,000달러 이상을 해마다 지급하고 있으며 많을 때는 1,800달러에 이른 적도 있었다. 두 가지 모두 자연자본이 금융자본으로 탈바꿈한 사례다. 금융자본은 자연자본이 완전히 고갈된 이후에도 지속적으로 수익을 창출할 수 있다. 따라서 다른 형태로 자본을 축적해 자연자본의 손실을 부분적으로나마 보완해나가는 사례로 살펴본 것이다.

국가의 자산과 부채라는 회계로 이 문제를 생각해볼 수도 있다. 초기에는 주로 자연자본(석유와 가스)으로 자산을 구성하고 있었지만 시간이 지나면서 자산이 고갈되어 가치가 떨어진다. 여기까지만 본다면 해당 국가의 전체 자산가치는 하락한 셈이다. 그러나 자연자본의 소진으로 발생한 소득을 금융자본으로 투자한다면 대차대조표에 새로운 자산으로 등장하게 된다(투자기금이 금융자산의 형태로 나타난다). 그리고 이를 통해 자연자본의 감소분을 어느 정도는 상쇄할 수 있다. 잘 관리한다면 해당 국가의 총자산가치를 일정하게 유지할 수도 있을 것이다. 알래스카와 노르웨이는 이 수준에 근접해 있는 반면 사우디아라비아는 이를 전혀 신경 쓰지 않는 것이 분명하다.

대안

이러한 내용들이 지속 가능성과 무슨 관련이 있을까? 앞서 이야기했던 보츠와나의 광물자원과 마찬가지로 알래스카와 노르웨이의 석유 역시 자연자본을 소비해 경제를 운영하더라도 지속 불가능하지는 않음을 의미한다. 다른 유형의 자본에 투자함으로써 이러한 형태의 자연자본의 고갈을 보완할 수 있다. 하나의 자산을 다른 자산으로 교체함으로써 대차대조표의 균형을 유지하는 것이다. 이런 분석에 대해 질문을 던져볼 수 있겠다. 광물자원이 아닌 다른 형태의 자연자본의 고갈문제도 이 방식으로 해결할 수 있을까? 물적·지적 자본처럼 우리가 생산할 수 있는 자산을 모아둔다면 기후변화, 물 순환, 열대우림지역의 생물 다양성 등에서 잃어버리는 것들을 보상받을 수 있을까?

인류의 미래에 대한 토론에서 늘 논란의 핵심이 되는 질문이 바로 이것이다. 살아 있는 자연자본이 제공하는 서비스를 어느 정도까지 인간이 만들어놓은 자본으로 대체할 수 있겠느냐는 것이다. 궁극적인 대답은 불가능하다는 것. 바이오스피어 2 실험이 실패했듯이 말이다. 우리가 살아가기 위해서는 산소가 필요하다. 산소는 식물이나 해조류의 광합성으로 만들어지며, 대체할 수 있는 방법은 없다. 식량 역시 자연 생태계의 서비스에 전적으로 의존할 수밖에 없다. 식량의 생산성을 좌우하는 토양은 남용될 경우 손쉽게 손상될 수 있는 섬세한 생태계다. 또한 식량 생산을 좌우하는 기후는 부분적이기는 하지만 아주 복잡한 전 세계적 탄소 순환이 결정한다. 게다가 농업 생산은 식용작물에 피해를 입히는 해충에도 영향을 받으며, 해충들은 또다시 새와 박쥐 같은 천적에 의해 통제된다.

따라서 우리는 물적 자본, 금융자본, 인적 자본 등 어떠한 형태의 자본
으로도 자연자본의 모든 측면을 대체할 수는 없다. 기본적으로 광물자
원은 자산에 불과하다. 광물자원이 보유국에 제공하는 가장 중요한 서비
스는 시장에서 부를 창출해주는 것이다. 알래스카, 노르웨이, 보츠와나
처럼 부를 축적해 광물자원의 고갈을 보완할 수 있다. 하지만 숲이나 산
호초 같은 생태계는 자산 이상의 의미를 갖는다. 생태계는 필수적인 서
비스를 제공할뿐더러 금융자산이나 물적 자본으로 대체할 수 없다. 이는
뉴욕 시가 캣츠킬 유역을 보전하기로 한 이유이자 중국 정부가 하천 유
역의 남벌을 중단하고 강도 높은 숲 재건 프로그램을 시행한 이유기도
하다. 숲과 하천 생태계 같은 자연자본에는 비용 대비 효과라는 개념을
적용할 수 없다.

따라서 지속 가능하기 위해서는 자연자본의 일부라도 그대로 유지해
야 한다. 우리가 대체할 수 없는 서비스를 제공하기 때문이다. 그러나 돈
으로, 혹은 우리가 생산할 수 있는 다른 자산으로 대체 가능한 자연자본
도 있다. 이러한 자연자본은 별다른 걱정 없이 이용해도 된다. 넓은 관점
에서 볼 때 대체 불가능한 자연자본은 숲이나 생물 다양성처럼 생명을
가진 기능이다. 그리고 생명이 없는 자연자본의 경우는 대체가 가능하기
때문에 없다고 해서 크게 아쉬울 것은 없다. 역설적인 것은, 현재 시장이
형성되고 작동하는 방식은 이와는 정반대라는 점이다. 광물자원과 석유
는 특히 높은 가격으로 거래되고 있는 데 반해, 생물 다양성과 숲은 전혀
가치를 인정받지 못하고 있다. 다이아몬드와 물의 역설을 떠올리게 한
다. 결국 물은 공급 과잉상태인지라 가치가 없는 반면 다이아몬드는 그
렇지 않다는 것이다. 다만 차이점은 있다. 석유와 다른 광물의 가치는 시

장에서 정확하게 포착되는 반면에 살아 있는 자연자본이 제공하는 서비스는 대부분 공공재기 때문에 시장에서 가치를 포착하기 어렵다는 것이다. 게다가 자연자본은 대부분 공유자원이기 때문에 보전하기 어렵다는 특징도 있다.

다시 지속 가능성으로

지속 가능성은 약한 지속 가능성과 강한 지속 가능성, 두 가지로 나눠볼 수 있다. 우리는 지금까지 암묵적으로 약한 지속 가능성에 관해서만 살펴보았다. 현재 우리가 행동한 결과로 후손들이 우리 이상의 생활수준을 유지할 수 있다면 약한 지속 가능성을 확보한 것이다. 다시 말하면 미래 세대들이 자신의 이익을 추구하는 데 우리의 현재 행동에 영향을 받아서는 안 된다는 것이 「브룬틀란 보고서」에서 내린 지속 가능성의 정의였다. 미래 세대에 대한 책임과 의무에 관해 보편적으로 납득할 수 있는 해석이다. 그러나 여기에는 자연계와 자연계를 공유하는 다른 생물 종에 대한 의무와 책임이라는 개념은 포함돼 있지 않다.

이 때문에 약한 지속 가능성만으로는 결코 지속 가능할 수 없다고 생각하는 사람들도 있다. 자연자본 그 자체, 최소한 살아 있는 부분만이라도 유지되어야 하며, 이런 형태의 자연자본이 지속되어야 지속 가능하다고(강한 지속 가능성) 믿는 환경주의자들이 있다. 그들이 주장하는 지속 가능성에 따르면, 인간 삶의 방식이 유지되는 것뿐만 아니라 지구상의 모든 생명이 유지되어야 한다. 그들에게 있어 약한 지속 가능성은 지극히 편협하고 약탈적인 개념이다. 그들은 우리 자신의 삶뿐만 아니라 지구상의 모든 형태의 생명에 대해서도 우리가 책임을 느껴야 한다고 생각한다. 또한 인류가 지구를 실질적으로 지배하고 있기 때문에 모든 생명의 운명은 우리 손에 달려 있으며, 그들의 생존과 번영을 보장해야 한다고 주장한다.

결국 두 가지 개념 중 무엇을 선택할 것인지는 개인의 선택일 수밖에 없다. 인간의 생활수준을 유지하면 되는 것인가(약한 지속 가능성)? 아니면 모든 생명을 보존해야 하는가(강한 지속 가능성)? 전자는 인간의 복지에 기여하는 선까지만 자연자본(본질적으로는 생물 다양성)의 가치를 인정하자는 것이고, 후자는 모든 생명의 형태를 그 자체로 가치를 갖는 것으로 인정해야 한다는 것이다.

환경보존을 이야기할 때 이 구분은 매우 중요하다. 미국의 '멸종위기종보호법Endangered Species Act'은 특별한 경제적 이익이 없더라도 멸종위기 종을 보호해야 한다고 규정하고 있다. 우리와는 관계없이 멸종위기 종 스스로 독립적인 가치를 지니고 있다는 믿음을 반영한 것이다. 이처럼 멸종위기 종의 문제를 도덕적 관점으로 접근해야 한다고 보는 사람들이 늘어나고 있다. 개인적으로는 나 역시 이 견해에 동의한다. 인류는 다른 생물 종들을 멸종위기로 내몰 수 있는 권리를 가지고 있지 않다. 게다가 이는 경제적 관점에서도 지혜롭지 못하다. 따라서 인간 삶의 수준을 유지할 것인가, 아니면 모든 생명의 형태를 보존할 것인가에 대한 내 대답은 두 가지 모두를 실천해야 한다는 것이다. 이 책이 윤리학이 아닌 경제학을 다루고 있기 때문에 경제학적 접근법을 강조했을 뿐 윤리적 접근 방식이 중요하지 않다는 의미는 절대 아니다.

현재의 세계가 강한 지속 가능성의 관점, 즉 윤리적 관점에서 지속 가능하지 않은 것은 분명하다. 이를 위해서는 생명이 있는 자연자본은 그대로 유지해야 하며, 어떠한 종도 멸종으로 내몰려서는 안 된다. 이 기준에서 본다면 우리는 실패하고 있다. 우리가 약한 지속 가능성이라는 기준, 즉 총자본을 온전하게 유지하고 인간의 복지를 유지하는 데 성공하든 실패하든 그것과는 상관없이 해결해야 할 문제다. 지금까지 살펴본 사우디아라비아의 실패와 보츠와나의 성공은 양극단의 사례다.

지속 가능성과 부

이제 문제는 지속 가능성을 어떻게 측정할 수 있느냐는 것으로 귀결된다. 우리가 취하고자 하는 정책이나 사회제도의 지속 가능 여부를 측정하는 것이 정책 입안자들의 관심사가 돼야 한다. 이대로 지속해도 괜찮은지, 아니면 변화를 모색해야 하는지를 알아야 한다. 연료계에 해당하는 무엇이 필요하다. 현재 총합으로서의 부가 어떻게 만들어지는지에 관해 연구할 필요가 있다는 점에 대해서는 합의가 이루어지고 있다. 부의 총합이라고 하면 자연자본, 물적 자본, 지적 자본, 그 밖에 가능한 모든 형태로 보유하고 있는 자본의 전체 가치를 의미한다.[3]

경제학자들은 축적된 자산, 즉 부에 대한 대가가 소득이라고 생각한다. 우리가 가지고 있는 부에 의해 창출되는 서비스나 지불의 흐름이 소득인 것이다. 노벨경제학상 수상자로 막강한 영향력을 가지고 있는 옥스퍼드 대학의 존 힉스John Hicks는 1930년에 "소득은 미래의 월간 소비를 동일하게 유지하는 상태에서 이달에 소비할 수 있는 최대 금액"이라고 정의했다. 약한 지속 가능성의 개념을 내포하고 있는 현명한 정의라고 볼 수 있다. 이 정의에 따르면 사우디아라비아가 석유로 벌어들이는 수입은 소득이라고 볼 수 없다. 석유가 고갈되더라도 노르웨이나 사우디아라비아의 국부펀드 수입은 미래의 모든 기간에 걸쳐 발생할 것이기 때문이다. 소득에 대한 힉스의 정의는 소득이란 영구적인 출처에서 비롯한다는 생각에 기반을 둔 것이다. 그리고 그의 다른 저서를 살펴보면 영구적인 출처란 결국 넓은 의미의 부라고 생각한 것 같다.

이 해석이 의미를 갖기 위해서는 부에 대해 좀더 범위를 넓혀 생각해봐야 한다. 이 책의 앞부분에서 다루었던 많은 내용을 부의 관점에서 살펴봐야 할 것이다. 내가 가지고 있는 부의 대부분은 내가 알고 있고 이해하고 있는 지적 자본이다. 이를 위해 나는 많은 시간과 제법 많은 돈을 썼고, 이제 대학교수와 저술가로서 일할 수 있게 되었다. 의사와 변호사, 그밖에 많은 전문직종도 마찬가지다. 그들이 벌어들이는 소득은 학교 교육을 받았든 몸으로 체득했든, 대부분 오랜 시간에 걸쳐 배운 지식에서 나온다. 농부가 가지고 있는 부는 그가 소유한 땅과 농기구, 농기구를 다뤄온 그의 경험이다. 이를 가지고 농부는 가족을 부양한다. 헤드헌터의 부란 그가 쌓아놓은 인간관계다. 소득이 부의 결과라면, 그리고 부가 일정하거나 늘어난다면 소득 수준은 지속 가능하다고 볼 수 있다. 그러나 부가 감소한다면 소득 역시 결과적으로 감소할 것이다. 한 나라의 소득이 지속 가능한지를 알기 위해서는 그 나라의 전체 부가 어떻게 만들어지는지를 알아야 한다.

모든 종류의 자본 보유량의 전체 가치를 부라고 할 때는 달러로 환산된 화폐가치로 이야기하게 된다. 서로 다른 형태로 존재하는 자본의 규모를 파악하고, 시장가격을 통해 가치를 측정한 후 총량을 구한다. 시장가격으로 즉각 가치를 측정할 수 있는 물적 자본의 경우는 비교적 쉽다. 지적 자본의 경우 가치를 측정하기가 까다롭긴 하지만 아이디어의 가치가 분명하게 정해지는 경우도 있다. 기업이 특허를 사들이는 경우 거래되는 지적 자본의 가격이 결정된다. 예를 들면 2011년 구글은 모토롤라의 휴대전화 사업 부문을 125억 달러에 인수했다. 모토롤라가 보유하고 있던 휴대전화 관련 특허를 구글의 안드로이드 단말기에 적용하기 위한 거래였다.

광업권처럼 자연자본이 거래되는 경우도 있다. 유정이나 우라늄 광산, 다이아몬드 광산 운영권을 사고팔기도 한다. 흙은 광물적인 특성 일부분과 생명으로서의 특성을 동시에 지닌 자연자본이다. 흙이나 농장이 거래되는 과정에서 토양의 생산성을 좌우하는 복잡한 미생물 생태계 역시 함께 거래된다. 따라서 자연자본의 형태일지라도, 심지어 생명과 관련된 자연자본이라고 하더라도 가격을 측정할 수 있는 시장이 존재해 가치를 측정할 수 있는 경우도 있다. 하지만 생물 다양성처럼 가격이 정해져 있지 않은 자연자본도 많다. 생물 다양성은 자연자본의 중요한 구성요소지만 거래되는 시장도 없고 가격도 정해지지 않았다. 앞 장에서 이러한 자연자본의 가치를 계산하는 방법을 제시한 바 있다. 따라서 경쟁시장이 존재하는 경우 시장가격으로 자연자본의 가치를 측정하고, 시장이 존재하지 않는 경우 다른 방법으로 측정해 한 사회가 가지고 있는 부의 총량을 파악할 수 있다.

이처럼 다양한 관점을 지속 가능성이라는 틀 안으로 모으기 위해 만

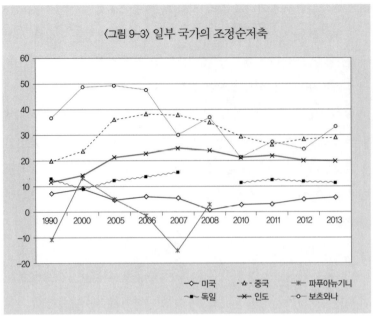

〈그림 9-3〉일부 국가의 조정순저축

출처: UNDP

들어진 지표가 조정순저축Adjusted Net Savings이다. 한 국가의 전체 자본 보유량의 가치 변화를 측정하기 위해 만들어진 지표다. 이 지표가 양수일 경우 해당 국가의 부는 증가하고 있고 지속 가능한 상태임을 나타내며, 음수일 경우 약한 지속 가능성의 개념에서 보더라도 지속 가능하지 않음을 나타낸다. 〈그림 9-1〉과 〈그림 9-2〉는 미국, 독일, 인도, 중국, 보츠와나, 파푸아뉴기니 등 6개국의 1인당 GDP와 HDI를 보여준다[248~249쪽 참조]. 〈그림 9-3〉은 1인당 GDP와 부의 규모를, 〈그림 9-4〉는 동일한 국가의 조정순저축을 보여준다. 이제 전혀 다른 그림이 그려질 것이다. 보츠와나가 1위를 달리고 있고 중국이 그다음이다. 미국과 독일은 그다지

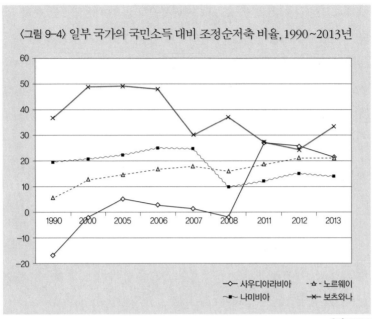

〈그림 9-4〉일부 국가의 국민소득 대비 조정순저축 비율, 1990~2013년

출처: UNDP

형편이 좋지는 않다. 이미 언급했지만 부유하다는 의미가 반드시 지속 가능하다는 것을 의미하지는 않는다.

조정순저축을 구하려면 우선 공장설비와 기계장비에 대한 순 투자금, 즉 감가상각을 제외한 투자금을 우선 측정한다. 그리고 교육을 통해 축적된 인적 자본과 연구개발을 통해 확보된 지적 자본에 대한 투자를 더한다. 그리고 자연자본의 상각 혹은 감소분을 뺀다. 이 부분이 가장 어려운 지점이다. 자연자본의 총량과 평가가치에 대한 데이터가 있어야 하기 때문이다. 자연자본에 대해서는 체계적으로 정리해놓은 데이터가 없기 때문에 도저히 구할 수 없는 숫자들도 있고, 우리가 가지고 있는 모든 것에 대해 가치를 평가할 수도 없다. 따라서 여기에는 가정이 필요하다. 어쨌든 새로운 측정값을 구하기 위해서는 이 방법으로 시작할 수밖에 없다. 세계은행은 대부분의 국가에 대한 조정순저축 수치를 집계하고 있으며 이 책에서도 그 결과를 활용한다.[4] 〈그림 9-4〉는 우리가 앞서 논의했던 사례들을 참고하여 조정순저축에 관해 좀더 많은 데이터를 보여준다. 보츠와나, 나미비아, 사우디아라비아, 노르웨이에서 시간의 흐름에 따라 GDP 대비 조정순저축이 어떻게 변해왔는지를 보여준다. 조정순저축이 높은 보츠와나는 지속 가능성의 측면에서 대단히 모범적인 반면, 사우디아라비아의 조정순저축은 종종 음수로 떨어지기도 한다. 우리는 이미 그 이유를 알고 있다. 석유와 가스라는 자연자본을 고갈시키면서도 적절한 대책(다른 형태의 자본에 투자)을 준비하고 있지 않기 때문이다. 많은 부분에서 보츠와나와 거의 쌍둥이처럼 닮아 있는 나미비아의 경우 조정순저축은 비교적 양호하지만 자본 보유량을 확보하는 데는 그다지 열심인 것 같지는 않다. 노르웨이는 사우디아라비아와 마찬가지로 자연자본을 고갈시켜 경제를 지탱하고 있음에도 꾸준히 양호한 수준의 조정순저축을 유지하고 있다. 나미비아가 이상적인 지속 가능 상태에서 이탈하게 된 데는 수산업의 영향이 크다. 나미비아의 수산업은 1964년 1,600억 톤에서 2001년에는 300만 톤으로 급감했다. 특히 1960년대 후반에서 1970년대 초반 사이에 대폭 하락했다.

고려해야 할 것이 있다. (조정순저축 같은 지표를 통해) 부의 총량 변화를 가지고 지속 가능성을 논할 때는 삶의 수준, 즉 「브룬틀란 보고서」가 다루고 있는 약한 지속 가능성에 대해 말하는 것이다. 이 이야기 속에는 살아 있는 자연자본이 합당한 수준으로 유지되는지는 고려하고 있지 않다.

즉 강한 지속 가능성은 다루지 않음을 지적하고자 한다.

또한 생물학과 환경학을 전공하는 일부 연구자들은 지속 가능성에 대한 약한 해석과 강한 해석 사이에 아무런 차이도 없다고 주장하기도 한다. 이들은 많은 생물 종이 사라지는 환경에서는 사람조차도 고통을 받기 때문에 지속 가능성의 강하고 약함을 구분할 필요가 없다는 것이다. 사실 삶의 수준이 유지될 수 있는지를 넘어서 현재의 문명 자체가 그 이상으로 지속될 수 있는지에 대해 심각하게 의문을 던지는 과학자들도 있다. 역사적으로 볼 때 환경 남용으로 붕괴해버린 문명은 분명히 존재한다. 이스터 섬이 바로 여기에 해당한다. 이스터 섬의 사례를 보면 총체적인 지속 불가능성이라는 것이 공허한 개념이 아님을 알 수 있다. 문명은 환경을 파괴함으로써 스스로를 파괴해왔다. 이제 우리는 그 수준은 벗어날 정도로 현명하고 정보도 충분히 가지고 있지만 과거를 반복하지 않으려면 과학적 지식만큼이나 정치적 의지도 필요하다는 것, 그리고 심각한 문제가 이미 존재한다는 사실을 인정해야 한다. 미국에서 벌어지고 있는 기후변화에 대한 논쟁을 볼 때 이토록 심각한 문제에 대해 공감대를 형성하는 것이 얼마나 고통스럽고 어려운 일인지를 잘 알 수 있다.

우리는 어느 정도까지 지속 가능성을 측정할 수 있을까? 그리고 어떻게 지속 가능한 방식으로 일을 처리하고 있는지를 판단할 수 있을까? 조정순저축이 그 답일 수는 있지만 아직까지 이에 필요한 모든 데이터를 모으지는 못한 상태다. 그 결과 일부 형태의 부에 대해서는 양적인 측정 방법이 없다. 다른 형태의 자본과 마찬가지로 자연자본에 대한 자료를 철저히 수집하는 것이 가장 시급한 일이다. 프랑스의 사르코지 대통령이 설립한 경제성과측정위원회Commission of the Economic Performance에서 가능한 선까지 조정순저축을 측정하고 만족할 만한 결과가 나올 때까지 개선해나갈 것을 제안한 바 있다. 아직 결과를 내지는 못했지만 소득지표만으로는 측정이 불가능한 환경적 위협의 실체를 파악할 수 있는 소소한 지표들을 지속적으로 추가해왔다. 예를 들면 대기 중 온실가스의 집적도, 멸종위기 종, 바다의 산성도 같은 숫자들이다.

이 작업은 방향을 제대로 잡은 듯하다. 자연자본을 측정할 수 있는 지표들을 지속적으로 개발해 자연자본 측정치에 추가하고, 이를 조정된 순저축에 반영하고 있다. 완벽한 측정값일 필요는 없다. 물리적 혹은 지적 자본의 가치를 완벽하게 측정할 수는 없을지라도, 자본 축적이 어느 방향으로 가고 있는지를 파악할 수 있기만 해도 충분히 의미가 있다. 몇 년 안에 자연자본에 대해 이 정도 수준의 측정은 충분히 가능하리라 확신한다. 거시경제 지표로 중요한 의미를 갖고 있는 GDP를 버릴 수는 없다. 다만 앞에서 살펴본 단점들을 반영해 개선하려는 노력은 지속되어야 한다. GDP와 조정순저축의 측정을 개선하는 한편 온실가스 농도, 해양의 산성도, 멸종위기 종의 규모 등 자연자본의 건강상태를 나타내는 물리적 지표들도 살펴봐야 한다. 또한 약한 지속 가능성과 함께 강한 지속 가능성에 관한 변수들도 함께 고려해야 한다. 우리는 우리의 후손뿐만 아니라 모든 생명의 미래도 수호할 의무가 있다.

10장

다음 단계로

지금까지 살펴본 내용은 모두 분명한 메시지를 담고 있다. 몇 가지 개념만 확실하게 반영해 변화를 추구한다면 대부분의 환경문제를 해결하고, 건강하고 풍요로운 환경을 지속적으로 이어나갈 수 있다. 기후변화, 수산자원 남획, 해양 오염, 숲의 남벌, 오존층 파괴, 그 밖에 광범위한 문제들 모두 경제체제가 안고 있는 고작 몇 가지 안 되는 실패 때문에 발생한다.

대부분은 외부비용에 관한 문제며, 일부분은 제대로 정의되지 않은 소유권 때문에 발생한다. 또한 일부는 이들 문제가 결합해 발생하기도 한다. 더욱 근본적으로는 우리가 의존하고 있는 자연자본의 가치를 인식하지 못하기 때문에 발생하는 문제라고 봐야 한다. 게다가 경제적 성과를 아주 제한적으로 반영하는 GDP에 대한 맹신도 한몫한다.

지금까지 외부비용을 내부화하는 방법, 소유권을 명확히 하는 방법, 혹은 소유권의 개념이 없을 때 이를 도입하는 방법, 자연자본을 인식하고 가치를 평가하는 방법, GDP를 개선하는 방법을 알아보았다. 이는 경제가 제대로 작동하려면 반드시 해결해야 할 문제들이며, 우리는 충분히 해낼 수 있다. 몇 가지 핵심을 다시 한번 짚어보자.

외부비용을 내부로

가장 우선적으로 모든 중요한 외부비용을 내부화해야 한다. 즉 공해를 발생시킨 사람이 공해가 유발한 모든 비용을 지불하게 만들어야 한다. 선택할 수 있는 방안은 많다. 미국과 유럽의 자동차산업처럼 외부비용을 통제하기 위한 규정을 만들거나 휘발유나 담배처럼 세금을 부과하는 방법도 있다. 미국에서의 이산화황이나 유럽에서의 온실가스처럼 총량제한 배출권거래제를 도입하기도 하고 공정무역, 유기농 식품 운동 혹은 사회적 책임투자 등 소비자와 투자자 행동주의도 활발히 전개되고 있다. 엑손 밸디즈 호와 BP 딥워터 허라이즌 원유 유출사건에서 보듯 법적 책임을 지울 수도 있다. 또한 숲의 남벌을 줄이기 위해 생태계 서비스에 비용을 지불하는 REDD(산림 개간 및 훼손 방지를 통한 온실가스 감축) 식의 해법도 있다. 모두 적어도 한 가지 이상의 대응방안이 필요한 심각한 외부효과들이다. 대응방안이 중복된다고 해서 나쁠 것은 없다. 총량제한 배출권거래제와 소비자 행동주의가 함께 작동할 수도 있다.

석탄 이용에 따른 외부비용을 가정에서 부담하게 된다면 에너지 체계는 급격하게 바뀔 것이 분명하다. 석탄을 쓰는 사람들에게 그로 말미암아 발생하는 모든 비용을 부담하게 한다면 다른 어떤 정책 수단보다 확실하게 기후문제를 해결할 수 있을 것이다. 모든 비용을 계산하는 것이 별것 아닌 양 생각하기 쉽지만 현실에서는 대단히 혁명적인 변화를 가져오게 된다. 그렇기 때문에 석탄업계가 거세게 반발하는 것이다. 그들만 빼고는 자연과 우리 모두에게 좋은 일이다.

공유자원

어업과 수자원으로 대표되는 공유자원 문제 역시 대응이 필요하다. 수십 년간 이어진 수산자원 남획의 피해를 극복하는 방안은 이미 가지고 있다. 양도성개별할당제(혹은 수확물 공유)와 해양보호구역 지정을 통해 해양생태계의 복원을 위한 첫걸음을 내딛게 되었다. 문제에 대한 분석은 간단하지만 정책을 수립하는 것은 쉽지 않다. 어민 사회와 그들을 대표하는 정치인들은 그들의 행동이 야기하는 장기적인 피해의 증거를 회피하는 습관을 가지고 있다. 더 큰 문제는 규제가 이루어진다 하더라도 연안에서 200해리 이내의 배타적 경제수역으로 한정된다는 점이다. 원양어업에 대한 규제는 전혀 없다. 원양어업에 대한 국제협약이 어느 정도 작동은 하고 있으나 협약을 확장하고 준수하도록 강제하는 노력이 필요하다. 소비자들이 지속 가능한 방식으로 잡은 물고기만 소비한다면 이역시 변화를 가져올 수 있을 것이다.

깨끗한 물 역시 제대로 관리하기 힘든 공유자원이다. 과학자들은 기후변화 때문에 한층 더 첨예하게 수자원 문제가 대두할 것으로 본다. 기온 상승으로 고산지대의 빙원이 녹아내려 관개용수 조달에 문제를 일으킬 것으로 보기 때문이다. 또한 강수 패턴도 바뀌고 있어 빙원에 의존하지 않는 지역의 수자원 문제는 더욱 심각해질 것으로 전망한다. 2012년 미국 중부를 강타했던 기록적인 가뭄이 언제든 다시 발생할 수 있다.

수자원 문제를 해결할 수 있는 폭넓은 해결방안이 있을 것 같지는 않다. 대체할 수 있는 다른 수단이 있는 것도 아니고 특정 지역을 보호한다고 해서 해결될 문제도 아니기 때문이다. 그럼에도 미국 로스앤젤레스와 스페인 발렌시아 지방 등 다양한 지역에서 그 나름대로 의미 있는 방안들이 등장하고 있다. 많은 나라에서 장기적인 결과는 고려하지 않은 채 농업용수를 위해 고갈되고 있는 지하대수층에 대한 해결책이 필요하다 (미국 중부지역의 오갈랄라 대수층의 사례나 인도 펀자브 지역의 대수층이 갖는 중요성을 상기해보길).

 농업용수로 공급되는 물 가운데 겨우 20퍼센트만 식물이 흡수한다. 미국의 경우 전체 수자원의 40퍼센트가 농업용수로 쓰이지만 이 중 80퍼센트의 수자원은 버려진다. 미국이나 유럽의 기준으로는 가뭄이 일상인 이스라엘에서는 농업으로 버려지는 물은 거의 없다. 물 부족이 예상되는 지역의 경우 이스라엘의 사례는 좋은 귀감이 될 수 있다. 이스라엘이 미국이나 유럽과 다른 결정적인 부분은 모두가 물값을 지불하고 있고, 농부가 지출하는 항목 중에서 물값이 아주 큰 부분을 차지하고 있다는 점이다. 이스라엘에서 물은 철저하게 거래되는 사적 자산이다. 그렇기 때문에 이용자들은 효율적으로 써야 하는 강력한 경제적 동기를 갖게 된다.[1]

자연자본

경제모델을 재편하기 위해 거쳐야 하는 또 하나의 단계가 자연자본과 그 혜택을 인식하고 가치를 부여하는 작업이다. 이를 위해서는 자연자본에 대한 체계적인 조사가 필요하다. 자연자본은 매년 조사가 필요할 정도로 빨리 변하지는 않기 때문에 아마도 5년 정도 주기면 적당하리라고 본다. 이런 자료 없이는 우리가 무엇을 보유하고 있고 어떻게 소비하고 있는

지 명확하게 파악하기란 불가능하다. 정책 입안자 대부분은 고지대의 설원이나 가루받이 동물이 농업 부문의 핵심 투입요소라는 사실을 전혀 고려하고 있지 않다. 어쩌면 비료 부족보다 훨씬 더 심각한 문제를 야기할 수 있는데도 정책 입안자들은 비료 공급은 절대로 제한하지 않는다. 그러면서도 설원이나 가루받이 동물을 무자비하게 파괴하는 정책들을 아무렇지도 않게 채택하고 있다. 하천 유역, 습지, 숲에 대해서도 마찬가지다. 이런 요소들이 지속적으로 서비스를 공급하는 자산이라고 생각하는 고위층 정책 입안자는 아무도 없다. 게다가 일부 행정기관은 이들의 손실이 야기하는 문제는 전혀 고려하지 않은 채 자연자본의 파괴를 즐기고 있을 정도다.

측정 수단

마지막으로 전반적인 경제적 성과를 측정하는 지표들이 확실히 개선되어야 한다. 우리가 제대로 해나가고 있는가? 더 잘할 수는 없을까? 정책 입안자들이 그들의 행동을 결정하는 데 필요한 정보들이다. 아직까지는 반복되는 경제위기에 대처할 수 없는 부정확하거나 아예 잘못된 정보를 활용하고 있는 실정이다. 9장에서 무엇이 잘못되었고 어느 방향으로 전환해야 하는지를 살펴보았다. 이에 대한 논의는 이미 지난 수십 년 동안 이어져왔다. 이제 말뿐만이 아닌 실행에 옮길 때가 되었다. 큰 장애물은 사라졌지만 다들 무기력증에 빠져 있고, 상상력이 부족해 상황이 바뀔 수 있음을 인식하지 못하고 있는 것이 문제다.

경쟁시장 경제체제를 유지하면서도 모든 것을 변화시킬 수 있다. 세상과 동떨어진 사회주의 사상도 아니며 불필요한 규제나 세금을 도입하자는 것도 아니다. 오히려 현재의 경제체제를 애덤 스미스의 이상적인 원칙으로 돌려놓는 변화가 될 것이다. 경쟁시장 구도가 추구하는 방식으로 움직이기 위해서라도 이런 변화가 필요하다. 전반적으로 산업화가 진행되면서 비로소 분명히 드러난 문제들을 수정하는 것이며, 역사적으로 볼 때 정치적 이유로 아직까지 대처하지 못했을 뿐이다. 한편으로는 우리가 생각하는 변화란 현재의 경제체제를 산업시대와 후기 산업시대의 현실에 맞추는 작업이 될 수도 있다.

이제 우리는 친환경 경제라는 것이 어떤 것인지 안다. 모든 비용을 계산할 것, 소유권을 명확히 할 것, 자연자본의 가치를 평가하고 측정할 것, 경제적 성과를 올바른 방향으로 측정할 것, 이 네 가지 핵심적인 부분만 제외하면 현재의 경제체제와 크게 다르지 않다. 상대적으로 미묘하고 어떤 면으로는 기술적인 변화를 통해 자연계와 우리의 관계를 바꿀 수 있는 힘을 가질 수 있게 될 것이다.

환경과 번영

환경문제는 늘 성장과 번영에 대한 논쟁을 수반한다. 환경을 보호하는 것은 우리를 부유하게 만들면 만들지 가난하게 만들지 않는다. 환경보호는 경제적 성장과 충돌하는 게 아니고 경제적 성장을 가져온다.

캣츠킬 유역을 보호함으로써 뉴욕 시는 오히려 더 부유해졌다. 야생의 생태계를 보전한 보츠와나와 나미비아, 남아프리카공화국 역시 가난에서 벗어나 부유해졌다. 어획 공유를 통해 수산자원을 관리함으로써 장기적인 수확률이 높아졌고, 어업 분야의 소득도 증가했다. 이들 역시 가난해지지 않았다. 1990년 이후 산성비 문제를 해결한 미국은 투입비용의 최소 열 배에 달하는 경제적 효과를 거두었다. 엄청난 투자 대비 수익으로 미국은 부유해졌다.[2] 이런 정책들을 수행하는 데 비용이 전혀 들어가지 않는다는 의미는 아니다. 당연히 비용은 들어간다. 그러나 그로 말미암아 발생하는 편익이 비용을 넘어서기 때문에 결과적으로 우리는 부유해지는 것이다. 이런 정책에 반대하는 사람들은 비용에 집착하고 편익은 무시한다. 환경과 경제가 맞물려 있는 이런 사례들에서 찾아야 하는 핵심은 환경, 즉 자연자본은 다양한 방법으로 경제적 가치를 창출한다는 점이다. 바로 7장과 8장의 핵심이다. 7~8장에서 우리는 자연자본이 우리 삶에 기여하는 부분을 상세하게 살펴보았고, 이러한 기여를 어떻게 회계적인 방법으로 계산할 수 있는지 알아보았다.

4장에서 살펴보았듯이, 총량제한 배출권거래제와 그 밖에 외부비용을 내재화할 수 있는 방안들을 통해 우리가 이용하는 에너지원이 화석에너지에서 풍력, 태양광, 원자력, 지열 등 저탄소 대체에너지로 교체될 것이다. 풍력, 태양광, 지열을 이용한 발전 단가는 어떤 기준을 적용하더라도 현재 주요 에너지원인 석탄-화력발전에 들어가는 총비용보다 훨씬 저렴하다. 사실 적절한 장소에서 태양광을 비롯해 풍력과 지열을 활용해서 전기를 생산할 경우, 외부비용을 계산하지 않은 석탄-화력발전 비용보다도 싸게 먹힌다. 따라서 정부 정책에 의존하지 않아도 머지않은 시기에 시장의 압력 덕에 화석연료가 신재생에너지로 교체될 수도 있다.[3]

굳이 정책을 만들지 않더라도 화석연료 대신 대체에너지로 전환되는 경향이 분명하게 자리 잡아 우리의 복지가 대폭 개선될 수 있을 것이다. 게다가 수압파쇄공법 덕분에 천연가스 공급이 늘어나고 가격이 떨어지는 것도 환경운동에는 역행하지만 그 나름대로 바람직한 일이다. 천연가스는 어느 관점에서 보더라도 석탄보다 깨끗하다. 따라서 석탄에서 천연가스로 전환하는 것 역시 바람직하다. 물론 결국에는 천연가스 역시 비화석연료로 대체되어야 한다는 내 지론에는 변함이 없다.

전력 생산비용을 이야기할 때 한 가지 반드시 언급해야 할 사항이 있다. 화석연료에서 비탄소발전으로 전환할 경우 비용이 증가한다는 화석연료업계의 주장은 사실이 아니라는 점이다. 최근 이를 입증하는 연구결과가 있었다. 미래자원연구소 소속 연구팀은 이산화탄소를 공해물질로 규정한 2007년 대법원의 대기정화법에 따라 발전소의 이산화탄소 배출을 규제했던 환경보호국의 정책이 가져온 경제적 효과를 연구했다. 연구팀은 환경보호국이 검토했던 여러 대안정책의 효과를 비교하는 모의실험을 진행했다. 모든 발전소가 탄소 배출을 중단하도록 강제하는 전통적인 규제정책과 나머지 좀더 완화된 정책들이 대상이 되었다. 완화된 정책에는 총량제한 배출권거래제에 기반을 둔 두 가지 방안이 포함되었다. 모든 배출 허용량을 경매를 통해 배분하는 방안과 발전소에 무료로 배출 허용량을 할당하는 방안이었다. 그 결과, 두 가지 결론이 도출되었다. 완화된 정책을 시행할 경우 강제적인 규제에 비해 95퍼센트까지 비용을 줄일 수 있으며, 발전소에 무료로 배출 허용량을 분배하는 총량제한 배출권거래제의 경우 전기요금은 오히려 낮아져[4] 탄소 배출이 줄어들면서도 소비자들은 더 낮은 요금을 부담하게 된다는 것이다.

게다가 이런 제도를 시행하는 과정에서 상당한 규모의 정부 수입이 발생할 수도 있으며 이를 세금 감면에 활용할 수도 있다. 예를 들면 미국은 해마다 60억 톤의 이산화탄소를 배출한다. 1톤 배출하는 데 50달러를 징수한다면 배출량은 반으로 줄어들면서 정부는 1,500억 달러의 수입을 거두게 된다. 참고로 연간 개인이 납부하는 소득세는 9,000억 달러 정도고, 법인세는 2,000억 달러 정도다. 따라서 탄소 배출에 비용을 부과하게 되면 법인세의 상당 부분 혹은 소득세의 4분의 1을 충당할 수 있다.[5] 환경을 깨끗하게 하면서 개인이나 법인의 세금 부담을 줄일 수 있으니 일거양득의 거래 아닌가. 이로써 환경보전은 결코 재정적으로 부담이 되지 않는다는 것이 분명해졌다. 오히려 재정적으로 도움이 된다고 봐야 한다. 나사의 고다드우주연구소Goddard Institute for Space Studies 소장을 끝으로 2013년에 은퇴한 제임스 한센James Hansen은 기후변화의 위험을 처음으로 경고한 인물 중 하나다. 그는 탄소세나 총량제한 배출권거래제로 벌어들인 조세 수입을 일반의 세금을 감면하는 데 쓰는 대신 모든 시민에게 직접적으로 분배해야 한다고 주장했다. 알래스카영구기금이 알래스카 주민에게 지불하는 것과 유사한 방식이다.

스탠퍼드 대학의 래리 굴더Larry Goulder가 두 명의 동료[6]와 함께한 연구도 흥미롭다. 이들은 2009년 하원을 통과한 '왁스먼마키 법안Waxman-Markey bill'이 제안했던 방안과 비교해 미국에서 시행된 총량제한 배출권거래제의 결과를 살펴보았다. 이들은 배출권 판매 수익을 분배한 결과가 끼친 영향에 대해 전반적으로 알고자 했다. 탄소 배출 제한에 가장 큰 영향을 받는 산업인 경우 배출권을 무료로 분배한다면(4장에서 살펴본 용어로는 기득권우선주의에 해당한다), 이들 산업의 이익은 최소한 유지되거나 증가할 수도 있다고 결론 내렸다. 그들의 추산에 따르면 전체 배출 허용량의 10퍼센트 정도만 무료로 할당하더라도 석탄산업, 석유와 천연가스 산업, 모든 화력발전소, 화학산업, 철도산업 분야의 매출 감소를 상쇄할 수 있으며 이익을 일정하게 유지할 수 있다고 한다(이렇게 되면 신재생에너지에 대한 수요는 사그라질 수도 있다). 이리된다면 90퍼센트에 해당하는 배출권을 판매해 형성된 막대한 재원의 상당 부분을 세금 감면에 충당할수 있을 것이다. 또한 정부 예산은 일정 수준으로 유지한 채 총량제한 배출권거래제 수익으로 소득세의 한계세율marginal rate을 낮춘다면 상당 수준의 경제적 이득이 발생할 것으로 분석했다. 연구에 따르면 외부비용을 내재화해 만들어지는 수익(총량제한 배출권거래제에서 배출 허용량을 경매로 판매하거나 탄소세를 도입하는 경우)을 제대로 쓰면 기후변화 감소, 탄소배출 제품의 판매 감소분에 대한 보조, 세금 감면에 따른 소비자 편익 등여러 가지 매력적인 혜택을 한꺼번에 얻을 수 있다. 화석연료 부문의 활동이 줄어들면서 기존 방식으로 측정한 GDP는 0.5퍼센트 정도 미미하게 감소할 수 있다. 하지만 이 정도는 기후변화를 완화해 얻을 수 있는 이익으로 상쇄할 수 있으며, 번영 잠재력을 측정하는 조정순저축에는 이미이익으로 반영됐다.

우리는 지금 진보의 길로 나아가고 있는가?

우리가 당면한 문제들에 비용을 지불할 필요 없이 해결할 수 있다면 그방법을 도입하는 것은 당연하다. 더구나 경제학 개론서에서도 다룰 정도로 평범한 문제들인지라 해결방안에 대해서는 논쟁의 여지조차 없는 것들이 대부분이다. 다만 일부 새롭게 제기된 문제들에 대해서는 그다지 만족스러운 해결책을 찾지 못하고 있을 뿐이다. 하지만 기후변화 문제는 1896년부터 인간의 화석연료 이용으로 기후가 바뀔 수도 있다는 과학자들의 염려가 지속되어온 것을 생각하면 새롭게 등장한 문제는 아니다. 또한 외부비용으로 발생하는 시장의 실패 역시 새로운 문제는 아니다. 제2차 세계대전 이전과 직후부터 피구와 코스가 제기한 문제기 때문이다. 반면 우리의 경제체계를 구성하는 중요한 요소 하나인 환경을 자본의 한 형태로 다루어야 하며 환경이 필수적인 서비스를 제공한다는 인식은 새로운 것이다. 1990년대 이전에는 제대로 인식하지 못하고 있었으며, 자연이 가지고 있는 경제적 중요성을 깨닫게 된 지는 이제 겨우 15년 남짓이다. 그전까지 자연은 그냥 멋지고, 있으면 좋겠지만 없다고 아쉬울 것은 없는 그런 대상이었을 뿐이다. 이제 자연이 없어서는 안 된다는 것은 알게 되었지만 아직도 충분히 인식을 공유하고 있는 상황은 아니다.

다행스러운 것은 지금까지 살펴보았던 문제해결 방안들이 점차 채택되고 있다는 점이다. 유럽연합은 온실가스 배출이 야기한 외부비용을 내부화하기 위해 온실가스 배출권거래제를 시행하고 있다. 이에 대해서는 4장과 5장에서 다루었다. 유럽의 모델은 오염자가 모든 비용을 지불하게 하려면, 그리고 기후변화 문제를 제대로 통제하려면 무엇이 필요한지를 보여주는 좋은 사례다. 스웨덴은 탄소 배출을 통제하기 위해 세금을 운영하고 있다. 4장에서 살펴본 대로 형태는 다르지만 모두 효과적으로 문제를 해결하고 있다.

미국 캘리포니아 주가 실행하고 있는 기후정책 역시 고무적이다. 아무

대책 없이 손 놓고 있는 연방정부와는 달리 캘리포니아 주정부에서 선도적으로 시행한 총량제한 배출권거래제는 다른 지역에서 모범 사례로 활용되고 있다. 5장에서 보았듯이 무관심한 연방정부의 태도에 반기를 들고 나선 것은 캘리포니아 주만이 아니다. 북동부지역 주정부들은 공동으로 온실가스 배출을 제한하는 총량제한 배출권거래제인 지역온실가스 감축협약을 시행하고 있다. 미국 연방정부는 총량제한 배출권거래제나 탄소세 등의 정책은 전혀 시행하고 있지 않으나 환경보호국은 공화당 우익의 격렬한 반대를 무릅쓰고 발전소에서 발생하는 이산화탄소 감축을 위해 백방으로 노력하고 있다. 게다가 미국 내의 온실가스 배출량은 점차 감소하는 추세다. 최근의 경기침체에 기인한 부분도 있지만 무엇보다 전력 생산 기반이 석탄에서 천연가스와 풍력으로 바뀌고 있으며, 에너지 효율이 높은 자동차가 널리 보급되고 있기 때문이다. 세계적으로 볼 때 아직까지는 온실가스를 배출하는 운송 시스템을 이용하고 있지만, 탄소 연료 차량의 실질적인 대안을 실천하기 시작하고 있다. 전기차와 하이브리드차는 이제 현실이다. 기존의 모든 자동차를 완전히 대체하기 위해서는 풀어야 할 문제가 아직 남아 있지만 수십 년이 걸릴 문제는 아니다. 이르면 몇 년 안에 해결될 수도 있다. 세계의 주요 자동차 제조업체는 하이브리드차나 전기차를 생산하고 있다. 수십 년 동안 가장 긍정적인 발전 중 하나다. 24시간 경주로 유명한 르망 자동차 경주에서 아우디와 포르쉐에서 생산한 하이브리드차(아우디의 경우 이트론 콰트로E-tron Quattro)가 2012년부터 2015년까지 매년 우승해왔다. 환경을 보호하기 위해 개발된 기술이지만 가장 거칠고 험한 환경에서도 경쟁하고 승리할 수 있음을 보여주는 사례다.

또 다른 진보의 징조는 세계적으로 어장을 관리하는 방식에서 찾아볼 수 있다. 수산업 관련자들은 재앙이 코앞으로 다가왔다는 사실과 해결책은 이미 나와 있다는 점을 인식하기 시작했다. 포획과 공유, 양도성개별할당제를 통해 소유권 개념을 재정립하는 것이 해결방안이다. 〈표 6-1〉에서 보았듯이 양도성개별할당제로 관리되는 어장의 수는 급격히 증가하고 있다. 전체적으로 보면 아직 적지만 방향은 제대로 가고 있다. 2011년 7월 당시 유럽연합 해양수산위원회Commissioner for Maritime Affairs and Fisheries 위원이었던 마리아 다마나키Maria Damanaki는 이렇게 토로한 적이 있다. "도대체 작동하는 시스템이 없다. (……) 유럽연합의 어장 중 75퍼센트가 아직도 남획에 시달리고 있다. (……) '의도적 회피나 무관심'이라는 건 이제 더는 선택지가 아니다. 모델링 결과를 봤을 때 개혁방안을 추진하지 않는다면 2022년에는 현재 136곳의 어장 중에서 8곳만 살아남을 것이다. 다시 말해 현재의 어업방식에 구조적인 변화를 취하지 않는다면 지속적으로 어장이 사라져버릴 것이다." 당시 다마나키는 지속 가능성, 효율성, 일관성이라는 세 가지 개념에 기반을 둔 구조조정 방안을 설득하기 위해 노력했다. 그녀는 "최대지속가능어획량MSY: Maximum Sustainable Yield은 우리가 어업을 계속할 수 있음을 의미하는 수치다"라고 말하며 "어업을 유지하려면 최대 어획량을 모든 수산자원이 지속 가능할 수 있는 수준에서 통제·관리해야 한다. 2015년까지 최대지속가능어획량 준수 의무를 법제화하는 노력을 통해 개혁을 이루어야 한다"고 주장했다. 다마나키는 또한 극심한 낭비를 부르는 부수어획(6장 참조) 관행을 중단시키기 위한 움직임이 필요하다고 덧붙였다. 나아가 해수면과 담수면 양식 등 남획을 막을 수 있는 방안도 연구했다. 두 가지 모두 연안어업과 내수면어업 어느 쪽으로든 현명하고 포괄적이며 혁신적인 성장 잠재력을 가지고 있다.

물론 이 모든 계획이 아직은 강제성이 없는 의향서statement of intent라는 형태로 정리된 것에 불과하지만 적어도 좋은 쪽으로 일을 해보자는 데는 유럽연합 회원국 간의 동의를 얻은 상태다. 가장 심각한 남획문제에 대해 유럽연합 회원국들이 책임을 져야 하는 상황에서 이러한 움직임은 극적인 변화를 의미하며, 유럽의 수산자원에 대한 일반의 우려가 커지는 데 대응하는 조치기도 하다. 비교적 최근인 4년 전, 같은 위원회는 문제가 존재한다는 것조차 부정했다. 문제가 있음을 인식하는 것은 문제를 해결하기 위한 선결조건이다.

앞 장에서 살펴본 보츠와나의 높은 조정순저축, 복지 수준의 성장, 민주주의, 기록적인 수준으로 보전한 생물 다양성, 이러한 보호운동에서 벌어들이는 수익 등은 우리에게 희망을 준다. 보호운동은 남아프리카 전 지역으로 확대되고 있다. 이 지역에서 생태관광은 산업으로 성장하고 있으며, 결과적으로 멸종위기 종들의 개체 수가 회복되고 있다. 남아프리카의 유명한 크루거 국립공원에 살고 있는 코끼리 개체 수는 지난 15년 동안 75퍼센트[7]나 늘어나 공원이 수용할 수 있는 한계에 이르렀다. 보츠와나는 1960년에 8,000마리에 불과했던 코끼리가 지금은 엄청나게 늘어나 6만 마리에서 12만 마리까지로 추정되고 있다.[8]

중국에서도 재미있는 일이 벌어지고 있다. 중국은 신중하게 공해, 특히 온실가스 절감정책을 추진 중이다. 온실가스 최대 배출국이라는 지위(연간 총배출량 기준이다. 1인당 배출량이나 전체 누적 배출량 기준으로 본다면 중국이 최악의 국가라고 보기는 힘들다)를 미국으로부터 물려받은 중국으로서는 무척이나 의미 있는 진전인 셈이다. 몇몇 지방정부는 2017년까지 유럽연합과 비슷한 총량제한 배출권거래제를 도입한다는 계획 아래, 관계공무원들이 유럽연합 등 총량제한 배출권거래제 시행 경험이 있는 국가들(여기에는 미국도 포함된다. 레이건과 부시 행정부에서 선도적으로 총량제한 배출권거래제를 시행했다)을 방문해 그들의 경험을 배우고 있는 중이다. 이제 중국은 풍력발전과 태양광 전지 생산 분야에서 세계를 이끌고 있다. 신재생에너지로 생산된 전기를 시장가격보다 높은 가격으로 구매하는 등 신재생에너지에 대한 정부의 전폭적인 지원의 결과다. 중국 정부의 공식적인 언급을 보면 중국 지도부는 비탄소 에너지원이 앞으로 전 세계적으로 성장할 수 있는 분야라 판단하고, 중국이 주도권을 장악하기를 원하는 것이 분명하다. 이를 통해 현재의 중공업 중심에서 더 깨끗하고 기술 주도적인 산업으로, 그리고 좀더 소비자·서비스 지향적인 경제로 진화하는 것이 중국 지도부의 목표다.

중국의 이런 움직임은 바람직한 소식이다. 그러나 나쁜 뉴스도 두 가지 있다. 하나는 중국이 녹색에너지 분야에 엄청나게 투자하고 있기는 하지만 여전히 온실가스를 비롯해 모든 오염물질의 대량 공급자라는 점이다. 앞으로도 20년 동안 여전히 중국의 석탄 사용량은 증가할 것이다. 결국 현시점에서 문제를 일으키는 양에 비해 책임지는 양이 적은 상황이다. 중국인들이 부담해야 할, 결국 전 세계가 부담해야 할 이러한 실패의 비용은 계속 늘어날 것이다. 중국 정부가 이 문제를 이미 인식하고 있고, 청정 성장을 위해 더욱 개혁적으로 움직이리라는 전망은 그나마 다행스럽다. 2014년 11월 12일, 미국과 중국은 오바마 대통령과 시진핑 주석 간의 정상회담을 통해 기후변화에 공동 대응하기로 합의했다. 중국은

2030년까지 전력 생산의 20퍼센트를 신재생에너지로 충당하기로 했으며, 최근 중국 정부가 발표한 문서는 이렇게 시작한다.

> 중국 사회와 중국 경제는 새로운 시대로 접어들었다. 중국은 심각한 환경 상황에 직면해 기후변화에 대응하는 쉽지 않은 과업을 수행해야 한다. 2013년에도 광범위한 지역에서 지속적으로 발생한 스모그에 시달렸으며 대중의 우려가 커지고 있다. 이제 저탄소 녹색경제로 우리의 성장모델을 전환해야 할 필요성이 대두하고 있다. 기후변화에 적극적으로 대응하고 저탄소 녹색성장을 추구하기 위해서는 환경을 전향적으로 개선시켜야 하며, 우리의 발전을 지속 가능한 궤도 위에 안착시켜야 한다. 또한 지구 차원의 환경보호에 적극적으로 기여하고 있다는 것을 보여줌으로써 전 세계에 중국이 책임을 충실히 이행하고 있음을 증명해야 한다. 중국 정부는 기후변화의 심각성을 잘 인식하고 있다.[9]

미국의 정책

두 번째 나쁜 소식은 미국의 공화당이 모든 환경문제에 극단적으로 적대감을 보인다는 점이다. 그들은 기후변화 이론이 확실한 과학적 근거를 가지고 있으며 세계의 거의 모든 과학자가 기후변화를 현실로 받아들인다는 사실을 완고하게 거부하고 있어 환경운동의 커다란 걸림돌이 되고 있다.

미국에서 벌어지고 있는 이 괴이한 현상에는 몇 가지 이유가 있으며,

이를 좀더 상세히 살펴볼 필요가 있다. 가장 이해하기 쉬운 것은 화석연료업계의 로비다. 또 다른 이유는 신자유주의 이데올로기가 확산되면서 환경문제와 관련해 공화당이 전격적으로 입장을 바꿨기 때문이다. 그리고 마지막으로 일부 사람들에게는 정신적인 이유로 환경에 관한 메시지가 제대로 전달되지 않는다는 점이다.

석유와 석탄은 미국의 산업에 있어 번영과 영광을 함께하는 역사적 DNA 같은 존재다. 록펠러 가문으로 대표되는 19세기 후반 석유 귀족들의 이름은 아직도 곳곳에 포진하고 있으며, 그 후손들은 여전히 영향력을 미치고 있다(하지만 아이러니하게도 정치적으로는 친환경론을 주창하는 자유주의 입장을 취하는 경우도 많다). 미국은 사우디아라비아와 러시아에 이어 세계 3위의 산유국이며, 국제에너지기구IEA: International Energy Agency에 따르면 조만간 1위로 올라설 전망이다. 미국은 또한 최대 천연가스 생산국이며(2위는 러시아), 2위의 석탄 생산국이다(중국이 1위며 보유량으로 따지면 미국이 1위다). 종합해보면 세계 1위의 화석연료 생산국인 셈이다. 미국이 화석에너지 1위 국가라는 사실은 사우디아라비아가 1위 산유국이라는 사실만큼 널리 알려져 있지는 않지만, 이제는 셰일가스 붐으로 많은 사람이 인식하게 됐다. 화석연료 생산은 수익성이 매우 좋은 사업이다. 석유의 경우를 살펴보자. 미국의 일반적인 유정의 경우 배럴당 25달러 미만으로 생산할 수 있으며 판매가격은 배럴당 30~130달러 수준에서 형성된다. 가장 낮은 가격에 판매하더라도 제법 괜찮은 수익을 거둘 수 있다. 엑손이 세계에서 가장 수익률 좋은 회사 중 하나(2015년에는 160억 달러로 떨어지기는 했지만 2010년에서 2014년 사이에는 연간 300억~400억 달러의 수익을 거두었다)로 군림하는 이유기도 하며, 상당 부분의 수익을 정치적 영향력을 행사하는 데 쏟아붓고 있다. 산유량이 많은 주일수록 부패가 만연해 있으며, 이러한 부패는 심지어 미국 전체로 번지고 있다.

엑손은 외부비용을 내부화하는 데 반대하는 정치인을 재정적으로 후원할 수 있는 막강한 능력을 가지고 있으며, 기후변화에 대응하는 활동을 옹호하는 정치인을 괴롭히는 데 이 능력을 동원하기도 한다. 또한 사이비 과학자를 후원해 기후변화에 관한 과학적 근거에 문제를 제기하기도 한다. 기후변화의 실상에 대해 논쟁을 제기하고자 사이비 과학자 그룹에 비용을 지원하는 일은 역사적으로 자주 활용된 방법이다. 이미 확인된 흡연과 암의 관련성에 시비를 걸기 위해 담배회사가 써먹었고, 염화불화탄소와 오존층 파괴에 반론을 제기하기 위해 화학업계가 이용하기도 했다. 또한 석탄과 산성비의 명확한 관계를 부정하기 위해 석탄산업계에서 사이비 과학자들을 고용하기도 했다. 이런 활동들이 모두 정리되면서 이들은 기후변화 문제로 몰려들기 시작했다. 『의혹을 팝니다 Merchants of Doubt』라는 책에는 이 모든 것이 명쾌하게 정리되어 있다. 이 책은 대규모 산업의 이익과 상반되는 과학적 연구결과를 음해하는 사이비 과학자들의 음모를 다룬다.[10]

화석연료 관련업계는 자신들이 발생시킨 모든 외부비용의 부담을 회피하려는 자기보호 본능에 따라 반환경주의를 선택한다. 반면 현재 공화당에서 드러내고 있는 거센 반환경주의는 이해하기 힘들 정도로 모순적이다. 역사적으로 볼 때, 미국의 우익은 친환경주의 노선이었고, 환경적 관점에서 가장 훌륭했던 세 명의 미국 대통령 중 두 명(시어도어 루스벨트와 리처드 닉슨)이 공화당 출신이었다. 세 번째는 린든 존슨Lyndon Johnson 대통령이었다.

환경보호에 관한 루스벨트의 역할은 널리 알려져 있는 데 반해 리처드 닉슨의 경우는 그렇지 않다. 닉슨의 전임자였던 린든 존슨은 오늘날에도 미국의 환경정책의 근간을 이루는 '멸종위기종관리법Endangered Species Preservation Act'을 만든 선각자였다. 이 법률은 이후 개정된 '멸종위기종보호법'과 '청정대기·수질관리·청정수자원 복원에 대한 법률 및 수정조항Clear Air, Water Quality, and Clean Water Restoration acts and amendments' 등을 이끌었으며, 현재 운영 중인 대기와 수질 관리에 대한 제도 전반의 근간을 만들었다.

닉슨은 이 흐름을 이어서 환경과 관련한 법 제도를 정비했고, 때때로 이에 대한 열정을 밝히기도 했다. 그가 1973년 하원에서 연설한 내용의 일부를 옮겨본다. 닉슨이라고 하면 워터게이트 사건만 떠올리는 세대에게는 아주 놀라운 내용일 것이다. 다음은 그 연설의 일부다.

링컨 대통령은 1862년 하원 연설에서 "국가는 영토, 국민, 법으로 구성되어 있습니다. 이 중에서 변하지 않는 것은 국토뿐입니다"라고 이야기했습니다. (……) 그러나 최근 들어 우리는 토지, 공기, 물, 광물자원 등 링컨 대통령이 '영토'라고 이야기했던 것들이 더는 '변하지 않는 것'이 아니라는 사실을 인식해야 합니다. 반대로 이러한 천연자원이 쉽게 파괴될 수 있고 한계가 있으며 이미 많은 부분이 심각하게 손상되고 오염되고 있다는 사실을 알아야만 합니다. (……) 나는 1969년에 취임한 이래 전력을 기울여 이러한 문제들을 해결하고자 했습니다. 1973년 현재, 미국은 환경오염과의 전쟁에서 승리를 거두고 있다고 말씀드릴 수 있습니다. 환경에 관한 문제는 지역이나 주의 경계를 넘어서는 문제기에 연방정부가 적극적으로 행동을 취해야 합니다. 오염 때문에 발생하는 비용은 시장에서 더욱 적극적으로 해결해야 합니다. 정부 예산으로 해결할 문제가 아닙니다. 우리는 이에 대한 기준을 마련하려 합니다. 예를 들면 자동차의 배기가스 저감장치는 납세자가 아닌 자동차의 소유주나 이용자가 비용을 부담해야 합니다. 공해를 발생시키지 않은 국민에게 공해에 대한 비용을 부과해서는 안 됩니다.

티파티운동Tea Party[2009년 미국에서 시작된 보수주의 정치운동]이 확대되고 있는 상황에서, 루스벨트 대통령이 그랬듯이 오염자 부담 원칙을 천명하고 환경문제 해결을 위한 연방정부의 역할을 강조하는 공화당 출신 대통령은 역설적이다.

훌륭한 환경보호 전통을 가지고 있는 미국의 보수진영이 한시가 급한 환경문제에 그다지도 적대적인 이유가 무엇일까? 보수주의의 이데올로기에 변화가 있었기 때문이다.

현재의 보수주의자들이 기반을 두고 있는 이데올로기는 최근에 대두된 것이다. 자유시장경제를 신봉하고 정부의 개입은 옳지 않다는 믿음은 역사적으로 지배적인 이데올로기가 아니었다. 레이건 대통령은 연설 도중 정부는 해결책을 내놓기는커녕 문제만 일으킬 뿐이라고 언급하기도 했다. 보수주의의 영웅인 밀턴 프리드먼Milton Friedman의 설교대로 규제가 해제되어 속박에서 벗어난 시장이 이상적인 상태라는 믿음이 대략 1980년대 이후 미국의 보수주의의 근간을 이루게 되었다. 앞에서 논의했던 대로 이는 경제적 관점에서 보면 시장의 실패에 관한 전혀 근거 없는 믿음일 뿐이다. 프리드먼은 경제학자로서 이에 대해 인식하고 있었으며 주석에서 외부비용에 대해 넌지시 언급한 적도 있다. 논쟁거리가 된 그의 저서에서도 이 점을 교묘하게 다루고 있지만 그의 추종자들은 이에 대해서는 알지 못한 채로 맹목적인 믿음만 가지고 있을 뿐이다.

열렬한 자유시장주의자에게 환경문제는 위협적인 주제다. 환경문제를 일으키는 외부비용을 해결하기 위해서는 정부의 정책적 개입이 필요하다는 사실을 인정하는 순간, 순수한 시장에 대한 믿음과 논리적으로 충돌한다. 정부가 문제를 해결하는 것이 아니라 문제를 만들어낸다는 생각과 환경문제는 해결해야 할 문제라는 생각은 공존할 수 없다. 두 가지 생각이 모두 옳다고 생각한다면 인지부조화다. 그 결과 많은 보수주의자는 환경문제를 아예 존재하지 않는 것으로 무시해버린다. 루스벨트와 닉슨은 이런 모순에 빠지지 않았다. 그 당시 보수주의는 정부의 역할을 인정할 정도로 현실적이었다.

보수주의자들이 환경보호에 흥미를 잃게 만든 또 다른 원인은 환경운동의 일부를 이루는 과학에 대한 적대감이 깊어지고 있기 때문이다. 『성경』을 문자 그대로 해석하는 창조론자들과 자연선택으로 지구상의 생명이 진화해왔다고 하는 과학적 공감대 간의 갈등이 부분적인 원인일 수도 있다. 주요 산업국 중에서 오로지 미국에서만 아직도 '창조론 대 진화론' 논쟁이 진행 중이다. 과학에 대한 회의론 때문에 종교적으로 의견 차이가 심해지다 보니 누구나 과학의 일부분을 골라서 선택적으로 받아들여도 된다는 믿음이 생겨나게 되었다. 기후변화나 오존층은 눈에 보이지 않으며, 이를 이해하고 측정하기 위해서는 복잡한 과학이 필요하다. 종교적 믿음과 상충된다는 이유로 자연선택을 부정하는 사람들은 기후문제와 대기문제에 과학적으로 접근하는 어떠한 주장도 부정하게 된다.

자유시장을 칭송하는 보수주의가 대두하고 석탄회사와 석유회사가 고용한 로비스트들의 활약이 커지면서 과학의 가치에 대한 회의론 역시 퍼져나가고 있다. 미국의 보수주의자들이 (그들의 선배들이 환경보호를 위해 훌륭한 업적을 이루었는데도) 더는 환경보호를 원하지 않는 이유다. 또한 그들이 인간이 유발한 기후변화와 이를 연구하는 단체에 대해 병적으로 적대적인 이유기도 하다.

심리학 분야의 최근 연구를 보면, 특히 미국에서 환경문제에 대해 양극화가 심해지는 이유에 대해 또 다른 답을 얻을 수 있다. 어떤 문제에 대해 공감대가 이루어지지 않은 경우 사람들은 증거가 아닌 자신이 속한 집단의 다른 구성원이 이미 선택한 쪽으로 판단을 해버린다는 것이다. 즉 자기가 속한 집단의 일반적인 세계관(정부는 선인가 악인가, 불평등이 옳은 것인가 나쁜 것인가, 불행한 사람은 알아서 살아야 하는가 우리가 보살펴야 하는가)에 따라 판단을 내리고, 결국 문화적 갈등을 표면적으로 드러낸다.[11]

여기서 중요한 것은 증거는 아무런 상관이 없다는 점이다. 사람들은 각자 나름대로 의심의 여지가 있는 상황이라고 판단되면 준거집단에 최대한 가깝게 생각하고자 한다. 기후변화에 회의적인 친구나 동료들이 있다면 그쪽으로 생각이 가게 마련이다. '의혹을 파는 상인들'이 활동하는 영역이 바로 이 언저리다. 제대로 된 과학자라면 도저히 의혹을 품을 여지가 없는 사실이라도 화석연료업계에서 그럴 듯하게 과학적인 의혹을 제기해 회의론이 자리 잡을 여지를 만들어낸다. 실제로 기후변화에 대한 반증을 펼칠 필요도 없다. 단지 의혹의 여지가 있다고 내비치기만 하면 그만이다. 슬그머니 던진 의혹은 〈폭스뉴스Fox News〉나 『월스트리트 저널 Wall Street Journal』 같은 언론이 확대 재생산해준다. 〈폭스뉴스〉의 고위 임원이 자사의 프로듀서들에게 보낸 이메일의 일부를 보자. "일정한 기간에 걸쳐 지구가 더워지고 있다(혹은 차가워지고 있다)고 주장하게 될 경우에는 반드시 이 주장의 근거가 되는 데이터에 의문을 제기하는 비판적인 견해가 있다는 사실을 언급해야 한다."[12] 그들은 기후변화에 대해 걱정할 필요가 없다는 낙관적인 견해를 정당화하기 위해 필요한 작업들을 제대로 수행했다. 앨 고어가 지적했듯이 기후변화란 누구도 상대하고 싶어 하지 않는 불편한 진실이기 때문이다.

프레임, 즉 무엇을 어떻게 보여줄 것인지는 여기서도 중요하다. 심리학자인 에릭 존슨Eric Johnson과 엘크 웨버Elke Weber가 진행했던 실험은 이점을 분명하게 보여준다. 그들은 두 그룹에 다음과 같은 질문을 던졌다. 유일한 차이점이라면 '세금'과 '보상금'이라는 단어뿐이다.

로스앤젤레스에서 뉴욕으로 가는 왕복항공권을 구입한다고 가정합시다. 두 가지 항공권을 놓고 고민 중입니다. 그중 한 항공권에는 탄소세/보상금이 포함되어 있습니다. 나머지 부분은 동일합니다. 어느 항공권을 구입하시겠습니까? 탄소세/보상금이 포함되어 있는 항공권은 392.7달러고 포함되지 않은 티켓은 385달러입니다.

항공권 금액의 2퍼센트에 불과한 7.7달러의 초과 금액을 세금으로 표시하느냐 보상금으로 표시하느냐에 따라, 그리고 피실험자의 정치적 성향에 따라 놀랍도록 다른 결과가 나왔다. 7.7달러가 보상금으로 표시된 경우 이를 지불하겠다고 선택한 비율은 민주당원, 무당파, 공화당원 각각 56퍼센트, 49퍼센트, 53퍼센트로 거의 비슷했다. 그러나 7.7달러를 세금으로 표시한 경우 무당파와 공화당원의 결과는 극적으로 달라졌다. 이번에는 각각 50퍼센트, 28퍼센트, 12퍼센트로 나왔다. 무당파의 경우 반으로 줄었고, 공화당원은 75퍼센트나 줄어들었다.[13] 지칭하는 단어 말고는 달라진 게 없지만 이 단어가 세금에 대한 그들의 적대감을 건드린 것이다. 하나의 아이디어가 어떻게 표현되느냐에 따라 받아들이는 쪽은 엄청나게 달라진다. 그리고 환경운동 진영은 아직 이를 충분히 인식하지 못하고 있다.

이 분석은 외부비용에 대한 정책에도 시사하는 바가 크다. 어쩌면 외부비용을 발생시키는 조세활동에 대해서는 말을 아껴야 할지도 모르겠다. 대신 모든 비용을 계산에 넣어야 할 필요성을 강조해 기업으로 하여금 기업활동에서 발생하는 모든 비용을 부담하도록 해야 한다. 오염자 부담 원칙의 장점은 직관적인 호소력이 있다는 점이다.

마지막으로 질문을 하나 던져본다. 지금까지 살펴본 정책의 대안은 무엇일까? 이미 지적했듯이 적어도 미국의 우파는 환경보호운동에 강력하게 반발하고 있다. 그들은 환경문제는 자유주의자들의 상상력의 결과일 뿐 전혀 쓸데없는 짓이며, 자연을 보호하기 위해서는 경제적으로 말도 안 되는 비용이 들어간다고 주장한다. 하지만 그들 말대로 한다면 우리는 중국 꼴이 날 수밖에 없다. 극심한 공해로 외출할 때마다 마스크를 써야 하고, 외국인이 취업을 회피하고, 그 결과 해마다 수백만 명이 사망하는 그런 상황에 처하게 된다. 중국조차도 이제는 그런 상황에서 벗어나고자 발버둥치고 있고, 정치가 불안해질 정도로 대중의 불안감이 증폭되는 상황인데 말이다. 절대로 우리가 향해서는 안 되는 길이다.

이미 살펴보았듯이, 이런 모든 논쟁은 터무니없다. 자연은 우리에게 정말로 중요하다. 반복해서 이야기하지만, 자연 없이는 우리는 진화할 수 없었으며, 살아남을 수도 없었다. 이보다 더 중요한 것은 없다. 그럼에도 우리는 아직도 아무 생각 없이 자연을 파괴하고 있다. 물고기와 숲은 영원히 사라져가고 있으며, 많은 생물 종이 지구에서의 마지막 숨을 내쉬고 있다. 그리고 우리의 문명을 지탱하는 기후 시스템은 심각한 위기에 빠져 있다. 이는 부인할 수 없는 사실들이며 누군가의 상상력의 산물은 더더욱 아니다.

마지막으로 자연을 지금처럼 유지하는 데 돈이 많이 들어가는 것도 아니다. 사실은 오히려 수익을 창출하고 있다. 자연을 파괴한다면 장기적으로 우리는 엄청난 대가를 치러야 한다. 자연이 유지되도록 우리가 취해야 할 변화, 즉 새로운 경제모델은 어렵지 않으며 명백하고 구현하기도 어렵지 않다. 기득권 세력의 방해로 아직 미처 다가가지 못하고 있을 뿐이다.

이제 우리의 이야기를 마무리 짓자. 지금껏 환경보호와 번영, 경제적 발전을 어떻게 조화롭게 추구할 수 있는지를 살펴보았다. 우리는 지속적인 번영을 위해서는 환경을 보전해야 한다는 것, 그리고 인류는 자연 없이는 번영할 수 없음을 생생히 보았다. 우리는 인류와 자연이 함께 번영할 수 있도록 만들어야 하며, 이는 충분히 가능한 일이다. 그런다고 해서 가난해진다거나 직장을 잃는 것도 아니며 생활방식이 바뀌는 것도 아니다. 사실 우리의 일과 삶의 안락함을 다음 세대까지 이어갈 수 있는 유일한 방법이다.

몇 년 전 개봉했던 〈마션The Martian〉이라는 영화가 있다. 화성의 거대한 모
래폭풍을 피해 탐사대원들이 지구로 탈출하는 와중에 식물학자 와트니
는 사고로 화성에 홀로 남게 된다. 생존이 불가능한 화성에서 와트니는
남아 있던 탐사장비들을 이용하고, 식물학자로서의 지혜를 끌어모아 감
자를 키워가며 2년 가까이를 버티다 극적으로 구조된다. 인공으로 생태
계를 구축해 감자 재배에 성공한 것이다.

베르나르 베르베르Bernard Werber의 소설 『파피용Le Papillon Des Etoiles』은
더욱더 큰 스케일로 전개된다. 도저히 살아갈 수 없는 수준으로 오염된
지구를 떠나기 위해 14만 명을 태울 수 있는 우주선을 만들고 1,000년의
여행 끝에 마침내 새로운 행성에 도착해 새로운 문명을 만들어나간다.

한 사람이 간신히 2년을 버텼든 14만 명이 1,000년을 살아가든 모두
인간이 지구의 환경을 인공적으로 구축해 생존을 모색하는 이야기다. 조
금씩 파괴돼가는 자연 속에서도 어떻게든 인간이 생존할 수 있다는 희망
을 묘사하고 있지만 현실은 그렇지 않다. 이 책에 소개된 '바이오스피어
2'의 사례를 보면 명확하다. 무려 2억 달러를 투입해 미국의 사막 위에 거
대한 시설을 건설하고 내부에서 완성된 생태계를 구축하고자 했던 실험
이지만 결국 실패로 돌아갔다. 고작 여덟 명이 살아가고자 했을 뿐인데

말이다. 탄소 순환을 이루지 못한 것이 실패의 원인이었다.

환경문제는 인류가 살아나갈 수 있는 공간이 지구뿐이기에 극적일 뿐 아니라 그만큼 절실하다. 영화나 소설처럼 인공적인 대체재를 만들면 된다고 생각할 수도 있겠지만 효율성과 비용 측면에서 자연을 따라잡기란 불가능하다. 저자가 소개하고 있듯이, 뉴욕 시가 상수원 확보를 위해 최소 80억 달러, 자칫하면 200억~300억 달러에 달하는 정수시설을 건설하는 대신 15억 달러를 들여 하천 유역의 환경 개선에 성공한 사례를 보면 극명하게 드러난다.

저자는 『자연자본』을 통해 환경문제는 철저하게 경제적인 문제임을 지적하고 있다. 공해, 온실가스, 공유자원인 수산자원의 남획 등 대부분의 환경문제는 시장 실패에 따른 외부효과로, 경제 시스템의 결함을 바로잡음으로써 충분히 해결할 수 있다고 본다.

이 책에 등장하는 다양한 사례를 살펴보면 저자가 그동안 얼마나 환경문제에 천착해왔는지를 잘 알 수 있다. 미국 내륙에 뿌린 비료 때문에 오염된 바다, 중국의 대기오염, 대규모로 파괴된 산호초에서 시작된 죽음의 바다, 50년 전에 비해 10퍼센트밖에 남지 않은 수산자원의 감소 등은 모골이 송연해질 정도로 구체적이고 위협적이다. 특히나 지구온난화는 이미 곳곳에서 인류의 생존을 위협하고 있다. 수억 명의 삶을 위협하는 해수면 상승, 설산과 빙하가 녹고 지하대수층이 고갈되면서 벌어진 물 부족 등이 그것이다. 저자는 구체적인 숫자와 다양한 연구결과를 제시하며 이러한 사례들이 과장되거나 근거 없는 의심이 아님을 설파한다. 대부분의 연구과정에 저자가 참여했다는 사실은 저자의 주장을 신뢰하지 않을 수 없게 만든다.

그렇다고 지금까지 인류가 완전히 손을 놓고 있었던 것은 아니다. 저자는 지금까지 크고 작은 환경문제를 해결해온 많은 사례를 소개한다. 우선 오존층을 파괴하는 프레온가스로 알려진 염화불화탄소의 대체물질 개발의 성공을 꼽을 수 있다. 대기오염과 온실가스의 주범인 석탄 대신 풍력과 태양광을 이용하는 발전기술 역시 순조롭게 개발되고 있다. 경제적 개념을 새롭게 도입해 문제를 해결하는 경우도 있다. 탄소나 온실가스 등 공해물질을 배출할 수 있는 권리라는 개념과 이 권리를 거래하는 시장을 만들어 공해물질 배출량을 감소시키고 있다. 수산자원의 고갈을 막기 위해 지역공동체가 어획량 제한에 합의하기도 하고, 정부의 규제를 통해 공해물질의 배출을 감소하는 데 성공하기도 했다. 온실가스 문제를 해결하기 위해 교토의정서를 시작으로 파리기후협약 등 범국가 차원의 움직임도 진행 중이다.

정책이나 규제, 국가 간의 협약 등 거시적인 해결방안과 함께 미시적인 경제활동에서도 진척이 이루어지고 있다. 각종 친환경 인증, 공정무역 등 환경문제 해결에 도움이 되는 상품을 골라 소비하는 소비자 행동주의나 친환경 기업에만 투자하는 사회책임투자 등이 그것이다. 또한 미리 습지를 조성하여 개발을 위해 매립하는 습지와 교환하는 습지은행, 탄소 상쇄권을 판매하기 위해 숲을 조성하는 투자활동 등 미국에서 이루어지고 있는 자연자본에 대한 선제적인 투자활동도 관심을 둘 만한 사례다.

그러나 이들 방법에는 한계가 있다. 저자는 자연환경을 '자본'으로 인식하는 것이 근원적인 해결책을 마련하는 출발점이라고 지적한다. 대체 불가능한 재화와 서비스를 제공하는 자본재로 인식하자는 것이다. 자연자본이 포함된 대차대조표를 작성하고 지역공동체와 국가, 더 나아가서는 지구 차원의 손익을 따지자는 주장이다. 손익을 따지기 위해서는 자연자본의 총량을 파악하고 일정 기간 동안의 증감을 확인할 수 있어야 한다. 숲이나 강, 생물 다양성이나 가루받이 동물이 가지고 있는 다양한 가치를 어떻게 평가하고 측정할 것인지 추상적이고 막연해 보일 수 있다. 이에 저자는 시장가격, 지불의사금액, 수용의사금액, 현시선호, 진술선호 등의 방법을 제시한다. 이를 통해 완벽하지는 않을지라도 자연자본 계정의 대차대조표를 채워나갈 수 있다.

자연자본을 계산해야 하는 이유 중 하나는 지속 가능성과 직결되기 때문이다. 우리는 후손에게 과학기술과 사회간접자본을 남겨주더라도 파괴된 자연은 다시 회복하기 어렵다. 멸종된 동식물을 되살릴 방법은 아예 없다. 한번 파괴된 생태계는 후손들에게 두고두고 고통과 비용으로 남을 수밖에 없다. 결국 자연자본까지 포함한 자본의 총량을 얼마만큼이나 후손에게 물려줄 수 있느냐가 인류의 지속 가능성을 판가름하는 잣대가 되는 것이다.

더 나아가 한 국가의 성장률 지표로 삼고 있는 GDP 대신 자연자본의 증감까지 포괄하는 새로운 지표로 대체해야 한다고 저자는 주장하고 있다. 국내순생산이나 인간개발지수 등이 그것이다. 이미 경제협력개발기구나 유엔개발계획에서 각 국가별로 이러한 지표를 집계해 발표하고 있다. 저자는 정책 입안자나 정치인들이 여기에 관심을 기울일 것을 촉구한다. 막강한 로비로 정치권을 장악하고 있는 화석연료산업에 대한 저자의 염려는 비단 미국만의 문제는 아니다.

이 책을 옮기면서 나는 환경문제에 너무나 무심하게 살아왔다는 반성을 많이 했다. 저자의 지적대로 산업이 발전하는 과정에서 필연적으로 겪어야 하는 부작용으로 생각했고, 환경을 보호하려면 추가비용을 부담해야 한다고 생각해왔다. 어쩌면 시장의 실패, 외부효과라는 개념 자체가 오염자 부담 원칙을 회피하려는 이데올로기가 아니었나 의심하게 된다. 온실가스 같은 공해물질 유발자들, 다시 말해 산업사회를 이끌어온 에너지업체, 대규모 제조업체 등이 그 모든 비용을 회피했기 때문이다.

구제역, 조류독감 등 거의 해마다 발생하는 가축 전염병에 따른 대량 도살은 공장형 사육이 가져온 외부효과다. 근본적인 대책을 마련하지 않는다면 돼지고기 파동, 닭고기 파동은 피할 수 없다. 지난 정권에서 무리하게 추진했던 4대강 사업 역시 재앙임이 뚜렷해지고 있다. 4대강 지류의 역행침식, 저어새와 뜸부기 같은 멸종위기 종 폐사, 녹조, 수질 악화 등 심각한 환경문제들이 계속 발생하고 있다. 우리가 당면한 환경문제 역시 이 책에서 제시하는 해법으로 답을 찾을 수 있다. 그 시작은 '자연자본'의 관점에서 환경을 이해하는 것이다.

화성에서 감자를 키우기는커녕 아직까지 인류는 달을 넘어가지 못하고 있다. 나사는 2030년 정도에나 화성 유인탐사가 가능할 것으로 전망한다. 이러한 상황에서 인간이 생존할 수 있는 외계행성으로 이주한다는 것은 소설에서나 가능한 이야기일 뿐이다. 우리와 후손들은 어떻게 해서든 하나뿐인 지구에서 건강하게 살아나가야 한다. 너무 늦지 않게 시작해야 한다.

1장 환경과 경제의 공존

1 Joshua S. Graff Zivin and Matthew Neidell, "The Impact of Pollution on Worker Productivity," *The American Economic Review* 102, no. 7 (2012): 3652 – 73.

2 Yuyu Chen, Avraham Ebenstein, Michael Greenstone, and Hongbin Li, "Evidence on the Impact of Sustained Exposure to Air Pollution on Life Expectancy from China's Huai River Policy," *Proceedings of the National Academy of Sciences* 110, no.32 (2013):12936 – 41.

3 Olivier Blanchard and Jordi Gali, "The Macroeconomic Effects of Oil Price Shocks: Why Are the 2000s So Different from the 1970s?" in *International Dimensions of Monetary Policy*, ed. Jordi Gali and Mark Gertler (Chicago: University of Chicago Press, 2010), http://www.nber.org/chapters/c0517.pdf.

4 Julia Werdigier, "BP Profit Down on Oil Spill Charges," *New York Times*, November 2, 2010, http://www.nytimes.com/2010/11/03/business/global/03bp.html?_r=0; Terry Macalister, "BP's New Boss has to Persuade America to Stop Hating His Company," *Observer*, September 26, 2010; Campbell Robertson ·John Collins Rudolf, "Spill Cleanup Proceeds Amid Mistrust," *New York Times*, November 2, 2010, http://www.nytimes. com/2010/11/03/us/03spill.html. BP의 원유 유출에 대한 전반적인 내용은『뉴욕타임스』 의 기사를 참조할 것. http://www.nytimes.com/topic/subject/gulf-of-mexico-oil-spill- 2010?8qa.

5 가루받이 동물이 감소하는 데는 여러 가지 원인이 있다. 다음 책이 그 예를 보여준다. Rowan Jacobson, *Fruitless Fall: The Collapse of the Honey Bee and the Coming Agricultural Crisis*, New York: Bloomsbury, 2008.

6 2014년 모든 해외원조(공식 명칭은 해외개발원조Overseas Development Assistance) 규모 는 대략 1,000억 달러였다. 그러나 이 숫자는 사실을 호도한다. 무기 판매에 대한 보조금이 포함 돼 있기 때문이다. 매매가보다 낮은 가격으로 '원조 거래'된 무기가 해외원조 전체의 10~20퍼센 트를 차지한다. 이 돈을 5억 명이 넘는 사람에게 나누어준다면 1인당 연간 약 160달러 정도며,

빈곤을 벗어나기에는 어림도 없는 금액이다.

7　Maureen Cropper, "What Are the Health Effects of Air Pollution in China?" in *Is Economic Growth Sustainable?* ed. Geoffrey Heal(London: Palgrave Macmillan, 2010).

2장 시장의 실수와 외부효과가 우리를 죽이는 방법

1　http://www.wetlands-initiative.org/에서 그 사례를 찾아볼 수 있다.

2　Mark E. Hay and Douglas B. Rasher, "Corals in Crisis," *Scientist* 24, no. 8(2010): 43+; Lauretta Burke, Jonathan Maidens, et. al., "Reefs at Risk in the Caribbean: Executive Summary"(Washington, D.C.: World Resources Institute, 2004), http://www.wri.org/sites/default/files/pdf/reefrisk_caribbean_execsumm.pdf.

3　중국은 숲을 보호하기 위해 두 가지 계획을 세웠다. 국유림에서의 벌목을 금지하는 국유림 보호프로그램National Forest Protection Program과 경사지에 숲을 조성하는 경사지보호 프로그램Sloping Lands Protection Program이다(많은 하천 유역이 경사지에 있다). 다음 논문을 참조할 것. Runsheng Yu, Jintao Xu, Zhou Li, and Can Liu, "China's Ecological Rehabilitation: The Unprecedented Efforts and Dramatic Impacts of Reforestation and Slop Protection in Western China," *China Environment Series* 7(2005): 17–32, https://www.wilsoncenter.org/sites/default/files/feature22.pdf.

4　World Health Organization, "WHO's First Global Report on Antibiotic Resistance Reveals Serious, Worldwide Threat to Public Health," news release, April 30, 2014, http://www.who.int/mediacentre/news/releases/2014/amr-report/en/.

5　Union of Concerned Scientists, "Prescription for Trouble: Using Antibiotics to Fatten Livestock," UCSUSA.org, http://www.ucsusa.org/food_and_agriculture/our-failing-food-system/industrial-agriculture/prescription-for-trouble.html; https://www.nrdc.org/search?search=antibiotics; Chuck Warzecha, Lori J. Harris-Franklin, and Kai Elgethun, "Factory Farming: The Impact of Animal Feeding Operations on the Environment and Health of Local Communities," Abstract of workshop at National Environmental Public Health Conference, Atlanta, GA, Dec. 2006; Erik Eckholm, "U.S. Meat Farmers Brace for Limits on Antibiotics," *New York Times*, September 14, 2010, http://www.nytimes.com/2010/09/15/us/15farm.html?_r=0; Avery Yale Kamila, "Natural Foodie: The Real Cost of the Food We Eat," *Portland Press Herald*, September 1, 2010, http://www.pressherald.com/2010/09/01/the-real-cost-of-the-food-we-eat_2010-09-01/.

6　Mason Inman, "Mining the Truth on Coal Supplies," *National Geographic*, September 9,

2010, http://news.nationalgeographic.com/news/2010/09/100908-energy-peak-coal.

7   Maureen Cropper, "What Are the Health Effects of Air Pollution in China?" in *Is Economic Growth Sustainable*, ed. Geoffrey Heal(London: Palgrave Macmillan, 2010), 10-46.

8   National Academies, "Report Examines Hidden Health and Environmental Costs of Energy Production and Consumption in U.S.," news release, October 19, 2009, http://www8.nationalacademies.org/onpinews/newsitem.aspx?RecordID=12794.

9   Paul Epstein, et al., "Full Cost Accounting for the Life Cycle of Coal," *Annals of the New York Academy of Sciences 1219*(2011): 73-98.

10 Nicholas Z. Muller, Robert Mendelsohn, and William Nordhaus, "Environmental Accounting for Pollution in the United States Economy," *American Economic Review* 101, no. 5(2011):1649-5.

3장 기후변화─인류 역사상 가장 큰 외부효과

1   "Will Fiction Influence How We React to Climate?" *New York Times*, July 29, 2014, http://www.nytimes.com/roomfordebate/2014/07/29/will-fiction-influence-how-we-react-to-climate-change.

2   이산화탄소는 지구에서 유출되는 열은 차단하지만 유입되는 열은 파장이 다르기 때문에 막지 못한다. 유입되는 열은 자외선이고 유출되는 열은 에너지를 잃었기 때문에 거의 적외선이다. 이산화탄소는 적외선에는 비투과성이지만 자외선에는 그렇지 않다.

3   Union of Concerned Scientists, "How Much Global Warming Pollution Comes from Deforestation?" http://www.ucsusa.org/global_warming/solutions/stop-deforestation/deforestation-global-warming-carbon-emissions.html#.VlisTniyU8g.

4   Intergovernmental Panel on Climate Change, Climate Change 2014 Synthesis Report Summary for Policymakers, http://ar5-syr.ipcc.ch/topic_summary.php.

5   NASA/Goddard Institute for Space Studies database, http://data.giss.nasa.gov/gistemp/graphs_v3/Fig.A2.txt.

6   Intergovernmental Panel on Climate Change, "Climate Change 2013: The Physical Science Basis"(Cambridge: Cambridge University Press, 2013), 4. http://www.climatechange2013.org/images/report/WG1AR5_SPM_FINAL.pdf

7   David Anthof, Robert J. Nicholls, Richard S. J. Toll, and Athanasios Vafeidis, "Global and Regional Exposure to Large Rises in Sea-level: A Sensitivity Analysis"(Norwich, UK: Tyndal Center for Climate Change Research, 2006), Working Paper 96. http://dcms2.

lwec.ulcc.ac.uk/sites/default/files/wp96_0.pdf.

8 Wolfram Schlenker, W. Michael Hanemann, and Anthony C. Fisher, "Will U.S. Agriculture Really Benefit from Global Warming? Accounting for Irrigation in the Hedonic Approach," *American Economic Review* 95, no. 11(2005):395 – 406; Wolfram Schlenker, W. Michael Hanemann, and Anthony C. Fisher, "The Impact of Global Warming on U.S. Agriculture: An Econometric Analysis of Optimal Growing Conditions," *Review of Economics and Statistics* 88, no. 1(2006):113 – 125.

9 William Cline, "Global Warming and Agriculture: Impact Estimates by Country" (Washington, D.C.: Peterson Institute, 2007).

10 United States Environmental Protection Agency, "Climate Change Indicators in the US: Snowpack," http://www3.epa.gov/climatechange/science/indicators/snow-ice/snowpack.html.

11 Olivier Deschênes, and Michael Greenstone, "Climate Change, Mortality, and Adaptation: Evidence from Annual Fluctuations in Weather in the U.S.," *American Economic Journal: Applied Economics* 3, no. 44(2011):152 – 85.

12 Ben Webster, "Global Warming Blamed for Rise in Malaria on Mount Kenya," *Times*, December 31, 2009, http://www.thetimes.co.uk/tto/environment/article2144918.ece.

13 미국 지구물리학회에서 발간하는 『지구물리학연구서*Geophysical Research Letters*』가 소개한 연구다. http://news.agu.org/press-release/more-bigger-wildfires-burning-western-u-s-study-shows/.

14 John Vidal, "UK Floods and Extreme Global Weather Linked to El Nino and Climate Change," *Guardian*, December 27, 2015, http://www.theguardian.com/environment/2015/dec/27/uk-floods-and-extreme-global-weather-linked-to-el-nino-and-climate-change.

15 운석 충돌이나 거대한 화산 폭발 때문으로 추정된다. http://qrius.si.edu/teachers/online/science-teaching-resources/mass-extinction-large-dinosaurs.

16 http://news.nationalgeographic.com/news/2014/08/140820-extinction-crows-penguins-dinosaurs-asteroid-sydney-booktalk/에서 그 사례를 찾아볼 수 있다.

17 IPCC 2007 보고서는 지구온난화에 따라 물리적·생물학적 시스템이 어떻게 변하는지 보여주는 2만 9,000건의 데이터세트를 요약했다. 4쪽을 참조할 것. http://www.ipcc-wg2.org/index.html.

18 I-Ching Chen, Jane Hill, Ralf Ohlemuller, David B. Roy, and Chris D. Thomas, "Rapid Range Shifts of Species Associated with High Levels of Climate Warming," *Science* 19, no. 333(2011):1024 – 26.

19 Christiaan Both and Marcel E. Visser, "Adjustment to Climate Change is Constrained

by Arrival Date in a Long-distance Migrant Bird," *Nature* 411(2001):296 – 8; Anders P. Møller, Diego Rubolini, and Esa Lehikoinen, "Populations of Migratory Bird Species that Did Not Show a Phenological Response to Climate Change are Declining," *Proceedings of the National Academy of Sciences* 105, no. 42(2008):16195 – 200, http://www.pnas. org/content/105/42/16195.full#sec-1.

4장 외부효과에 대응하는 방법

1   Rowland Parker, *The Common Stream* (Chicago: Academy Chicago Publishers, 1994).

2   더 깊은 논의는 다음 자료를 참조할 것. Sam Abuelsamid, "The Truth About the New, 34.1- mpg CAFE Standards," *Popular Mechanics*, April 8, 2010, http://www.popularmechanics. com/cars/a5617/new-2016-cafe-standards/.

3   Matthew Stevens, "Gas Mileage: Which Car Manufacturer Was Fined Over $260 million?" *FleetCarma*, August 1, 2012, http://www.fleetcarma.com/gas-mileage-car- manufacturer-paid-cafe-standards-fines/.

4   탄화수소, 질소산화물, 일산화탄소, 입자상 물질(디젤엔진이 연료를 연소할 때 생기는 미세먼 지), 포름알데히드.

5   미국의 경우는 다음 자료를 참고할 것. Adenike Adeyeye, James Barrett, Jordan Diamond, Lisa Goldman, John Pendergrass, and Daniel Schramm, "Estimating U.S. Government Subsidies to Energy Sources: 2002 – 2008," Environmental Law Institute, September 2009, http://www.eli.org/research-report/estimating-us-government-subsidies- energy-sources-2002-2008; 전 세계 현황을 보려면 국제에너지기구International Energy Agency를 참조하라. http://www.worldenergyoutlook.org/resources/energysubsidies/.

6   United States Energy Information Agency, "U.S. Energy-related CO_2 Emissions in Early 2012 Lowest Since 1992," August 1, 2012, http://www.eia.gov/todayinenergy/detail. cfm?id=7350.

7   Soren Anderson, Ian Parry, James Sallee, and Carolyn Fischer, "Automobile Fuel Economy Standards: Impacts, Efficiency and Alternatives," Review of Environmental Economics and Policy(Oxford University Press for Association of Environmental and Resource Economists) 5 no. 1(2011): 89-108, http://www.nber.org/papers/w16370; David Austin and Terry Dinan, "Clearing the Air: The Costs and Consequences of Higher CAFE Standards and Increased Gasoline Prices," *Journal of Environmental Economics and Management* 50(2005):562 – 82.

8   Ian Parry, "On The Cost of Policies to Reduce Greenhouse Gases from Passenger

Vehicles," working paper(Resources for the Future, January 13, 2006); 이런 방식의 사례
는 다음을 참조할 것. Jon Strand, "Energy Policy in the G-7 Countries: Demand, Supply
and Carbon Emission Reductions," IMF Working Paper 07/299(International Monetary
Fund, 2007), https://www.imf.org/external/pubs/ft/wp/2007/wp07299.pdf.

9   Maureen Cropper, Curtis Carlson, Dallas Burtraw, and Karen Palmer, "Sulfur Dioxide
Control by Electric Utilities: What Are the Gains from Trade?" *Journal of Political
Economy* 108(2000):1292-317.

10 Robert Stavins, "The Power of Cap and Trade," *Boston Globe*, July 27, 2010.

11 Chelsea Conaboy, "Regional Cap and Trade is Working—nd Maligned," *McClatchy-
Tribune Business News*, October 4, 2010.

12 Michael Hiscox and Nicholas Smythe, "Is There Consumer Demand for Improved Labor
Standards? Evidence from Field Experiments in Social Product Labeling"(Department of
Government, Harvard University, 2009), http://citeseerx.ist.psu.edu/viewdoc/download
?doi=10.1.1.423.6823&rep=rep1&type=pdf.

13 해양관리협의회Marine Stewardship Council는 지속 가능하게 운영하는 어장의 수산물을 인증한
다. 많은 어장이 지속 불가능한 대규모 방식으로 운영된다. 산림관리협의회Forest Stewardship
Council 역시 지속 가능한 방식으로 관리된 숲에서 벌목한 목재임을 인증한다. 그러나 이런 인증
은 극히 일부 상품에만 한정된다. 소비자가 외부비용을 고려해 선택하기에 충분한 정보를 종합
적으로 제공하지는 못하는 것이다.

14 〈유튜브Youtube〉에서 이 광고를 볼 수 있다. https://www.youtube.com/watch?v=QV1t-
MvnCrA.

15 참여과학자모임은 이와 관련한 기업 성과를 검토했다. "Donuts, Deodorant, Deforestation:
Scoring America's Top Brands on their Palm Oil Commitments," at http://www.ucsusa.
org/sites/default/files/legacy/assets/documents/global_warming/deforestation-free-
palm-oil-scorecard.pdf.

5장 기후문제의 해결

1   Michael L. Ross, *Timber Booms and Institutional Breakdown in Southeast Asia*(New
York: Cambridge University Press, 2001).

2   "Norway to Complete $1 Billion Payment to Brazil for Protecting Amazon," *Reuters*,
September 15 2015, http://www.reuters.com/article/us-climatechange-amazon-
norway-idUSKCN0RF1P520150915.

3   United States Environmental Protection Agency, "Ozone Layer Protection," http://www.

epa.gov/ozone-layer-protection.

4 European Commission, "Protection of the Ozone Layer," http://ec.europa.eu/clima/policies/ozone/index_en.htm.

5 "2003년 10월 30일, 상원의원 조지프 리버먼(민주당)과 존 매케인(공화당)은 '2003 기후관리법Climate Stewardship Act of 2003(S.139)' 개정안을 미국 상원의 표결에 부쳤다. 43대 55로 부결됐으나 이 결과는 기후변화 정책에 대한 양당의 지지가 늘고 있음을 보여주었다." http://www.c2es.org/federal/congress/108/summary-mccain-lieberman-climate-stewardship-act-2003.

6 Lazard, "Lazard's Levelized Cost of Energy Analysis 9.0," November 17, 2015, https://www.lazard.com/perspective/levelized-cost-of-energy-analysis-90/.

6장 모두의 소유는 누구의 소유도 아니다

1 M. Scott Taylor, "Buffalo Hunt: International Trade and the Virtual Extinction of the North American Bison," *American Economic Review* 101, no. 7 (2011):3162 – 5.

2 Alan Bjerga, "The Great Plain's Water Crisis Looming: Depletion of a Giant Aquifer Threatens U.S. Farming," *Bloomberg Businessweek*, July 2, 2015, http://www.bloomberg.com/news/articles/2015-07-02/great-plains-water-crisis-aquifer-s-depletion-threatens-farmland.

3 Gary D. Libecap, "Unitization" in *The New Palgrave Dictionary of Economics and the Law*, ed. Peter Newman (London: Palgrave Macmillan, 1998).

4 더 상세한 내용은 이 책을 참조할 것. Elinor Ostrom, *Governing the Commons: The Evolution of Institutions for Collective Action* (Cambridge: Cambridge University Press, 1990), chapter 4.

5 Ibid.

6 자세한 내용은 G.W. Saywers, "A Primer on California Water Rights," http://aic.ucdavis.edu/events/outlook05/Sawyer_primer.pdf.

7 James M. Acheson, *The Lobster Gangs of Maine* (Hanover: University Press of New England, 1988).

8 Sustainable Fisheries Group, "Trans-boundary Marine Protected Area Design in Peru and Chile," http://sfg.msi.ucsb.edu/current-projects/sustainable-ocean-solutions/peru-chile.

9 Centers for Disease Control and Prevention, National Institute of Occupational Safety and Health, "Commercial Fishing Safety," http://www.cdc.gov/niosh/topics/fishing/;

위험한 어업에 대한 또 다른 이야기도 있다. Ronnie Green, "Fishing Deaths Mount, but Government Slow to Cast Safety Net for Deadliest Industry," *Center for Public Integrity*, August 22, 2012, http://www.publicintegrity.org/2012/08/22/10721/fishing-deaths-mount-government-slow-cast-safety-net-deadliest-industry.

10 Larry B. Crowder, et al., "Predicting the Impact of Turtle Excluder Devices on Loggerhead Sea Turtle Populations," *Ecological Applications* 4, no. 3(1994):437–5.

11 Christopher Costello, Steven D. Gaines, and John Lynham, "Can Catch Shares Prevent Fisheries Collapse?" *Science* 321 no. 5896(2008):1678–1; Geoffrey Heal and Wolfram Schlenker, "Sustainable Fisheries," *Nature* 455, no. 23(2008):1044–5.

12 남방참다랑어의 조업 허가를 받은 어선 목록이다. https://www.ccsbt.org/sites/ccsbt.org/files/userfiles/file/docs_english/operational_resolutions/Resolution_Authorised_Fishing_Vessels.pdf.

13 남방참다랑어보호위원회Commission for the Conservation of Southern Bluefin Tuna, 전미열대다랑어위원회Inter-American Tropical Tuna Commission, 대서양참치보호를 위한 국제위원회International Commission for the Conservation of Atlantic Tuna, 대서양참치보호위원회Indian Ocean Tuna Commission, 중서부태평양수산위원회Western and Central Pacific Fisheries Commission 등이다.

14 Commission for the Conservation of Southern Bluefin Tuna, "Report of the Performance Review Working Group," https://www.ccsbt.org/sites/ccsbt.org/files/userfiles/file/docs_english/meetings/meeting_reports/ccsbt_15/report_of_PRWG.pdf.

15 Enric Sala, et al., "A General Business Model for Marine Reserves," *Public Library of Science One*, April 3, 2013, DOI: 10.1371/journal.pone.0058799.

16 Source: Joshua Bishop, et al., TEEB(The Economics of Ecosystems and Biodiversity) Report for Business: Executive Summary(UNEP Finance Initiative, 2010), http://www.unepfi.org/fileadmin/biodiversity/TEEBforBusiness_summary.pdf.

7장 자연자본—당연하게 여기면서 계산에는 넣지 않는……

1 James Lovelock, "Planetary Atmospheres: Compositional and Other Changes Associated with the Presence of Life," *Advances in the Astronautical Sciences* 25(1969):179–3, http://www.jameslovelock.org/page19.html.

2 Geoffrey M. Heal, "Nature and the Marketplace: Capturing the Value of Ecosystem Services"(Santa Barbara, Calif.: Island Press, 2000).

3 사례들은 다음 연구에서 가져왔다. National Research Council, "Valuing Ecosystem

Services: Toward Better Environmental Decision-Making"(Washington, D.C.: National Academies Press, 2005).

4 U.S. Army Corps of Engineers, "Charles River Natural Valley Storage Area," http://www.nae.usace.army.mil/Missions/CivilWorks/FloodRiskManagement/Massachusetts/CharlesRiverNVS.aspx.

5 Ibid.

6 Jennifer S. Holland, "Gold Dusters," *National Geographic*, March 2011, 114-5.

7 많은 아몬드 과수원이 최근 캘리포니아의 가뭄으로 심각한 피해를 입었다.

8 "The 20-year Experiment," *Economist*, December 13, 2010, https://www.economist.com/blogs/babbage/2010/12/panama_canal; EFE News Service, Luis Miguel, "Water Undrinkable Yet Rationed for 1 Million Panamanians: PANAMAWATER," January 8, 2011; Jon Mitchell, "Water Woes: Deforestation Could Dry Up the Panama Canal," *Christian Science Monitor*, October 1997, 7.

9 2009년 UNEP 연구의 39쪽을 살펴볼 것. "Vital Forest Graphics," http://grida.no/_res/site/file/publications/vital_forest_graphics.pdf; "Biodiversity and Forests," Biodiversity Education and Awareness Network, https://biodiversityeducation.ca/biodiversity-forests/.

10 헤밍웨이의 소설 『누구를 위하여 종은 울리나*For Whom the Bell Tolls*』(Charles Scribner, 1940)에서 인용.

11 그 예는 여기서 찾아볼 수 있다. Center for Biological Diversity, "The Extinction Crisis," http://www.biologicaldiversity.org/programs/biodiversity/elements_of_biodiversity/extinction_crisis/.

12 David Tilman, Peter B. Reich, Johannes Knops, David Wedin, Troy Mielke, and Clarence Lehman, "Diversity and Productivity in a Long-term Grassland Experiment," *Science* 294(2001):843-5.

13 Rod Newing, "Valuing Nature Can Cut Business Costs," *Financial Times*, March 23, 2011.

14 Nicole Dyer, "Venom: Miracle Medicine?" *Science World*, November 1, 1999, https://www.thefreelibrary.com/Venom%3A+Miracle+Medicine%3F-a057534969.

15 좀더 자세한 내용은 다음을 참조할 것. TEEB for Business, http://www.teebweb.org/media/2012/01/TEEB-For-Business.pdf.

8장 자연자본의 가치평가

1 최종 보고서는 여기서 읽을 수 있다. http://www.nap.edu/read/11139/chapter/1#v.

2　Winston Harrington, Alan J. Krupnick, and Walter O. Spofford Jr., "The Economic Losses of a Waterborne Disease Outbreak," *Journal of Urban Economics* 25(1):116 – 7.

3　Sarah Graham, "Environmental Effects of Exxon Valdez Spill Still Being Felt," *Scientific American*, December 19, 2003, http://www.scientificamerican.com/article/environmental-effects-of/.

4　좀더 상세한 내용은 다음 보고서에서 확인할 수 있다. Richard T. Carson, Robert C. Mitchell, W. Michael Hanemann, Raymond J. Kopp, Stanley Presser, and Paul A. Ruud, "A Contingent Valuation Study of Lost Passive Use Values Resulting from the Exxon Valdez Oil Spill," Report to the Attorney General of the State of Alaska (1992). Richard T. Carson, et al., "Temporal Reliability of Estimates from Contingent Valuation," *Land Economics* 73, no. 2(1997):151 – 63.

5　Helmholtz Association of German Research Centres, "Economic Value of Insect Pollination Worldwide Estimated At U.S. \$217 Billion," *Science Daily*, September 15, 2008, http://www.sciencedaily.com/releases/2008/09/080915122725.htm.

6　Interagency Working Group on the Social Cost of Carbon, *Technical Support Document: The Social Cost of Carbon for Regulatory Analysis Under Executive Order 12866*(Washington, D.C.: United States Government, February 2010), https://www.epa.gov/sites/production/files/2016-12/documents/sc_co2_tsd_august_2016.pdf.

7　복잡한 문제다. 20~21세기의 뛰어난 경제학자인 케네스 애로Kenneth Arrow가 훌륭하게 논의를 전개한다. "Discounting, Morality and Gaming," published in Paul R. Portney and John P. Weyant, *Discounting and Intergenerational Equity, Resources for the Future*(Abingdon: Routledge, 1999).

8　Technical Support Document: Technical Update of the Social Cost of Carbon for Regulatory Impact Analysis—Under Executive Order 12866(Washington, D.C.: Interagency Working Group on Social Cost of Carbon, United States Government, 2013), https://www.epa.gov/sites/production/files/2016-12/documents/sc_co2_tsd_august_2016.pdf; 기후변화를 연구하는 경제학자들이 최근 권고하는 할인율의 중앙값은 2퍼센트다. "Discounting Disentangled," Moritz A. Drupp, Mark C. Freeman, Ben Groom, and Frikk Nesje, Grantham Research Institute on Climate Change and the Environment, Working Paper No. 172, November 2015.

9　Food and Agriculture Organization of the United Nations, "Forests and Climate Change," March 27, 2006, http://www.fao.org/newsroom/en/focus/2006/1000247/index.html.

10　Robert Costanza, et al., "The Value of the World's Ecosystem Services and Natural Capital," *Nature* 387(1997):253 – 60.

11 Michael Toman, "Why Not to Calculate the Value of the World's Ecosystem Services and Natural Capital," *Ecological Economics* 25(1998):57 – 60.

12 Food and Agriculture Organization of the United Nations Statistics Division, http://www.fao.org/statistics/en/.

13 The World Bank, "Where is the Wealth of Nations? Measuring Capital for the 21st Century," http://siteresources.worldbank.org/INTEEI/214578-1110886258964/20748034/All.pdf.

9장 자연자본의 증감요인 측정

1 "The Perils of Falling Inflation," *Economist*, November 7, 2013, http://www.economist.com/news/leaders/21589424-both-america-and-europe-central-bankers-should-be-pushing-prices-upwards-perils-falling.

2 '녹색국민소득'이라는 용어는 종종 몇 가지 연관된 개념으로 확장되어 유연하게 쓰인다. 다음 예시의 106~107쪽을 참고할 것. Joseph Stiglitz, Amartya Sen, and Jean-Paul Fitoussi, *Mismeasuring Our Lives*(New York: New Press, 2010).

3 언급하지는 않았지만 자본의 중요한 유형 중 하나로 사회적 자본이 있다. 상호작용 네트워크 network of interactions, 어떤 사회가 기능하는 데 반드시 필요한 관계relationships와 제도 institutions 등이다. 중요하지만 그 측정방법을 충분히 고안하지 못했다.

4 UNDP의 홈페이지(http://www.undp.org)에서 다운로드할 수 있다.

10장 다음 단계로

1 Sharon Udasin "Country's Farmers: We Cannot Sustain Agriculture with These High Water Prices," *Jerusalem Post*, February 16, 2016.

2 Dallas Burtraw, Alan Krupnick, Erin Mansur, David Austin, and Deirdre Farrell, "The Costs and Benefits of Reducing Acid Rain"(discussion paper 97 – 1-REV, Resources for the Future, 1997), http://www.rff.org/files/sharepoint/WorkImages/Download/RFF-DP-97-31-REV.pdf.

3 2016년에 석유가격은 장기간 낮게 형성됐지만 배럴당 30달러로도 석탄이나 가스와 경쟁하기는 어렵다. 배럴당 15달러 정도로 떨어져야 발전용으로 가치가 있다. Geoffrey Heal and Karoline Hallmeyer, "How Lower Oil Prices Impact the Competitiveness of Oil with Renewable Fuels"(Center on Global Energy Policy, Columbia SIPA, October 2015), http://

energypolicy.columbia.edu/sites/default/files/energy/How%20Lower%20Oil%20 Prices%20Impact%20the%20Competitiveness%20of%20Oil%20with%20Renewable%20 Fuels_October%202015.pdf.

4   Dallas Burtraw, Anthony Paul, and Matt Woerman, "Retail Electricity Price Savings from Compliance Flexibility in GHG Standards for Stationary Sources," discussion paper 11–0 (Resources for the Future, July 2011).

5   Tax Policy Center, "Amount of Revenue by Source," http://www.taxpolicycenter.org/ taxfacts/displayafact.cfm?Docid=203.

6   Lawrence Goulder, Marc Hafstead, and Michael Dworsky, "Impact of Alternative Emissions Allowance Allocation Methods Under a Federal Cap and Trade Program," *Journal of Environmental Economics and Management* 60(2010):161–81.

7   http://www.poachingfacts.com/poaching-statistics/elephant-poaching-statistics/.

8   Namibia Nature Foundation, IRAS Information System for Rare Species Management, http://www.nnf.org.na/RARESPECIES/InfoSys/elephant/numbers/La_neighbours. htm; Jonathan I. Barnes, "Economic Influences on Elephant Management in Southern Africa" (proceedings from the Workshop on Cooperative Regional Wildlife Management in Southern Africa, University of California, Davis, August 13–4, 1998), http://arefiles. ucdavis.edu/uploads/filer_public/2014/03/20/barnes.pdf.

9   National Development and Reform Commission, "China's Policies and Actions on Climate Change," China Climate Change Info-Net, November 2014, http://en.ccchina. gov.cn/archiver/ccchinaen/UpFile/Files/Default/20141126133727751798.pdf.

10 Naomi Orestes and Erik Conway, *Merchants of Doubt* (New York: Bloomsbury Publishing, 2010). 이 책의 웹사이트에는 유용한 자료가 상당히 많다. http://www.merchants ofdoubt.org/keydocs.html.

11 Dan Kahan, et al., "The Tragedy of the Risk-Perception Commons: Culture Conflict, Rationality Conflict, and Climate Change," The Cultural Cognition Project at Yale Law School, http://www.culturalcognition.net/browse-papers/the-tragedy-of-the-risk- perception-commons-culture-conflict.html.

12 Joe Romm, "Foxgate: Leaked Email Reveals Fox News Boss Bill Sammon Ordered Staff to Cast Doubt on Climate Science," *Think Progress*, December 15, 2010, https:// thinkprogress.org/foxgate-leaked-email-reveals-fox-news-boss-bill-sammon- ordered-staff-to-cast-doubt-on-climate-9eb7fdea1a0e/.

13 David Hardisty, Eric Johnson, and Elke Weber, "A Dirty Word or a Dirty World?," *Psychological Science* 21, no. 1(2010):86–92.